이것이 진짜
부동산 소송이다
II

# 이것이 진짜
# 부동산 소송 이다

이종실 지음

## II

도로에 의한 소송(주위토지 통행권 등)
특수 경매에 의한 특별한 소송 사례

두드림미디어

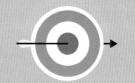

# 특수경매와 부동산 소송

　건축학을 전공하고 건설회사를 운영하던 중, 부동산이 폭락한 IMF 사태를 계기로 경매 투자에 뛰어들었다. 경매로 부동산 매입이 일반화되지 않았던 시대에는 경매의 권리분석(임대차보호법 및 등기부등본상의 인수와 소멸)의 기본만 알아도 수익을 볼 수 있었다.

　하지만 현재는 특수한 사람들이 아닌, 주부들까지도 경매 투자에 관심을 가지고 공부하는 것이 일반화되어가고 있다. 부동산 경매는 그동안 저렴한 가격에 매수하는 것이 매력이었으나 이제는 권리분석상 문제가 있어야 저렴하게 떨어진다.

　즉, 단지 경매라는 이유로만 부동산 경매 가격이 하락하는 시대는 끝나가고 있다. 매수한 부동산을 매도하려면 공인중개사의 도움이 필요하다. 그러나 공인중개사법에 의하면, 모든 중개 물건은 매수자에게 정확히 설명해야 하며, 매수자에게 충분히 설명하지 않은 경우, 추후 공인중개사에게도 책임이 따른다(예 : 집 50M 뒤쪽 변전 철탑이 있음. 현재의 진입도로는 개인 토지로 마을 안길로 인정되어 건축허가 받은 것임 등).

특수물건(형성이 복잡한 부동산)은 공인 중개사들의 기피 물건으로 중개 자체가 거의 불가능하지만, 경매로는 현재 진행되고 있다.

형성이 복잡한 부동산이란?
**첫째,** 지분으로 공유한 부동산
**둘째,** 건물 매각 제외 토지만 매각
**셋째,** 현황도로는 있으나 지적도상 도로가 없는 맹지
**넷째,** 담당 공무원이 농지취득자격증명원(이하 농취증)을 안 해주는 농지 등이 대표적인 특수경매의 종류다. 물론 이 외에도 남의 토지를 침범한 경우, 건축하다 중단된 경우 등으로 아주 다양하다.

이제는 형성이 복잡한 부동산을 매도하려면 경매로 내놔야 한다고 하는 사람이 생기는 정도다. 매도를 도와줄 공인중개사의 기피 물건이 경매로 나오면 가격이 폭락할 수밖에 없다.

이러한 부동산을 경매로 매입해 복잡한 형성을 합의 또는 소송으로 해결한 후, 현재의 가격보다 조금 저렴하게 공인중개사를 통해 매도하는 것이 '부동산 소송과 특수경매'다.

이렇게 복잡하고 어려운 부동산을 10여 년 이상 경매로 매수 후 해결하다 보니 1년에도 수십 번의 부동산 소송을 하게 되었다. 또

**6**

한, 특수경매의 해결 방법을 강의하며 유튜브로 방송하다 보니 경매가 아니어도 형성이 복잡한 부동산으로 어려움에 처한 사람들이 의외로 많다는 것을 알게 되었으며, 이러한 사람들에게도 상담까지 해주게 되었다.

건축학을 전공해서 부동산 법학은 무지렁이였던 저자가 특수경매 강의를 하며 상담까지 하는 변화에 나 스스로 놀라울 따름이다. 법무사와 변호사의 도움으로 소송의 원칙인 청구취지, 청구원인, 입증자료 등을 실전을 통해 제출하며, 또한 재판에 직접 참여하면서 가능하게 된 것이다. 법은 필요한 경우 만들어지기에 양면성도 있다.

호랑이의 입장에서 토끼를 잡아먹는 것은 생존의 수단으로, 범죄행위는 아니다. 그러나 토끼 입장에서 호랑이의 생존 수단은 범죄행위로 볼 수밖에 없다. 법의 양면성은 호랑이의 입장에서 만든 법도 있으며, 반대로 토끼의 입장에서 만든 법도 있다는 것이다.

이러한 양면성이 있는 법이 어떤 것들이 있는지를 찾아 필요한 규정의 법을 이용해 판사님을 설득하면 된다. 법은 법을 알고 이용하는 사람의 편이다. 내가 소송하는 목적은 이기는 것보다는 합의를 위한 경우가 대부분이다. 다툼이 중요한 것이 아니라 수익이 우선이다.

예를 들면, 건물 제외 토지만 경매로 나오면서 49%까지 떨어지는 경우(감정가의 50~60%로 매입 후, 건축주에게 감정가의 90%로 조정해 매도하는 것이 기본이다), 이럴 때 건축주가 토지 매입을 거절하면 건축주에게 철거와 지료 청구로 압력을 행사하는 것이 특수경매 소송이다. 즉 재판과 조정에서 가격 결정을 내가 원하는 방향으로 이끌어가기 위한 행위일 뿐이다.

그러나 세상일은 생각대로 되지 않는 경우도 많다. 소송을 하다 보면 전혀 예측하지 못한 경우도 많이 생긴다. 똑같은 내용의 소송이지만 패소한 후에 나에게 찾아와서 의논하는 경우가 많고, 궁금하게 생각하는 사람들도 많아 필자는 어떤 법규로 어떻게 승소했는지 그 사례들을 모아서 편집하게 되었다.

전작인 《이것이 진짜 부동산 소송이다》 I 에서는 다음과 같이 3개 파트로 구성해서 알아보았다.

PART 01. 건물 제외 토지만 매각

PART 02. 농지취득자격증명 미발급에 대한 소송

PART 03. 지분 매각

그리고《이것이 진짜 부동산 소송이다》Ⅱ인 이 책은 다음의 2개 파트로 구성되어 있다.

PART 01. 도로에 의한 소송(주위토지 통행권 등)
PART 02. 경매에 의한 특별한 사례

이후에 나오는 마지막《이것이 진짜 부동산 소송이다》Ⅲ에서는 특수사례를 구체적으로 살펴본다.

특수사례(경매가 아닌 경우의 복잡한 형성, 취득시효, 침범한 토지의 무허가 건물 철거 또는 토지분할, 무허가 건물 양성화 등)의 소송 전체 문서(준비서면, 답변서, 판결문)에 대해 자세히 알아볼 예정이다.

이 3권의 시리즈를 통해 부동산의 형성이 복잡해서 어려움에 부닥친 사람들에게 조금이나마 도움이 되었으면 하는 바람이다.

마지막으로 이러한 여러 종류의 소송을 도와주신 평택의 평남로 1029, 2층 **유종수(010-4278-3793)** 법무사님과 논현로28길 16에 위치한 법무법인 창천의 **정재윤(010-4905-5033)** 변호사님에게 다시 한번 진심으로 감사를 드린다.

이종실

차 례

**Part 02**

# 특수 경매에 의한
# 특별한 소송 사례

Part **01**

# 도로에 의한 소송
## (주위토지 통행권 등)

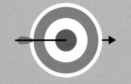

# 01

# 사건 개요 무허가 건물의 진입 도로확보를 위한 소송

울진군 후포면의 토지와 건물로, 기존 건물은 폐가가 되었으며 통행하던 길도 없어졌다. 이곳에 길을 다시 만들기 위한 주위토지 통행권 소송 사례다. 건물은 산 49번지의 임야에 있으며, 99번지의 토지와 97번지의 토지를 진입도로로 사용해야 한다. 무허가 건물로 토지주의 사용 승낙 없이 사용했던 현황도로인데, 도로 부분을 원고가 감정평가에 의해 매입한 사건이다.

진입 도로로 사용해야 하는 토지

100전

폐가 수준의 건축물

Part 01
도로에 의한 소송
(주위토지통행권 등)

Part 02
특수 경매에 의한
특별한 소송 사례

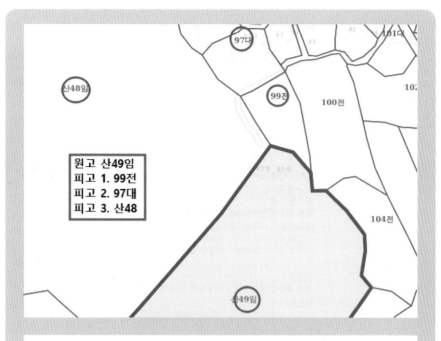

**민법**
[시행 2023. 6. 28.] [법률 제19098호, 2022. 12. 27. 일부 개정]

**제219조 주위토지통행권**
어느 토지와 공로 사이에 그 토지의 용도에 필요한 통로가 없는 경우에 그 토지소
유자는 주위의 토지를 통행 또는 통로로 하지 아니하면 공로에 출입할 수 없거나
과다한 비용을 요하는 때에는 그 주위의 토지를 통행할 수 있고 필요한 경우에는
통로를 개설할 수 있다. 그러나 이로 인한 손해가 가장 적은 장소와 방법을 선택하
여야 한다.
전항의 통행권자는 통행지 소유자의 손해를 보상하여야 한다.

**제220조 분할, 일부 양도와 주위통행권**
분할로 인하여 공로에 통하지 못하는 토지가 있는 때에는 그 토지소유자는 공로에
출입하기 위하여 다른 분할자의 토지를 통행할 수 있다. 이 경우에는 보상의 의무
가 없다.
전항의 규정은 토지소유자가 그 토지의 일부를 양도한 경우에 준용한다.

## 소    장

원    고    지██
          창원시 마산합포구 노산█████ 대우아파트 4-2██ (상남동)
          원고 소송대리인
           법무법인 창천
           서울 강남구 논현로28길 16, 6층(도곡동)
           담당변호사: 윤제██ 정재██
           ( 전화: 02-3476-7070   휴대전화: 010-7522-****
           팩스: 02-3476-7071   이메일: lawcc@lawcc.co.kr )

피    고    1. 김██
          경북 울진군 후포면 울진대거 ██ ████ ████불갈비)
          2. 지██
          영주시 대동로 2, 10██ ███호(가흥동, ██████아파트)
          3. 지██
          경북 울진군 후포면 삼█████ 상율리, ███████ 울진본부)

주위토지통행권확인

## 청 구 취 지

1. 피고 김희██는 경상북도 울진군 후포면 ███리 99 전 605㎡ 중 별지도면 표시 4, 5, 6, 9, 4
의 각 점을 순차로 연결한 선내 (다)부분 20㎡에 관하여 원고에게 통행권이 있음을 확인한다.
2. 피고 지은██은 경상북도 울진군 후포면 ███리 97 대 635㎡ 중 별지도면 표시 6, 7, 8, 9, 6
의 각 점을 순차로 연결한 선내 (나)부분 20㎡에 관하여 원고에게 통행권이 있음을 확인하다.
3. 피고 지수██은 경상북도 울진군 후포면 ███리 산48 임야 20033㎡ 중 별지도면 표
시 1, 2, 3, 4, 9, 8, 1의 각 점을 순차로 연결한 선내 (가)부분 40㎡에 관하여 원고에게 통행권이 있음
을 확인한다.

4. 피고 김○○는 제1항 기재 20㎡ 위에 원고의 통행에 방해가 되는 장애물을 설치하거나 기타 통행에 방해가 되는 일체의 행위를 하여서는 아니된다.

5. 피고 지○○은 제2항 기재 20㎡ 위에 원고의 통행에 방해가 되는 장애물을 설치하거나 기타 통행에 방해가 되는 일체의 행위를 하여서는 아니된다.

6. 피고 지○○은 제3항 기재 40㎡ 위에 원고의 통행에 방해가 되는 장애물을 설치하거나 기타 통행에 방해가 되는 일체의 행위를 하여서는 아니된다.

7. 소송비용은 피고들의 부담으로 한다.

8. 위 4항 내지 6항은 가집행할 수 있다.

라는 판결을 구합니다.

## 청 구 원 인

### 1. 기초적인 사실관계

### 가. 당사자 간의 관계

원고는 1994.6.29. 소외 전동를으로부터 경상북도 울진군 후포면 ▩▩리 산49 임야 9223㎡(이하 **'원고 소유 토지'** 라 합니다)를 매입한 토지 소유자입니다(갑 제1호증 ▩▩-리 산49 등기부등본).

피고 김▩▩은 2016.3.28. 소외 지▩▩으로부터 경상북도 울진군 후포면 ▩▩리 99 전 605㎡(이하 **'피고 김▩▩ 소유 토지'** 라 합니다)를 매입한 토지 소유자이고, 피고 지▩은 2018.9.20. 경상북도 울진군 후포면 ▩▩리 97 대 635㎡(이하 **'피고 지▩▩ 소유 토지'** 라 합니다)를 협의분할에 의하여 상속받은 토지 소유자이며, 피고 지▩은 2011.6.21. 지일출로부터 경상북도 울진군 후포면 ▩▩리 산48 임야 20033㎡(이하 **'피고 지▩▩ 소유 토지'** 라 합니다)를 증여받은 토지 소유자입니다(갑 제2호증 ▩▩리 99 등기부등본, 갑 제3호증 ▩▩리 97 등기부등본, 갑 제4호증 ▩▩리 산48 등기부등본).

참고로 원고가 본 소제기에 이른 것은 주로 피고 김▩▩ 토지 통행과 관련한 것이고, 피고 지▩·지수▩ 소유 토지는 원고가 통행하는 통행로에 포함되는지 여부조차 불분명합니다만, 측량감정결과 피고 지▩·지▩의 토지가 통행로에 포함될 경우 피고를 추가하는 절차가 불가하기 때문에 피고 당사자에 포함시킨 것이오니 피고 지▩·지▩께서 오해없으시기를 본 소장을 통하여 말씀드립니다.

---

서울 강남구 논현로28길 16,
3~6층  우 : 06302

蒼天 법무법인 l 창천

TEL : 02-3476-70**1/8**
FAX : 02-3476-7071

### 나. 이 사건 소에 이르게 된 경위

원고는 1994.6.29.경부터 원고 소유 토지 지상에 건물을 소유하고 있으면서, 1길 도로를 이용하여 원고 소유 토지에 진입하여 왔습니다.

원고가 원고 소유 토지 및 건물의 진입로로 사용하였던 쇠골1길 도로는 아래 지적도 상으로 경상북도 울진군 후포면 리 98 토지 및 리 100 농지까지만 연결된 것으로 확인됩니다(갑 제5호증 리 99 지적도, 갑 제6호증 리 산 49번지 지적도).

21

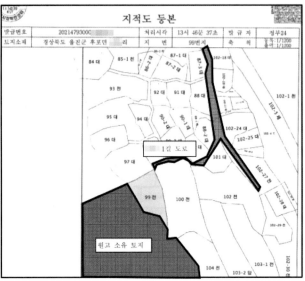

<갑 제5호증 ___리 99 지적도>

하지만, ___1길 도로는 실제로 아래 사진과 같이 피고 김○○ 소유 토지 등(이하 **'피고들 소유 토지'** 라 합니다)을 통과하여, 원고 소유 토지 및 건물까지 연결되어 있습니다(갑 제7 호증 원고 소유 토지, 건물 및 도로 현황).

서울 강남구 논현로28길 16,
3~6층  우 : 06302

蒼天 법무법인 | 창천

TEL : 02-3476-70__
FAX : 02-3476-7071

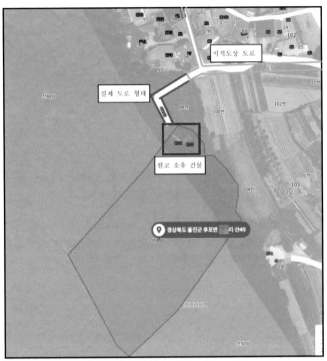

〈갑 제7호증 원고 소유 토지, 건물 및 도로 현황〉

원고는 원고 소유 토지를 사용·수익하고자 울진군청에 개발행위허가를 신청하였고, 울진군
청으로부터 원고 소유 토지에는 실제 도로가 현존하고 있다고 하더라도, 지적도상 진입도로

서울 강남구 논현로28길 16,         법무법인ㅣ창천        TEL : 02-3476-70▨/8
3~6층 우 : 06302                                              FAX : 02-3476-7071

가 없기 때문에 개발행위허가가 불가능하다는 답변을 받았습니다.

이에 원고는 피고들 소유 토지를 통과하여 원고 소유 토지까지 연장되어 있는 현존도로에 주위토지통행권을 확인함으로써, 위 도로를 지적도상 도로로 편입하여 사용하고자 본 소제기에 이른 것입니다.

## 2. 주위토지통행권의 필요성

### 가. 통로의 부존재

어느 토지가 주위의 토지 등에 의해 공로에의 접근이 차단당하여 타인의 토지를 이용하지 않으면 공로로 출입할 수 없는 경우에 그 상태를 그대로 두면 그 토지의 경제적 효용이 크게 훼손되는 바, 민법 제219조는 그 주위 토지를 통행할 수 있도록 하며 필요한 경우에는 통로를 개설할 수 있도록 하는 주위토지통행권을 인정하고 있습니다.

주위토지통행권은 어느 토지가 타인 소유의 토지에 둘러싸여 공로에 통할 수 없는 경우뿐만 아니라, 기존의 통로가 있더라도 실제로 그 토지의 이용에 적합한 통로로서 충분히 기능하지 못하고 있는 경우에도 주위토지통행권의 필요성이 인정됩니다(대법원 1992.3.3.1 선고 92다1025 판결).

또한, 하급심 판례는 원고가 수십 년 동안 무허가 건물에서 거주 및 음식점 경영을 하여 오면서 주위토지통행권의 확인을 구하고 있는 통행로를 이용하여 공로에 출입하여 왔고, 피고는 해당 통행로를 특별히 활용하고 있지 않았으며, 원고 소유 토지는 피고 소유 토지 등으로 둘러싸여 다른 토지를 이용하지 않고는 공로에 통할 수 없는 상태이므로 통행에 상당한 불편이 있었던 사안에서 원고 소유 토지상의 건물이 법의 보호를 받지 못하는 미등기 · 무허가 건물이라고 할지라도 원고에게 주위토지통행권이 인정된다고 판단한 바 있습니다(부산지

서울 강남구 논현로28길 16,
3~6층 우 : 06302

蒼天 법무법인 | 창천

TEL : 02-3476-7590 5/8
FAX : 02-3476-7071

방법원동부지원 2008.9.26. 선고 2007가단25010 판결 참조).

따라서 현재 원고 소유 건물에 물리적으로는 통행로가 확보되어 있더라도 그에 관한 권원이 없는 상태로 토지의 이용에 적합한 통로로서 충분한 기능을 하지 못하고 있는 바, 원고는 그러한 법적불안상태를 해소하기 위하여 본 소제기에 이른 것입니다.

### 나. 공로에의 출입 불가능 또는 과다한 비용발생

원고는 본 소제기 전에 피고 김█ █에게 연락하여 피고 김██ 소유 토지 중 기존도로에 편입되어 있는 부분에 대하여 토지를 매도할 것을 권유하였습니다. 하지만, 피고 김█ █는 피고 김█수 소유 토지 전부를 1억원에 매수하라며, 과도하게 높은 매매대금을 요구하였습니다.

피고 김█ █ 소유 토지 주변인 ███리 토지들은 2021.경 1㎡에 3만원선에서 거래되고 있었습니다(갑 제8호증 국토교통부 실거래가조회). 그런데 피고 김██는 원고에게 피고 김█수 소유 토지 605㎡를 예상 토지 가격인 1800만원에 약6배에 달하는 1억원에 매수할 것을 요청한 것입니다.

### 다. 손해가 가장 적은 장소와 방법

민법 제219조의 주위토지통행권은 어느 토지와 공로 사이에 그 토지의 용도에 필요한 통로가 없는 경우에, 그 토지 소유자가 주위의 토지를 통행 또는 통로로 하지 않으면 공로에 전혀 출입할 수 없는 경우 뿐 아니라 과다한 비용을 요하는 때에도 인정될 수 있고, 주위토지통행권은 공로와의 사이에 그 용도에 필요한 통로가 없는 토지의 이용을 위하여 주위토지의 이용을 제한하는 것이므로 그 통행권의 범위는 통행권을 가지는 자에게 필요할 뿐만 아니라 이로 인한 주위토지 소유자의 손해가 가장 적은 장소와 방법의 범위 내에서 인정되어야 하

서울 강남구 논현로28길 16,
3~6층 우 : 06302

蒼天 법무법인ㅣ창천

TEL : 02-3476-70██
FAX : 02-3476-7071

며, 그 범위는 결국 사회통념에 비추어 쌍방 토지의 지형적, 위치적 형상 및 이용관계, 부근의 지리상황, 상린지 이용자의 이해득실 기타 제반 사정을 참작한 뒤 구체적 사례에 따라 판단하여야 합니다(대법원 1995. 9. 29. 선고 94다43580 판결 등 참조).

원고가 피고들 소유의 토지를 통행하지 않으면 경상북도 울진군 후포면 ▢▢리 98 토지 및 ▢▢▢리 100 농지부터 시작되는 공로에 전혀 출입할 수 없는 상황이고, 원고 소유 토지 지상의 건물은 원고가 토지를 매입하기 오래전부터 존재하고 있었던 바(추측하건데 원고 및 피고들 소유 토지의 전소유자들 간에 통행에 관한 협의가 있었던 것으로 보입니다). 기존에 형성되어 있는 도로에 따라 원고가 피고들 소유 토지를 통행하는 것으로 주위토지통행권을 인정하는 것이 피고들의 손해가 가장 적다고 볼 수 있습니다.

**따라서 원고에게는 기존에 형성되어 있는 도로와 마찬가지로 폭 약 4m의 주위토지통행권이 인정된다고 볼 것입니다.**

### 3. 감정절차 진행

원고는 청구취지에서 주위토지통행권을 확보하기 위하여 피고들 소유 토지를 통과하는 도로의 면적을 대략적으로 계산하여 기재하였습니다만, 추후 감정절차를 통하여 현재 진입로로 이용되고 있는 부분의 정확한 면적을 특정하도록 하겠습니다.

현존한 도로는 피고 김▢▢ 소유 토지만을 통과하는지, 피고 지▢▢ 소유 토지 및 피고 지▢▢ 소유 토지도 함께 통과하는지 불확실한 상태입니다. 따라서 원고는 현존하는 도로를 특정하기 위하여 위 도로에 인접한 피고들 전부에게 소를 제기하는바, **피고 지▢▢ 소유 토지 및 피고 지▢▢ 소유 토지가 현재 도로로 사용되지 않는 것이 측량결과를 통하여 밝혀진다면, 해당 피고들에 대한 소를 취하하도록 하겠습니다.**

서울 강남구 논현로28길 16,
3~6층  우 : 06302

蒼天 법무법인 | 창천

TEL : 02-3476-7078
FAX : 02-3476-7071

**[별지]**

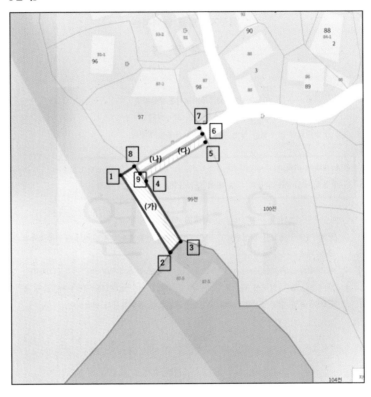

# 대구지방법원 영덕지원

# 보 정 명 령

사    건    2021가단11102 주위토지통행권확인
    [ 원고 : 지대█ / 피고 : 김██ 외 2명 ]
원고 소송대리인 법무법인 창천 담당변호사 윤제█,정재█

원고 지대지 귀하
이 명령을 송달받은 날부터  7일 안에 다음사항을 보정하시기 바랍니다.

## 보정할 사항

1. 원고 지대지(창원시 마산███ 노산북8길 ███ 대우아파트 ██ ██)의 주민등록표초본을 제출하시기 바랍니다.
2. 피고 김██ (590714-1******, 경북 울진군 후포면 울진대█ ██), 지은█(790106-1******, 경북 영주시 대동로 █ ███ ███호), 지╌█(841118-1******, 경북 울진군 후포면 삼█ ██ ██)의 주민등록표초본을 제출하시기 바랍니다.

2021. 8. 13.

법원주사보        정득██

◇ 유 의 사 항 ◇

1. 이 사건에 관하여 제출하는 서면에는 사건번호를 기재하시기 바랍니다.

# 답 변 서

사　　건　　2021가단11102　주위토지통행권확인

원　　고　　지ㅁ▩

피　　고　　김효▩▩ 외 2명

위 사건에 관하여 피고 김효▩▩는 다음과 같이 답변합니다.

## 청구취지에 대한 답변

1. 원고의 피고 김희▩에 대한 청구를 기각한다.

2. 소송비용 중 원고와 피고 김▩▩ 사이에 생긴 부분은 원고가 부담한다.

라는 판결을 구합니다.

## 청구원인에 대한 답변

### 1. 원고의 주장 요지

원고의 주장 요지는 다음과 같습니다.

「원고는 1994. 6. 29. 전ㅂ▩으로부터 경북 울진군 후포면 ▩▩리 산49 임야 9,223㎡(이하 '원고 소유 토지'라 합니다)를 매수하였고, 그 무렵부터 그 주변에 개설된 '▩▩1길' 도로를 이용하여 원고 소유 토지에 진입하여 왔다. 원고는 원고 소유

29

토지를 사용·수익하고자 울진군수에 개발행위허가를 신청하였으나, 울진군수로부터 원고 소유 토지에 실제 도로가 현존하고 있다고 하더라도 지적도상 진입도로가 없기 때문에 개발행위허가가 불가능하다.'라는 답변을 들었다. 이에 원고는 피고 김██ 등의 소유 토지를 통과하여 원고 소유 토지까지 개설되어 있는 현존도로에 관하여 주위토지통행권을 확인함으로서, 현존도로를 지적도상 도로로 편입하여 사용하고자 피고 김██ 등을 상대로 주위토지통행권 확인을 구하기에 이르렀다.」

## 2. 피고 김██의 답변

### 가. 원고 및 피고들의 토지와 '██1길'의 위치 등

네이버가 제공하는 지도에 따르면, 원고 소유 토지와 피고들 소유 토지 및 '██1길' 도로의 위치 등은 다음과 같습니다.

| 경북 울진군 후포면 ██리 산48(피고 지██) | 경북 울진군 후포면 ██리 97(피고 지██) |
| 경북 울진군 후포면 ██리 산49(원고) | 경북 울진군 후포면 ██리 99(피고 김██) |

위와 같이, '██1길' 도로는 피고 지██ 소유의 경북 울진군 후포면 ██리 97 대 635㎡ 중 일부, 피고 지██ 소유의 같은 면 ██리 산48 임야 20.033㎡ 중 일부

Part 01
도로에 의한 소송
(주위토지 통행권 등)

Part 02
특수 경매에 의한
특별한 소송 사례

에 개설되어 있었습니다.

한편, 피고 김희█ 소유 토지를 중심으로 한 지적도(갑 제5호증)에 따르면, '█ █1
길' 도로는 경북 울진군 후포면 █리 98 토지와 같은 면 █리 100 토지 사이에
개설되어 피고 지█ 소유인 같은 면 █리 97 토지에 접하여 끊겨 있습니다.

갑 제5호증 지적도 중 일부

### 나. 주위토지통행권의 범위 등

1) 민법 제219조에 규정된 주위토지통행권은 공로와의 사이에 그 용도에 필요
한 통로가 없는 토지의 이용이라는 공익목적을 위하여 피통행지 소유자의 손해를 무릅
쓰고 특별히 인정되는 것입니다.  따라서 주위토지통행권이 인정된다고 하더라도 그
통행로의 폭이나 위치, 통행방법 등은 피통행지의 소유자에게 손해가 가장 적게 되도
록 하여야 하고 이는 구체적 사안에서 쌍방 토지의 지형적·위치적 형상과 이용관계.
부근의 지리 상황, 상린지 이용자의 이해득실, 인접 토지 이용자의 이해관계 기타 관
련 사정을 두루 살펴 사회통념에 판단하여야 합니다.

또한 주위토지통행권의 범위는 현재 토지의 용법에 따른 이용의 범위에서 인정되는 것이지 더 나아가 장차 이용상황까지 미리 대비하여 통행로를 정할 것은 아닙니다. 토지의 이용방법에 따라서는 자동차 등이 통과할 수 있는 통로의 개설도 허용되지만, 단지 토지이용의 편익를 위해 다소 필요한 상태라고 여겨지는 경우에 그치는 경우까지 자동차의 통행을 허용할 것은 아닙니다(대법원 2017. 9. 12. 선고 2014다236304 판결 등 참조).

2) 앞서 설명드린 바와 같이, 지적도 상으로는 '██1길' 도로는 같은 면 ██리 100 토지와 ██리 98 토지 사이에 개설되어 같은 면 ██리 97 토지에 접하여 끊겨 있습니다.

위와 같은 사정에 비추어 보면, '██1길' 도로가 연장되어 ██리 산48 토지를 통하여 원고 소유 토지에 이르도록 개설되어 있었다고 하더라도, 그 연장된 '██1길' 도로는 ██리 100 토지와 ██리 98 토지 사이에 개설되어 있는 도로 부분과 연결되어 피고 지██ 소유의 ██리 97 토지를 지나도록 개설되었을 것이지, 피고 김██ 소유의 ██리 99 토지를 지나도록 개설되지는 않았을 것임을 알 수 있습니다.

따라서, 원고가 그 소유 토지를 이용하기 위하여 주위토지통행권을 가진다고 하더라도 피고 지██ 소유의 ██리 97 토지 중 일부와 피고 지██ 소유의 ██리 산48 토지 중 일부에 대한 주위토지통행권을 가진다고 볼 수 있을지언정 피고 김██ 소유의 ██리 99 토지 중 일부에 대한 주위토지통행권을 가진다고 볼 수는 없습니다.

3) 게다가, 원고 소유 토지에 건물이 있기는 하나 원고의 주소지가 '창원시 마산합포구 노산북길 ██ ██아파트 ██동 ██호'인 것에 비추어 보면 원고가 그 건

물에 거주하고 있지 아니함을 알 수 있습니다. 뿐만 아니라 원고 소유 토지에 있는 건물에 사람이 거주하고 있다고 볼만한 자료도 없습니다.

따라서, 원고가 그 소유 토지의 이용을 위하여 주위토지통행권을 가진다고 하더라도 그 범위는 오로지 현재의 토지의 용법에 따른 이용의 범위에서 인정되어야 하는데, 위와 같이 원고는 그 소유 토지 위의 건물에 거주하지 않고 있으므로 단지 그 건물의 관리나 수목의 관리를 위하여 주위 토지를 도보로 통행하는 것만으로도 충분하다고 할 것인바, 그 폭이 4m에 이르러야 한다는 원고의 주장은 부당합니다.

## 3. 결론

그렇다면, 원고의 피고 김███에 대한 이 사건 청구는 이유 없으므로 기각하여 주시기 바랍니다.

### 증 명 방 법

1. 을가 제1호증의 1 내지 4            각 네이버 지도

2021. 9. 6.

피고 김███

# 감 정 신 청 서

| | | |
|---|---|---|
| 사 건 | 2021가단11102 주위토지통행권확인 | [담당재판부:민사1단독] |
| 원 고 | 지██ | |
| 피 고 | 김██ 외 2명 | |

위 사건에 관하여 원고의 소송대리인은 주장사실을 입증하기 위하여 다음과 같이 감정을 신청합니다.

## 감정의 목적

### 1. 감정의 목적

원고는 1994.6.29. 소외 전████으로부터 경상북도 울진군 후포면 ███리 산49 임야 9223㎡를 매입한 토지 소유자이고, 피고 김██는 2016.3.28. 소외 지███으로부터 경상북도 울진군 후포면 ███리 99 전 605㎡를 매입한 토지 소유자이며, 피고 지██은 2018.9.20. 경상북도 울진군 후포면 ███리 97 대 635㎡를 협의분할에 의하여 상속받은 토지 소유자이고, 피고 지██은 2011.6.21. 지██로부터 경상북도 울진군 후포면 ███리 산48 임야 20033㎡를 증여받은 토지 소유자입니다.

원고 소유 토지로 진입하려면 "███1길 도로"라 표시된 도로가 유일한 통행로입니다. 위 진입로는 오랜시간 통행로로 사용되어 왔고, 도로 현황 캡처 사진에서 나타나듯 이미 차량 진입로로 사용되어 온 토지입니다(갑 제7호증 토지, 도로 현황)

현존한 도로는 피고 김██ 소유 토지만을 통과하는지, 피고 지██ 소유 토지 및 피고 지██ 소유 토지도 함께 통과하는지 불확실한 상태입니다. 따라서 원고는 현존하는 도로를 특정하기 위하여 위 도로에 인접한 피고들 전부에게 소를 제기하였는바, "███1길 도로"의 경계 및 면적을 특정하여 권리관계를 확실하게 하고자 이 사건 감정을 신청합니다.

## 감정의 목적물

2. 감정의 목적물

[토지]

지번 : 경상북도 울진군 후포면 ███리 99

소유자 : 김██(피고)

지목 : 전

면적 : 605㎡

[토지]

지번 : 경상북도 울진군 후포면 ███리 97

소유자 : 지██(피고)

지목 : 대

면적 : 635㎡

[토지]

지번 : 경상북도 울진군 후포면 ███리 산48

소유자 : 지██(피고)

지목 : 임야

면적 : 20,033㎡

- 끝 -

## 감정사항

3. 감정사항

가. 감정목적물 토지 중 경상북도 울진군 후포면 ███리 99 전 605㎡ 토지 지상에서 현재 이용되고 있는 현황도로의 경계 및 면적(첨부한 지적도에서 ㄷ, ㄹ, ㅁ, ㅈ, ㄷ 의 각 점을 차례로 연결한 부분의 경계 및 면적)

나. 감정목적물 토지 중 경상북도 울진군 후포면 ███리 97 대 635㎡ 토지 지상에서 현재 이용되고 있는 현황도로의 경계 및 면적(첨부한 지적도에서 ㄱ, ㄴ, ㄷ, ㅈ, ㄱ 의 각 점을 차례로 연결한 부분의 경계 및 면적)

다. 감정목적물 토지 중 경상북도 울진군 후포면 ███리 산48 임야 20033㎡ 토지 지상에서 현재 이용되고 있는 현황도로의 경계 및 면적(첨부한 지적도에서 ㄱ, ㅈ, ㅁ, ㅂ, ㅅ, ㅇ, ㄱ 의 각 점을 차례로 연결한 부분의 경계 및 면적)

4. 감정인 선임의견

귀원에서 선임하는 감정전문가

5. 결 론

따라서 원고는 위와 같은 사유로 감정을 신청하고자 하오니, 이 사건 감정신청을 허가하여 주시기 바랍니다.

## 첨 부 서 류

1.   지적도

## 첨부서류(지적도)

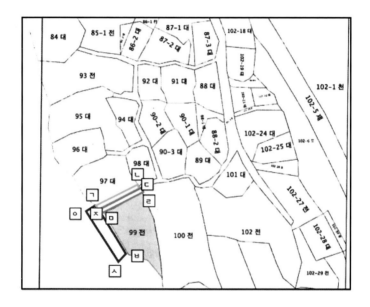

# 감 정 서

사건 : 2021가단 11102 주위토지통행권확인

원고 : 지█████

피고 : 김██수 외2명

위 당사자 간 사건에 관하여 감정한 결과 아래 및 별지 감정도와 같음.

## 감 정 사 항

가. 경북 울진군 후포면 ███리 99 전 605㎡ 토지 지상에서
   현재 이용되고 있는 현황도로의 경계 및 면적을 특정

나. 경북 울진군 후포면 ████리 97 대 635㎡ 토지 지상에서
   현재 이용되고 있는 현황도로의 경계 및 면적을 특정

다. 경북 울진군 후포면 ███리 산48 임야 20033㎡ 토지 지상에서
   현재 이용되고 있는 현황도로의 경계 및 면적을 특정

## 감 정 결 과

1. 감정도의 울진군 후포면 ███리 97 대 ㄴ 부분은
   1,2,3,4,21,20,19,1 을 순차적으로 연결한 선내이며,
   면적은 22㎡이다.

2. 감정도의 울진군 후포면 ███리 99 전 ㄹ 부분은
   19,20,21,16,17,18,19 을 순차적으로 연결한 선내이며,
   면적은 34㎡이다.

3. 감정도의 울진군 후포면 ███리 산48 임야 ㅂ 부분은
   4,5,6,7,8,9,22,14,15,16,21,4 을 순차적으로 연결한 선내이며,
   면적은 82㎡이다.

4. 감정도의 울진군 후포면 ███리 산48 임야 ㅅ 부분은
   9,10,11,12,13,14,22,9 을 순차적으로 연결한 선내이며,
   면적은 74㎡이다.

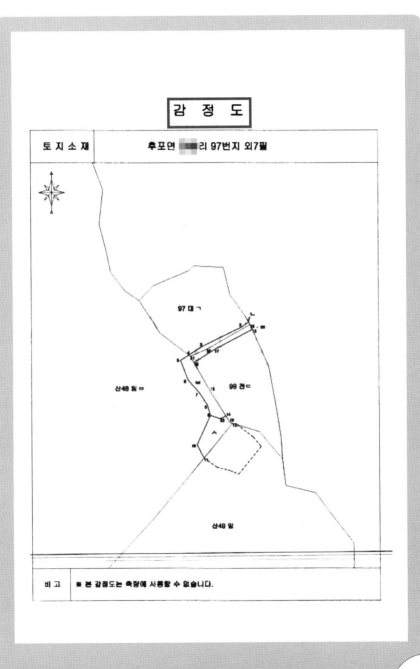

# 감 정 도

| 토 지 소 재 | 후포면 ███리 97번지 외7필 |
| --- | --- |

| 비 고 | ※ 본 감정도는 측량에 사용할 수 없습니다. |
| --- | --- |

# 청구취지 및 청구원인 변경신청서

| 사 건 | 2021가단11102 주위토지통행권확인 | [담당재판부:민사1단독] |

원 고 지대█

피 고 김█ 외 2명

원고의 소송대리인은 다음과 같이 청구취지 및 청구원인변경을 신청합니다.

## 변경된 청구취지

1. 피고 김██는 경상북도 울진군 후포면 █리 99 전 605㎡ 중 별지 감정도 표시 19, 20, 21, 16, 17, 18, 19의 각 점을 순차로 연결한 선내 (나)부분 34㎡에 관하여 원고에게 통행권이 있음을 확인한다.

2. 피고 지█은 경상북도 울진군 후포면 █리 97 대 635㎡ 중 별지 감정도 표시 1, 2, 3, 4, 21, 20, 19, 1의 각 점을 순차로 연결한 선내 (가)부분 22㎡에 관하여 원고에게 통행권이 있음을 확인하다.

3. 피고 지█은 경상북도 울진군 후포면 █리 산48 임야 20,033㎡ 중 별지 감정도 표시 4, 5, 6, 7, 8, 9, 22, 14, 15, 16, 21, 4의 각 점을 순차로 연결한 선내 (다)부분 82㎡ 및 별지감정도 표시 9, 10, 11, 12, 13, 14, 22, 9의 각 점을 순차로 연결한 선내 (라)부분 74㎡에 관하여 원고에게 통행권이 있음을 확인한다.

4. 피고 김희█는 제1항 기재 34㎡ 위에 원고의 통행에 방해가 되는 장애물을 설치하거나 기타 통행에 방해가 되는 일체의 행위를 하여서는 아니된다.

5. 피고 지은█은 제2항 기재 22㎡ 위에 원고의 통행에 방해가 되는 장애물을 설치하거나 기타 통행에 방해가 되는 일체의 행위를 하여서는 아니된다.

6. 피고 지수█은 제3항 기재 82㎡ 및 74㎡ 위에 원고의 통행에 방해가 되는 장애물을 설치하거나 기타 통행에 방해가 되는 일체의 행위를 하여서는 아니된다.

8. 위 4항 내지 6항은 가집행할 수 있다.

라는 판결을 구합니다.

## 변경된 청구원인

원고는 대구지방법원 영덕지원 2021가단11102 주위토지통행권 확인 사건에서 ▒▒▒1길 도로(이하 '이 사건 현존도로'라 합니다)가 피고 김▒▒ 소유 토지만을 통과하는지, 피고 지▒▒ 및 피고 지▒▒ 소유 토지도 함께 통과하는지 확인하여 주위토지통행권의 범위 (이 사건 현존도로의 경계 및 면적)를 특정하고자 감정을 신청하였습니다.

이에 2022. 1. 14. 감정의 목적물인 경북 울진구 후포면 ▒▒리 99 전 605㎡, 경북 울진 구 후포면 ▒▒리 97 대 635㎡, 경북 울진구 후포면 ▒▒리 산48 임야 20,033㎡에 대하 여 감정이 시행되었습니다.

감정 결과, 원고가 진입로로 이용하고 있는 피고 김▒▒ 소유 토지는 경북 울진구 후포 면 ▒▒리 99 전 605㎡ 중 별지 감정도 표시 19, 20, 21, 16, 17, 18, 19의 각 점을 차례로 연결한 선내 34㎡이며, 원고가 진입로로 이용하고 있는 피고 지▒▒ 소유 토지는 경북 울진구 후포면 ▒▒리 97 대 635㎡ 중 별지 감정도 표시 1, 2, 3, 4, 21, 20, 19, 1의 각 점 을 차례로 연결한 선내 34㎡로 특정되었습니다. 또한, 원고가 진입로로 이용하고 있는 피고 지▒▒ 소유 토지는 경북 울진구 후포면 ▒▒리 산48 임야 20,033㎡ 중 별지 감정 도 표시 4, 5, 6, 7, 8, 9, 22, 14, 15, 16, 21, 4의 각 점을 차례로 연결한 선내 (다)부분 82 ㎡ 및 별지 감정도 표시 9, 10, 11, 12, 13, 14, 22, 9의 각 점을 차례로 연결한 선내 (라)부 분 74㎡로 특정되었습니다.

위 결과와 같이 이 사건 현존도로는 피고 김희▒ 소유 토지만을 통과하는 것이 아니라 피고 지은▒ 및 피고 지수▒ 소유 토지도 함께 통과하며, 정확한 주위토지통행권의 범위 가 특정되었기에 청구취지변경신청을 하게 되었습니다.

원고 소유 토지로 진입하려면 이 사건 현존도로가 유일한 통행로이며, 원고가 피고들 소 유의 토지를 통행하지 않으면 경상북도 울진군 후포면 ▒▒▒리 98 토지 및 ▒▒리 100

농지부터 시작되는 공로에 전혀 출입할 수 없는 상황이므로 원고에게 청구취지와 같은 주위토지 통행권이 인정된다 할 것입니다.

원고의 피고들 소유 토지에 대한 주위토지통행권 확인을 위하여 감정결과를 근거로 청구취지변경신청을 합니다. 종전 소장에 기재된 내용 가운데 위 변경 내용에 위배되지 않는 부분은 모두 원용합니다.

2022.03.15

원고 소송대리인
법무법인 창천
담당변호사 정재█

대구지방법원 영덕지원 귀중

# 준 비 서 면

**사　　건**　2021가단11102　주위토지통행권 확인
**원　　고**　지■■
**피　　고**　김■■ 외 2

위 사건에 관하여 원고의 소송대리인은 다음과 같이 준비서면을 제출합니다.

# 다　　음

## 1. 피고 김■■의 주장 요지

피고 김희■■는 2021. 9. 8.자 답변서를 제출하며, "현재 원고 소유 토지에 건물이 있기는 하나 원고가 그 건물에 거주하지 않고 있으므로, 단지 그 건물의 관리나 수목의 관리를 위하여 주위토지를 도보로 통행하는 것만으로 충분하며 그 폭이 4m에 이르러야 한다는 원고의 주장은 부당하다"는 취지로 주장한 바 있습니다.

아래에서는 항을 바꾸어 피고 김희■의 위 주장에 대한 반박 내용을 개진하도록 하겠습니다.

## 2. 원고가 현재 해당건물에 거주하지 않는다는 이유로 주위토지통행권이 부정되는 것이 아닙니다.

판례는, "피고는, 현재 원고 소유 토지에는 아무도 거주하지 않고 있을 뿐 아니라, 피고 토지가 아니더라도 원고 토지에 접근할 수 있는 통로가 있으므로 원고에게 주위토지통행권을 **인정할 수 없다고 주장하나, 위요지의 소유자는 그 토지의 가치를 유지하고 또 언제라도 그 토지에 대하여 상당한 이용을 개시할 수 있는 상태에 둘 권리를 갖고 있으므로 반드시 이를 현실적으로 이용하고 있는지 여부에 관계없이 주위토지에 대하여 상당한 범위 내에서 장래의 이용에 필요한 통행권이 인정되어야 하는 것이다**(대법원 1988. 2. 9. 선고 87다카1156 판결 참조)." 라 설시한 바 있습니다(부산지방법원 2005. 4. 29. 선고 2003나13519 판결).

즉, 피고 김○○가 주장하는 것과는 달리, 자기 소유 토지상 건물에 현재 거주하지 않고 있다고 하더라도 그 토지를 이용하는 데 필요한 주위토지통행권이 부정되는 것이 아닙니다.

또한, 우리 대법원은 "민법 제219조 제1항 소정의 **주위토지통행권은** 주위토지소유자에게 가장 손해가 적은 범위내에서 허용되는 것이지만 적어도 **통행권자가 그 소유토지 및 그 지상주택에서 일상생활을 영위하기 위하여 출입을 하고 물건을 운반하기에 필요한 범위는 허용되어야 하며** 어느 정도를 필요한 범위로 볼 것인가는 통행권자의 소유토지와 주위토지의 각 **지리적 상황** 및 이용관계등 제반사정을 참작하여 정하여야 할 것이다. 고 판시한 바 있습니다(대법원 1989. 7. 25. 선고 88다카9364 판결).

위 판결들의 취지는 **반드시 현재 토지 및 건물을 이용하고 있는지 여부에 관계없이 주위토지에 대하여 상당한 이용을 개시할 수 있을 정도의 범위 내에서, 차량이 통행가능한 정도와 같이 물건을 운반하기에 필요한 범위에 대하여는 통행권이 허용되어야 한다는 것입니다.**

원고는 1994.6.29.경부터 ○○1길 도로를 이용하며 차량으로 이 사건 토지 및 건물에 진입하여왔고, 현재 해당 건물에 거주하고 있지 않더라도, 적어도 차량통행이 가능한 정도로는 주위토지통행권이 인정되어야 할 것입니다.

서울 강남구 논현로28길 16,
3~6층  우 : 06302

蒼天 법무법인 | 창천

TEL : 02-3476-70■■
FAX : 02-3476-7071

**3.** 원고 소유 토지에 자동차 통행이 가능하려면 너비 약 4m의 주위토지통행권이 필요합니다.

원고에게 이 사건 토지를 원활하게 이용하기 위하여는 적어도 차량이 통행할 수 있는 너비약 4m 정도의 도로가 확보되어야 합니다. 건축법상 도로란 보행과 자동차 통행이 가능한 너비 4m 이상의 도로를 말하므로(건축법 제2조 제1항 제11호). 현재 원고 소유 토지로 차량이 통행하기 위한 도로에는 너비 4m 이상이 필요하다고 보는 것이 합당할 것입니다. 뿐만 아니라, 이미 사용 중인 현존도로 현황으로 보더라도 ▆▆1길 도로 입구에서부터 건물 마당까지너비 4m에 가까운 도로가 콘크리트로 포장되어있는 것을 확인할 수 있습니다. 콘크리트로포장된 ▆▆1길 도로의 현황은 아래와 같습니다(갑 제9호증의1.2.3.4 참고).

〈갑 제9호증의1 ▆▆1길 도로 현황〉

〈갑 제9호증의2 ▣▣1길 도로 현황〉

〈갑 제9호증의3 ▣▣1길 도로 현황〉

이것이 진짜
부동산 소송이다 Ⅱ

Part 01
도로에 의한 소송
(주위토지 통행권 등)

Part 02
특수 경매에 의한
특별한 소송 사례

<갑 제9호증의4 ▨▨▨길 도로 현황>

위와 같이, 이미 현존하는 포장도로의 상황과 유사한 범위에서 토지의 용법에 따른 주위토
지통행권 이용 범위가 인정된다 하여도, 진입도로 중 일부면적을 소유한 피고 김▨▨에게
발생할 현실적인 손해는 사실상 없다고 보아도 무방합니다.

건축법 뿐만 아니라, 국토관련 정책을 총괄하는 국토교통부의 행정규칙(개발행위허가운영지
침)을 살펴보더라도 **건축물이 건축 개발되는 곳에는 최소 4m 이상의 진입도로를 개설하는
것을 지침으로 하고 있습니다.**

---

〈개발행위허가운영지침〉
**[시행 2021. 3. 31.] [국토교통부훈령 제1375호, 2021. 3. 31., 일부개정]**

**제3절 건축물의 건축 및 공작물의 설치**
3-3-2-1 도로
(1) 진입도로는 도시군계획도로 또는 시군도, 농어촌도로에 접속하는 것을 원칙으로 하며,
위 도로에 접속되지 아니한 경우 (2) 및 (3)의 기준에 따라 진입도로를 개설해야 한다.
(2) (1)에 따라 **개설(도로확장 포함)하고자 하는 진입도로의 폭은 개발규모가 5천㎡ 미만은
4m 이상,** 5천㎡ 이상 3만㎡ 미만은 6m 이상, 3만㎡이상은 8m 이상으로서 개발행위규모에
따른 교통량을 고려하여 적정 폭을 확보하여야 한다.

---

서울 강남구 논현로28길 16,
3~6층 우 : 06302

蒼天 법무법인ㅣ창천

TEL : 02-3476-76▨▨
FAX : 02-3476-7071

**47**

상기한 바와 같이, 건축법과 국토교통부훈령인 개발행위허가운영지침의 내용, 이 사건 토지들의 현존도로를 콘크리트 포장되어있는 형상 및 토지의 이용 관계 등을 참작하여본다면, 이 사건 토지에 대하여 차량이 통행하기 위한 너비 약 4m의 주위토지통행권이 인정되어야 할 것입니다(원고 및 피고들 소유 토지의 전소유자들 간에 건축을 위한 폭 4m 도로통행에 관한 협의가 있었고 그에 따라 도로포장 공사가 이루어졌던 것으로 보입니다).

**원고가 이 사건 소를 제기한 것은 현재 존재하는 도로를 그대로 이용하면서 이 부분에 대한 주위토지통행권을 인정받겠다는 취지이지, 새롭게 도로개설 공사를 한다는 것이 아닙니다.**

즉, 원고에게 주위토지통행권을 인정한다고 하여 진입도로 소유자들에게 발생할만한 현실적 손해는 존재하지 않고, 그렇기 때문에 이 사건 진입도로 소유자들 중, 피고 김■■만 이견이 있을 뿐[1] 나머지 피고들은 원고의 이 사건 주위토지통행권 확인청구에 대하여 동의하고 있는 것입니다.

## 4. 결어

원고가 피고들 소유의 토지를 통행하지 않으면 경상북도 울진군 후포면 ■■■리 98 토지 및 ■■리 100 농지부터 시작되는 공로에 전혀 출입할 수 없는 상황이고, 원고 소유 토지 지상의 건물은 원고가 토지를 매입하기 오래전부터 존재하고 있었던 바(원고 및 피고들 소유 토지의 전소유자들 간에 통행에 관한 협의가 있었던 것으로 보입니다), 기존에 형성되어 있는 도로에 따라 원고가 피고들 소유 토지를 통행하는 것으로 주위토지통행권을 인정하는 것이 피고들의 손해가 가장 적다고 볼 수 있습니다. 상기한 바와 같은 이유로 원고의 청구를 인

---

[1] 원고가 권리관계의 안정을 위하여, 피고 김■■에게 이 사건 진입도로 토지 매매의사를 물어보았을 때 피고 김희■가 소유 토지 605㎡를 예상 토지 가격인 1800만원에 약6배에 달하는 1억원에 매수할 것을 요구했기 때문에 원고는 본소제기에 이를 수 밖에 없었던 것입니다.

서울 강남구 논현로28길 16,
3~6층  우 : 06302

蒼天 법무법인 | 창천

TEL : 02-3476-7078
FAX : 02-3476-7071

# 준 비 서 면

사     건     **2021가단11102**     주위토지통행권확인

원     고     지대▮

피     고     김▮▮ 외 2명

위 사건에 관하여 피고 김▮▮는 다음과 같이 변론을 준비 합니다.

## 아     래

1. 주위토지 통행권과 관련하여

대법원 판례에 의하면 주위토지통행권이 인정된다고 하더라도 그 통행로의 폭이나 위치, 통행방법 등은 피통행지의 소유자에게 손해가 가장 적게 되도록 하여야 하고, 이는 구체적 사안에서 쌍방 토지의 지형적·위치적 형상과 이용관계, 부근의 지리상황, 상린지 이용자의 이해특실, 인접 토지 이용자의 이해관계 기타 관련 사정을 두루 살펴 사회통념에 판단하여야 합니다.

또한 주위토지통행권의 범위는 현재 토지의 용법에 따른 이용의 범위에서 인정되는 것이지 더 나아가 장차 이용상황까지 미리 대비하여 통행로를 정할 것은 아닙니다.

토지의 이용방법에 따라서는 자동차 등이 통과할 수 있는 통로의 개설도 허용되지만, 단지 토지이용의 편의를 위해 다소 필요한 상태라고 여겨지는 경우에 그치는 경우까지 자동차의 통행을 허용할 것은 아닙니다 "(대법원 2017. 9. 12. 선고 2014다23604 판결 참조)라고 판시하였습니다.

측량감정 결과를 보면 알 수 있겠으나 피고 김▮▮ 토지로 추정되는 곳에 이미 폭 2m50cm 가량의 시멘포장이 되어 있습니다.(을 제1호증 참조)

원고는 2022. 4. 19.자 준비서면에서 "원고는 1994. 6. 29.경부터 ▮▮1길 도로를 이용하며 차량으로 이 사건 토지를 진입하여 왔고", "원고가 이 사건 소를 제기한 것은 현재 존재하는 도로를 그대로 이용하면서 이 부분에 대한 주위통행권을 인정받겠다는 취지이지, 새롭게 도로개설 공사를 한다는 것은 아닙니다 " 라고 하였

습니다.

판례의 취지나 원고의 주장을 종합하여 볼 때 설령 주위토지통행권이 인정된다 손치더라도 원고가 주장하는 4m 도로 개설은 원고의 과도한 주장에 불과하고, 그 통행로의 폭이나 위치, 통행방법 등은 주위 토지 소유자에게 손해가 가장 적게 되도록 하여야 하고, 이는 구체적 사안에서 쌍방 토지의 지형적·위치적 형상과 이용관계, 부근의 지리상황, 상린지 이용자의 이해득실, 인접 토지 이용자의 이해관계기타 관련 사정을 두루 살펴 사회통념에 맞게 판단하여야 합니다.

2. 토지사용료 청구와 관련하여

측량감정을 통하여 피고 김██ 토지의 통로 면적이 확정되면 민법 제219조 제2항에 의하여 피고가 부동산을 매수한 2016. 3. 30. 다음날부터 사용 종료일까지의 토지사용료를 반소를 통하여 청구할 예정입니다.

참고로 원고는 피고 김██를 제외한 나머지 피고들은 원고의 이 사건 주위토지통행권 확인청구에 대하여 동의하였다고 주장하나 이는 사실이 아니며 나머지 피고들도 토지 통로 면적이 확정되면 토지사용료를 반소를 통하여 청구할 예정입니다.

## 증 거 방 법

1. 을 제1호증                사진
기타 변론시 필요에 따라 수시 제출 하겠음.

## 첨 부 서 류

1. 준비서면부본                       1 부
1. 위 호증사본                       1 부

2022. 5. 3.

피 고 김██ (인)

## 대구지방법원 영덕지원

## 화해권고결정

사      건      2021가단11102   주위토지통행권확인

원      고      지■■■■

창원시 성산구 원이대로7■ ■■ ■ ■■■동 104호(사■■동, 삼

익아파트)

소송대리인 법무법인 창천 담당변호사 정재■■

소송복대리인 복대리인 장승■

피      고      지■ ■

영주시 대동로 ■ ■■■■■ ■■■호(가흥동, ■■■■■아파트)

위 사건의 공평한 해결을 위하여 당사자의 이익, 그 밖의 모든 사정을 참작하여 다음

과 같이 결정한다.

## 결 정 사 항

1. 원고는 피고 지■■에게 2,000,000원을 지급한다.

2. 피고 지■■은 원고에게 경북 울진군 후포면 ■■■리 97 대 635㎡ 중 별지 감정도

표시 1, 2, 3, 4, 21, 20, 19, 1의 각 점을 순차로 연결한 선내 (가) 부분 22㎡에 관

하여 이 사건 화해권고결정 확정일자 매매를 원인으로 한 소유권이전등기절차를 이

행한다.

3. 제1항과 제2항은 동시에 이행한다.

4. 원고는 나머지 청구를 포기한다.

5. 소송비용은 각자 부담한다.

## 청구의 표시

**청 구 취 지**

별지 '청구취지 및 청구원인 변경신청서'의 '변경된 청구취지'란 제2항, 제5항 기재와

같다.

**청 구 원 인**

별지 '청구취지 및 청구원인 변경신청서'의 '변경된 청구원인'란 기재와 같다.

2022. 5. 24.

판사        이강■■

❊ 이 결정서 정본을 송달받은 날부터 2주일 이내에 이의를 신청하지 아니하면 이 결
정은 재판상 화해와 같은 효력을 가지며, 재판상 화해는 확정판결과 동일한 효력이
있습니다.

# 대구지방법원 영덕지원

## 화해권고결정

사　　건　　2021가단11102　주위토지통행권확인

원　　고　　지▩▩

창원시 성산구 ▩▩로▩ ▩▩▩ ▩ 202동 104호(▩▩▩▩,
▩▩아파트)

소송대리인 법무법인 창천 담당변호사 정재▩

소송복대리인 복대리인 장승▩

피　　고　　지▩

대구 동구 ▩▩▩▩16길 ▩▩ 207동 1002호(▩▩동, ▩▩▩▩▩
▩▩▩▩2단지)

위 사건의 공평한 해결을 위하여 당사자의 이익, 그 밖의 모든 사정을 참작하여 다음
과 같이 결정한다.

## 결 정 사 항

1. 원고는 피고 지▩▩에게 500,000원을 지급한다

2. 피고 지▩은 원고에게 경북 울진군 후포면 ▩▩리 산48 임야 20,033㎡ 중 별지
감정도 표시 4, 5, 6, 7, 8, 9, 22, 14, 15, 16, 21, 4의 각 점을 순차로 연결한 선내

**53**

(다) 부분 82㎡ 및 별지 감정도 표시 9, 10, 11, 12, 13, 14, 22, 9의 각 점을 순차로 연결한 선내 (라) 부분 74㎡에 관하여 이 사건 화해권고결정 확정일자 매매를 원인 으로 한 소유권이전등기절차를 이행한다.

3. 제1항과 제2항은 동시에 이행한다.

4. 원고는 나머지 청구를 포기한다.

5. 소송비용은 각자 부담한다.

## 청구의 표시

### 청 구 취 지

별지 '청구취지 및 청구원인 변경신청서'의 '변경된 청구취지'란 제3항, 제6항 기재와 같다.

### 청 구 원 인

별지 '청구취지 및 청구원인 변경신청서'의 '변경된 청구원인'란 기재와 같다.

2022. 5. 25.

판사    이강■

＊ 이 결정서 정본을 송달받은 날부터 2주일 이내에 이의를 신청하지 아니하면 이 결 정은 재판상 화해와 같은 효력을 가지며, 재판상 화해는 확정판결과 동일한 효력이

## 대구지방법원 영덕지원

## 화해권고결정

사    건    2021가단11102  주위토지통행권확인

원    고    지██

창원시 성산구 원이██████ 104호(███ ██
██아파트)

소송대리인 법무법인 창천 담당변호사 정재██

소송복대리인 장승██ 변호사

피    고    김██

경북 울진군 후포면 ██████로 ██

송달장소  경북 울진군 울진읍 ██2길 23

위 사건의 공평한 해결을 위하여 당사자의 이익, 그 밖의 모든 사정을 참작하여 다음
과 같이 결정한다.

## 결 정 사 항

1. 원고는 피고에게 경북 울진군 후포면 ██리 97 대 635㎡ 중 별지 감정도 표시 1,
2, 3, 4, 21, 20, 19, 1의 각 점을 순차로 연결한 선내 (가) 부분 22㎡ 중 1/2 지분,
같은 리 산48 임야 20,033㎡ 중 별지 감정도 표시 4, 5, 6, 7, 8, 9, 22, 14, 15, 16,

21, 4의 각 점을 순차로 연결한 선내 (다) 부분 82㎡ 중 1/2 지분, 같은 임야 중 별지 감정도 표시 9, 10, 11, 12, 13, 14, 22, 9의 각 점을 순차로 연결한 선내 (라) 부분 74㎡ 중 1/2 지분에 관한 각 소유권이전등기절차를 이행한다.

2. 피고는 원고에게 경북 울진군 후포면 ███리 99 전 605㎡ 중 별지 감정도 표시 19, 20, 21, 16, 17, 18, 19의 각 점을 순차로 연결한 선내 (나) 부분 34㎡ 중 1/2 지분에 관한 소유권이전등기절차를 이행한다.

3. 제1항과 제2항은 동시에 이행한다.

4. 원고와 피고는 제1항 내지 제3항의 사항이 이행되면, 공유하게 되는 위 각 토지에 관하여 공유물분할을 하지 않는 것으로 합의하고, 상호 위 각 토지에 관한 통행권이 있음을 확인하고, 통행에 방해가 되는 장애물을 설치하거나 기타 통행에 방해가 되는 일체의 행위를 하여서는 아니된다.

5. 원고는 나머지 청구를 포기한다.

6. 소송비용 및 조정비용은 각자 부담한다.

## 청구의 표시

### 청 구 취 지

별지 '청구취지 및 청구원인 변경신청서'의 '변경된 청구취지'란 제1항, 제4항 기재와 같다.

### 청 구 원 인

별지 '청구취지 및 청구원인 변경신청서'의 '변경된 청구원인'란 기재와 같다.

# 사건 개요 농사를 경작하러 다니던 농로의 통행 방해에 의한 소송

**02**

제천시 수산면의 농지를 경매로 매입했으나 진입도로인 인근 1160번지의 농지 중간을 사용하는 현황도로를 메밀을 심어 통행을 방해해, 현황도로를 막지 말라는 주위토지 통행권 소송이다.

피고소유의 농지

원고 소유의 농지

250m

현황 도로부분

메밀을심어 막은부분

| 2019 타경 2512 (임의) | | 매각기일 : 2020-11-02 10:00~ (월) | | 경매1계 043-640-▮▮▮▮ | |
|---|---|---|---|---|---|
| 소재지 | 충청북도 제천시 수산면 ▮▮▮리 1146 | | | | |
| 용도 | 전 | 채권자 | 인00000000 | 감정가 | 169,962,000원 |
| 토지면적 | 6537㎡ (1977.43평) | 채무자 | 이0 | 최저가 | (26%) 44,555,000원 |
| 건물면적 | | 소유자 | 이0 | 보증금 | (10%) 4,455,500원 |
| 제시외 | | 매각대상 | 토지매각 | 청구금액 | 47,130,709원 |
| 입찰방법 | 기일입찰 | 배당종기일 | 2019-12-10 | 개시결정 | 2019-09-10 |

### 기일현황 〔✔간략보기〕

| 회차 | 매각기일 | 최저매각금액 | 결과 |
|---|---|---|---|
| 신건 | 2020-02-17 | 169,962,000원 | 유찰 |
| | 2020-03-23 | 135,970,000원 | 변경 |
| 2차 | 2020-04-27 | 135,970,000원 | 유찰 |
| 3차 | 2020-06-01 | 108,776,000원 | 유찰 |
| 4차 | 2020-07-06 | 87,021,000원 | 유찰 |
| 5차 | 2020-08-24 | 69,617,000원 | 유찰 |
| 6차 | 2020-09-28 | 55,694,000원 | 유찰 |
| 7차 | 2020-11-02 | 44,555,000원 | 매각 |
| | 김00/입찰5명/낙찰70,000,000원(41%) | | |
| | 2020-11-09 | 매각결정기일 | 허가 |
| | 2020-12-15 | 대금지급기한<br>납부 (2020.11.30) | 납부 |

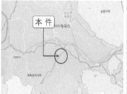

本件 ▮▮▮▮척곡리

---

### 🔎 물건현황/토지이용계획

불그실 마을 북동측 근거리에 위치

주위는 지방도변을 따라 농가주택, 농경지 및 임야 등이 혼재

본건 인근까지 차량통행이 가능하며, 인근에 버스정류장 및 간선도로 등의 교통시설이 소재하여 제반 교통상황은 보통

경사가 있는 부정형지

지적상 맹지임

소하천구역

계획관리지역(▮▮▮리 1146)

〔🔎 토지/임야대장〕

〔🔎 계정농지법〕 〔🔎 부동산 통합정보 이음〕

〔🔎 감정평가서〕

### 🔎 감정평가현황 (주)▮▮▮감정

| 가격시점 | 2019-10-01 |
|---|---|
| 감정가 | 169,962,000원 |
| 토지 | (100%) 169,962,000원 |

### 🔎 면적(단위:㎡)

[토지]
▮▮▮리 1146 전
계획관리지역
6537㎡ (1977.43평)

### 🔎 임차인/대항력여부

배당종기일 : 2019-12-10

- 채무자(소유자)점유

〔🔎 매각물건명세서〕
〔🔎 예상배당표〕

### 🔎 등기사항/소멸여부

| 소유권 | 이전 |
|---|---|
| 2006-09-26 | 토지 |
| 길0 | |
| (거래가) 40,000,000원 | |
| 매매 | |

| 소유권 | 이전 |
|---|---|
| 2009-03-19 | 토지 |
| 이0 | |
| (거래가) 55,000,000원 | |
| 매매 | |

| (근)저당 | 토지소멸기준 |
|---|---|
| 2012-02-20 | 토지 |
| 인0000 | |
| 55,900,000원 | |

| 가압류 | 소멸 |
|---|---|
| 2019-02-18 | 토지 |
| 방0 | |
| 230,000,000원 | |

| 압류 | 소멸 |
|---|---|
| 2019-08-12 | 토지 |
| 남0 | |
| (자동차관리과-4417호) | |

| 임의경매 | 소멸 |
|---|---|
| 2019-09-10 | 토지 |
| 인0000 | |
| 청구 : 47,130,709원 | |

### (4) 인접 도로상태

지적상 맹지임.

### (5) 토지이용계획 및 제한상태

토지이용계획확인서상 계획관리지역, 가축사육제한구역(일부제한지역 500m)<가축분뇨의 관리
및 이용에 관한 법률>, 소하천구역(205_블그실천_소하천구역)<소하천정비법>,
소하천예정지(205_블그실천_소하천예정지)<소하천정비법> 임.

| 소재지 | 충청북도 제천시 수산면 ▦▦리 1146번지 | | |
|---|---|---|---|
| 지목 | 전 ❓ | 면적 | 6,537 ㎡ |
| 개별공시지가(㎡당) | 13,000원 (2023/01) 연도별보기 | | |
| 지역지구등 지정여부 | 「국토의 계획 및 이용에 관한 법률」에 따른 지역·지구등 | 계획관리지역 | |
| | 다른 법령 등에 따른 지역·지구등 | 가축사육제한구역(일부제한지역 500m)<가축분뇨의 관리 및 이용에 관한 법률>, 소하천구역(205_블그실천_소하천구역)<소하천정비법> | |
| 「토지이용규제 기본법 시행령」 제9조 제4항 각 호에 해당되는 사항 | | | |

범례

■ 계획관리지역
□ 소하천구역
□ 온천원보호지구
□ 가축사육제한구역
□ 준보전산지
□ 법정동

□ 작은글씨확대 축척 1 / 1600 ⌄ 변경 도면크게보기

# 소 장

원 고    김혁██
     광주시 초월읍 지월로██ ████ ████호(지월리, ████████아파트)
     원고 소송대리인
     법무법인 창천
     서울 강남구 논현로28길 16, 6층(도곡동)
     담당변호사: 윤제██, 이강██, 정재██
     ( 전화: 02-3476-7070    휴대전화: 010-7522-****
     팩스: 02-3476-7071    이메일: lawcc@lawcc.co.kr )

피 고    유용██
     화성시 효행로 ████████ ███호(진안동, ████마을주공아파트)

주위토지통행권 확인 등

## 청 구 취 지

1. 피고 유용██은 충북 제천시 수산면 ███리 1160 토지 중 별지 도면 표시 ㄱ, ㄴ, ㄷ, ㄹ, ㅁ, ㅂ, ㄱ의 각 점을 차례로 연결한 선내 224.5㎡에 관하여 원고에게 통행권이 있음을 확인한다.

2. 피고 유용██은 제1항 기재 224.5㎡ 위에 원고의 통행에 방해가 되는 장애물을 설치하거나 기타 통행에 방해가 되는 일체의 행위를 하여서는 아니된다.

3. 피고는 원고에게 충북 제천시 수산면 ███리 1160 토지 중 별지 도면 표시 ㄱ, ㄴ, ㄷ, ㄹ, ㅁ, ㅂ, ㄱ의 각 점을 차례로 연결한 선내 224.5㎡에 대하여 2020. 9. 1. 취득시효완성을 원인으로 한 통행지역권설정등기절차를 이행하라.

4. 소송비용은 피고의 부담으로 한다.

5. 위 2항은 가집행할 수 있다.

라는 판결을 구합니다.

## 청 구 원 인

### 1. 당사자 관계

원고는 2020. 11. 30. 충북 제천시 수산면 ▒▒ 리 1146 토지(이하 '1146 토지')를 임의경매
에서 낙찰받은 소유자이고, 피고는 원고 소유 1146 토지의 인접토지인 충북 제천시 수산면
▒▒ 리 1160 토지(이하 '1160 토지')의 소유자입니다(갑 제1호증 토지 등기부등본(충북 제
천시 수산면 ▒▒ 리 1146), 갑 제2호증 토지 등기부등본(충북 제천시 수산면 ▒▒ 리 1160)).

### 2. 주위토지통행권 확인 청구

원고는 1146 토지를 농업경영 목적으로 취득하여 현재 함께 농사를 짓는 중에 있습니다(갑
제3호증 농지취득자격 증명원). 원고가 농사에 필요한 물자를 조달하고 수확한 농산물을 외
부로 판매하기 위하여는 1146 토지에서 공로로 나아갈 수 있어야 합니다. 그러나 1160 토지
는 도로와 접하여 있지 않은 맹지이므로 원고는 공로로 나가기 위하여는 공로와 1146 토지 사
이에 위치한 1160 토지를 통행할 수 밖에 없는 상황입니다.

주변 지리 상황에 관하여 자세히 말씀드리자면, 아래 위성지도에 나타나듯이 원고 소유의
1146 토지는 피고 소유의 1160 토지의 하단에 존재합니다. 1160 토지 위로는 공로인 인삼로
가 있고, 1160 토지에는 1146토지에서 공로인 인삼로에 나아가기 위해 통과할 수 있는 통행
로가 존재합니다(갑 제4호증 위성지도).

서울 강남구 논현로28길 16,
3~6층  우 : 06302

蒼天  법무법인 | 창천

TEL : 02-3476-1119
FAX : 02-3476-7071

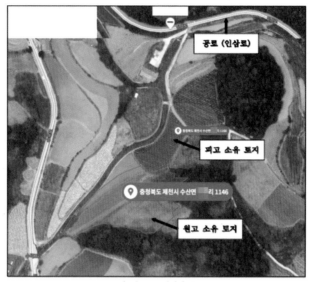

〈갑 제4호증 위성지도〉

원고는 1146 토지를 취득한 이래로 1160 토지를 통행하였고, 원고가 계속하여 사용한 1160 토지 위 통행로(이하 '이 사건 통행로')를 위성지도 위에 표시하자면 다음과 같습니다(갑 제4호증 위성지도).

서울 강남구 논현로28길 16,
3~6층 우 : 06302

 법 무 법 인 | 창 천

TEL : 02-3476-2/13
FAX : 02-3476-7071

<갑 제4호증 위성지도>

원고가 이용한 이 사건 통행로는 'ㄱ'자 형태로 되어 있는데, ㄱ자의 세로획 부분(이하 '통행로 A')은 피고가 인삼밭을 구성해 놓은 부분의 바로 옆길이고, ㄱ자의 가로획 부분 (이하 '통행로B')에는 아래 현장사진에서 보듯이 현재 시멘트 처리가 되어 포장된 길이 존재하는 상황입니다. 후술하는 바와 같이 통행로 A에는 피고의 가족인 소외 유승■이 2021 년 7월경 원고의 통행을 방해하기 위해 갑자기 메밀을 심어놓아 메밀이 자라있는 상태입니 다.

서울 강남구 논현로28길 16,
3~6층  우 : 06302

蒼天 법무법인 | 창천

TEL : 02-3476-**8/13**
FAX : 02-3476-7071

Part 01
도로에 의한 소송
(주위토지통행권 등)

Part 02
특수 경매에 의한
특별한 소송 사례

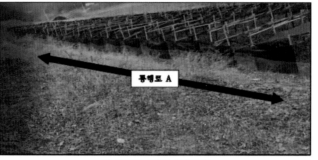

〈갑 제5호증 통행로 현장사진〉

〈갑 제5호증 통행로 현장사진〉

서울 강남구 논현로28길 16,
3~6층  우 : 06302

蒼天 법무법인 | 창천

TEL : 02-3476-7013
FAX : 02-3476-7071

〈갑 제5호증 통행로 현장사진〉

한편 원고가 피고 소유의 1160 토지를 이용해 공로인 '인삼로'로 가지 않고, 1146 토지 좌측에 존재하는 공로인 '수곡로'로 진입할 수는 없는 것인지 살펴보자면, 현재 1146 토지와 수곡로 사이에는 작은 하천이 존재합니다(아래 위성지도에서 동그라미 표시한 부분). 위 하천은 지적도상으로는 충북 제천시 수산면 ▓▓리 1581 "도로"이나 이는 지적도상으로만 도로일 뿐, 실제로는 하천이므로 원고는 현재 1146 토지 좌측 하단에서 공로인 수곡로에 진입하는 것은 불가한 상황입니다(갑 제4호증 위성지도, 갑 제5호증 현장사진, 갑 제6호증의1 지적도(충북 제천시 수산면 수곡리 1160)). **즉, 원고가 공로에 진입하기 위하여는 피고 소유의 1160 토지를 통행할 수 밖에 없습니다.**

서울 강남구 논현로28길 16,
3~6층 우 : 06302

蒼天 법무법인|창천

TEL : 02-3476-**5/13**
FAX : 02-3476-7071

Part 01
도로에 의한 소송
(주위토지통행권 등)

Part 02
특수 경매에 의한
특별한 소송 사례

공로 (수곡로)

충청북도 제천시 수산면 리 1160

충청북도 제천시 수산면 리 1146

원고 소유 토지

〈갑 제4호증 위성지도〉

〈갑 제4호증 위성사진〉

〈갑 제7호증 충북 제천시 수산면 ▒▒리 1581 현장사진〉

서울 강남구 논현로28길 16,
3~6층  우 : 06302

蒼天 법무법인ㅣ창천

TEL : 02-3476-7713
FAX : 02-3476-7071

Part 01
도로에 의한 소송
(주위토지통행권 등)

Part 02
특수 경매에 의한
특별한 소송 사례

민법 제219조의 주위토지통행권은 어느 토지와 공로 사이에 그 토지의 용도에 필요한 통로가 없는 경우에, **그 토지 소유자가 주위의 토지를 통행 또는 통로로 하지 않으면 공로에 전혀 출입할 수 없는 경우 뿐 아니라 과다한 비용을 요하는 때에도 인정될 수 있고,** 주위토지통행권은 공로와의 사이에 그 용도에 필요한 통로가 없는 토지의 이용을 위하여 주위토지의 이용을 제한하는 것이므로 **그 통행권의 범위는 통행권을 가지는 자에게 필요할 뿐만 아니라 이로 인한 주위토지 소유자의 손해가 가장 적은 장소와 방법의 범위 내에서 인정되어야 하며,** 그 범위는 결국 사회통념에 비추어 쌍방 토지의 지형적, 위치적 형상 및 이용관계, 부근의 지리 상황, 상린지 이용자의 이해득실 기타 제반 사정을 참작한 뒤 구체적 사례에 따라 판단하여야 합니다(대법원 1995. 9. 29. 선고 94다43580 판결 등).

원고가 1160 토지를 통행하지 않으면 공로에 전혀 출입할 수 없는 상황임은 앞서 보신 바와 같이 자명하고, 이 사건 통행로와 같이 이미 통행로가 형성되어 있는 범위에서 주위토지통행권을 인정하는 경우 피고의 손해가 가장 적다고 볼 수 있습니다. **원고가 이용하면 1160 토지 내 이 사건 통행로는 인삼 농사를 짓는 부분을 전혀 침범하지 않으며 농사에 이용되지 않는 부분만을 사용하므로, 원고가 이를 계속하여 이용하더라도 피고에게 별다른 손해가 없다고 할 것입니다.**

그리고 항공사진에서 확인할 수 있는 바는, **"최소 1995년부터"** 원고가 주장하는 'ㄱ' 자 형태의 이 사건 통행로가 존재하였다는 것입니다(갑 제8호증 1995년도 항공사진). 원고가 무단으로 피고의 1160 토지에 이 사건 통행로를 만들어 지나다닌 것이 아니며, 피고 및 1160 토지의 전 소유자들 또한 1160 토지 중 이 사건 통행로 부분을 제외한 나머지 부분만을 이용하여 농사를 지었으므로, 기존에 이미 형성되어 있는 대로의 통행로를 인정한다면 피고에게 손해가 있다고 할 수 없습니다. **따라서 원고에게는 기존에 원고가 통행하던 경우와 같이 폭 약 4m의 주위토지통행권이 인정된다고 볼 것입니다.**

서울 강남구 논현로28길 16,
3~6층  우 : 06302

蒼天 법무법인 | 창천

TEL : 02-3476-8713
FAX : 02-3476-7071

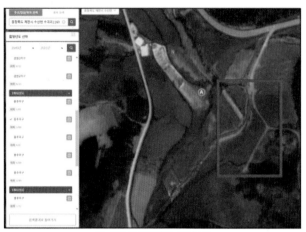

〈갑 제8호증 1995년도 항공사진〉

피고의 가족인 소외 유승■은 원고가 2020.11.30. 임의경매 절차에서 1146 토지의 소유권을 취득한 이후 2021.7.3. 갑자기 원고와의 상의도 없이 이 사건 통행로 중 통행로 A 부분에 매밀을 심어버렸습니다. 2021.9.28.에는 소외 유승■이 원고를 찾아와 1160 토지를 지나다니지 말 것을 강력하게 요구하였습니다.

서울 강남구 논현로28길 16,
3~6층 우 : 06302

蒼天 법무법인 | 창천

TEL : 02-3476-■■■■
FAX : 02-3476-7071

<갑 제5호증 통행로 현장사진>

원고는 2021.11.20. 소외 유승█에게 연락하여 1160 토지 중 이 사건 통행로 부분을 원고가 매입할 수는 없는 것인지 물었고, 매입이 불가하다면 그 부분만을 원고가 피고로부터 임차할 수는 없는 것인지 사정하였습니다. 그러나 소외 유승█은 이 사건 통행로에 나무를 심을 것이라고 하며 원고의 간절한 부탁에도 불구하고 이를 완강히 거부하였습니다. 원고는 1160 토지를 통행하는 것에 대하여 정당한 대가를 지불하고자 하는 의사를 보였고, 어떻게든 이를 통행하여야 내년에도 함께 농사를 지을 수 있어 그 사정을 소외 유승█과 피고가 알아주길 바랐으나, 피고의 가족인 소외 유승█의 입장에는 변함이 없었습니다.

1160 토지는 본래 1972.3.22. 소외 유영█가 소유권을 취득하였고, 2006.9.27. 소외 유희█이 증여를 원인으로 소유권을 취득하였으며, 2014.6.23.에 피고가 협의분할에 의한 상속을 원인으로 소유권을 취득하였습니다(갑 제2호증 토지 등기부등본(충북 제천시 수산면 █리 1160)). 1160 토지의 본래 소유자인 소외 유영█가 소외 유희█에게 "증여"로서 소유권을 이전하였고, 피고가 소외 유희█로 "상속"하였다는 점에서 1160 토지는 애초부터 피고 집안의 사람들이 소유하여왔던 토지임을 알 수 있는바, **피고의 집안사람들은 항공사진으로 확**

인되는 바에 의하면 **최소 1995년부터도 1146토지 소유자들이 1160 토지 내 이 사건 통행로를 이용하는 것을 용인하였음을 알 수 있습니다.** 그러나 이제와서 갑자기 원고에게 이 사건 통행로를 지나다니지 말라고 하는 것이 원고 입장에서는 황당할 따름이며, 당장 내년 농사를 어떻게 지어야할지 막막한 심정입니다.

이에 원고는 피고에 대해 주위토지통행권 확인을 구하고자 이 사건 소 제기에 이르렀습니다.

### 3. 통행지역권의 시효취득

지역권은 일정한 목적을 위하여 타인의 토지를 자기 토지의 편익에 이용하는 권리로서 계속되고 표현된 것에 한하여 취득시효에 관한 민법 제245조의 규정을 준용하도록 되어 있습니다(민법 제294조). **따라서 통행지역권은 요역지의 소유자가 승역지 위에 도로를 설치하여 요역지의 편익을 위하여 승역지를 늘 사용하는 객관적 상태가 민법 제245조에 규정된 기간 계속된 경우에 한하여 그 시효취득을 인정할 수 있습니다**(대법원 1995. 6. 13. 선고 95다1088, 1095 판결, 대법원 2001. 4. 13. 선고 2001다8493 판결).

**그리고 점유가 순차 승계된 경우에는 취득시효의 완성을 주장하는 자가 자기의 점유만을 주장하거나 또는 자기의 점유와 전 점유자의 점유를 아울러 주장할 수 있는 선택권이 있으며 (대법원 1998. 4. 10. 선고 97다56822 판결)** 소유권의 취득시효에 관한 위와 같은 법리는 지역권의 취득시효에 관한 민법 제294조에 의하여 민법 제245조의 규정이 준용되는 통행지역권의 취득시효에 관하여도 마찬가지로 적용됩니다(대법원 2015. 3. 20. 선고 2012다17479판결)

앞서 이미 언급한 바와 같이 1160 토지에 대한 1995년도의 항공사진을 보자면, 1995년도에도 피고 소유 1160 토지에 'ㄱ'자 모양의 이 사건 통행로가 선명하게 존재합니다(갑 제8

서울 강남구 논현로28길 16,
3~6층 우 : 06302

蒼天 법무법인 | 창천

TEL : 02-3476-11/13
FAX : 02-3476-7071

72

이것이 진짜
부동산 소송이다 Ⅱ

Part 01
도로에 의한 소송
(주위토지통행권 등)

Part 02
특수 경매에 의한
특별한 소송 사례

호증 1995년도 항공사진). **즉 최소 26년 전부터 1160 토지 위에는 이 사건 통행로가 존재하였고, 1146 토지를 과거에 소유하였던 자들은 이 사건 통행로를 이용하여 공로인 인삼로에 출입하였다는 것입니다. 그리고 이 사건 통행로가 1146 토지와 공로인 인삼로를 이어주는 역할을 한다는 점에서 이 사건 통행로가 최소 1995년 이전에 1146 토지를 소유하였던자에 의하여 개설되었음을 알 수 있습니다.**

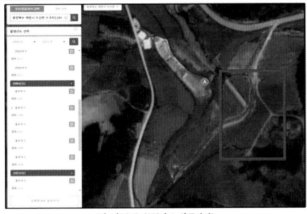

〈갑 제8호증 1995년도 항공사진〉

1146 토지의 전 소유자들에 대해 살펴보자면, 1146 토지는 본래 2000.9.1. 소외 이종██의 경매로 소유권을 취득하였으며, 2005.1.24.에는 소외 김경██가 소유권 이전을 받았고, 2005.6.2.에는 소외 곽병██ 2006.9.26.에는 소외 길명██, 2009.3.19.에는 소외 이경██으로 전전 이전되어 2020.11.30. 원고가 그 소유권을 취득하였습니다(갑 제1호증 토지 등기부등본(충북 제천시 수산면 ██리 1146)).

서울 강남구 논현로28길 16,
3~6층 우 : 06302

 법무법인 | 창천

TEL : 02-3476-12/13
FAX : 02-3476-7071

원고가 1146 토지의 전 점유자인 이종열, 김경ᅵ 곽행ᅵ 김명2ᅵ 이경렬의 점유를 승계하는 경우 1160 토지 위의 이 사건 통행로에 대한 20년 이상의 점유가 인정되므로, 원고는 피고에 대하여 통행지역권의 시효취득 또한 주장할 수 있습니다.

1160 토지의 본래 소유자인 소외 유영ᅵ가 소외 유희ᅵ에게 증여로서 소유권을 이전하였고, 피고가 소외 유희ᅵ을 상속하였다는 점에서 1160 토지는 애초부터 피고 집안의 사람들이 소유하여왔던 토지임을 알 수 있는바, 피고의 집안사람들은 항공사진으로 확인되는 바에 의하면 최소 1995년부터도 1146토지 소유자들이 1160 토지 내 통행로를 이용하는 것을 용인하였습니다(갑 제2호증 토지 등기부등본(충북 제천시 수산면 ᅵ리 1160)).

이에 원고는 피고에 대해 1160 토지 위의 통행로에 대하여 취득시효완성을 원인으로 한 통행지역권설정등기절차 이행을 구하고자 이 사건 소 제기에 이르렀습니다.

**5. 감정절차 진행**

청구취지에서는 주위토지 통행에 필요한 면적 및 통행지역권의 시효취득이 인정되는 부분을 대략적으로 계산하여 기재하였습니다만, 추후 감정절차를 통하여 현재 진입로로 이용되고 있는 부분의 정확한 면적을 특정하도록 하겠습니다.

**6. 결어**

상기한 바와 같은 이유로 원고의 청구를 인용하여 주시기 바랍니다.

서울 강남구 논현로28길 16,
3~6층  우 : 06302

蒼天 법무법인 | 창천

TEL : 02-3476-13/13
FAX : 02-3476-7071

Part 01
도로에 의한 소송
(주위토지통행권 등)

Part 02
특수 경매에 의한
특별한 소송 사례

**별지**

# 답 변 서

사건번호    2021 가단22974                    [담당재판부 : 제 민사1(단독)부]

원   고    (이름) 김학██

(주소) 경기도 광주시 초월읍 지월로██████ 104-306

피   고    (이름) 유용██              (주민등록번호 9████ - 1██412 )

(주소) 경기도 화성시 동탄 청계로 3██████103 (연락처 010████982)

위 사건에 관하여 피고는 다음과 같이 답변합니다.

## 청구취지에 대한 답변

1. 현재 지도상 통행할 수 있는 방법은 피고 토지를 통해 갈 수 밖에 없기 때문에 현시점 통행권에 대해서는 인정한다.

하지만, 추후 통행로로 쓰이고 있는 구역을 피고가 사용하게 될 일이 생겨 통행로를 막게 된다면 주변 토지도 조사를 하여 최소한의 피해로 통행할 수 있는 방법을 찾아야 함.

(첨부자료 원고 토지 제천시 수산면 ████리 11█6 토지와 연결 되도록 하천에 다리를 놓고 수곡로로 연결하는 등)

2. 소송비용은 각자부담으로 한다.

## 청구원인에 대한 답변

1. 원고는 제천시 수산면 ████리 11█6 토지 매입 후 피고 토지를 이용하여 통행하는 동안 일체의 연락 한 번 없었던 점은 잘못된 점이다.

2. 피고는 제천시 수산면 ████리 11█0의 소유자이지만 수도권에 거주하기 때문에 토지에서 어떠한 일이 일어나는지 전혀 모르는 상황에서 소장이 접수되었고 그 이후 원고와 삼촌과 갈등으로 인해 통행권에 대한 문제가 있었던 것을 확인했다.

3. 통행로를 막은 것은 피고의 의도와 전혀 상관없는 삼촌의 독단적인 행동이었으며 소장

접수하기 전에 피고에게 연락을 했다면 원활히 해결할 수 있었을 것이다.

피고는 현재시점에서 통행로를 막을 생각은 전혀 없다 다만, 청구취지 답변에서와 같이 추후 혹시라도 피고가 통행로 토지를 사용하게 될 경우는 부득이하게 통행로를 막게 되기 때문에 현재보다 최소한의 피해로 다닐 수 있는 다른 방법을 찾아야 한다.

2022 . 01 . 23 .

피고  유용▦     (날인 또는 서명)

**청주지방법원 귀중**

◇ 유의사항 ◇

1. 연락처란에는 언제든지 연락 가능한 전화번호나 휴대전화번호를 기재하고, 그 밖에 팩스번호, 이메일 주소 등이 있으면 함께 기재하기 바랍니다.
2. 답변서에는 청구의 취지와 원인에 대한 구체적인 진술을 적어야 하고 상대방 수만큼의 부본을 첨부하여야 합니다.
3. 「청구의 취지에 대한 답변」에는 원고의 청구에 응할 수 있는지 여부를 분명히 밝혀야 하며, 「청구의 원인에 대한 답변」에는 원고가 소장에서 주장하는 사실을 인정하는지 여부를 개별적으로 밝히고, 인정하지 아니하는 사실에 관하여는 그 사유를 개별적으로 적어야 합니다.
4. 답변서에는 자신의 주장을 증명하기 위한 증거방법에 관한 의견을 함께 적어야 하며, 답변사항에 관한 중요한 서증이나 답변서에서 인용한 문서의 사본 등을 붙여야 합니다.

◇조정제도 안내◇

1. '조정절차'는 당사자 사이의 양보와 타협을 통해 분쟁을 적정·공정·신속·효율적으로 해결하는 화해적 절차입니다.
2. 조정이 성립되면 확정 판결과 동일한 효력을 얻게 됩니다.
3. 수소법원(사건을 담당하는 재판부)은 필요하다고 인정하면 항소심 판결 선고 전까지 사건을 조정에 회부할 수 있습니다. 조정이 불성립하면 재판절차가 다시 진행됩니다.

# 준 비 서 면

**사 건**  2021가단22974    주위토지통행권 확인 등
**원 고**  김학■
**피 고**  유용■

위 사건에 관하여 원고의 소송대리인은 다음과 같이 준비서면을 제출합니다.

## 다 음

원고는 피고가 2022.1.23. 제출한 답변서 내용을 확인해보았고, 그러한 답변서 취지를 감안하여 본 사건에 대한 재판장님의 화해권고결정을 구하며, 그에 따라 사건이 원만히 종결되기를 희망합니다.

2022.  1.  27.

위 원고의 소송대리인

법무법인 창천

담당변호사 윤재■

담당변호사 정재■

## 청주지방법원 제천지원 귀중

서울 강남구 논현로28길 16,
3~6층  우 : 06302        蒼天  법 무 법 인 | 창 천        TEL : 02-3476-70■■
FAX : 02-3476-7071

## 청주지방법원 제천지원

### 화해권고결정

| | | |
|---|---|---|
| 사 건 | 2021가단22974 주위토지통행권 확인 등 |
| 원 고 | 김학█ |

광주시 초월읍 지월로██번길 █, ████ ████ █ (지월리, 광주
████████ 아파트)

소송대리인 법무법인 창천 담당변호사 윤재█, 정재█

피 고    유용·█

화성시 비봉면 쌍학길 █-5 (쌍학리)

위 사건의 공평한 해결을 위하여 당사자의 이익, 그 밖의 모든 사정을 참작하여 다음
과 같이 결정한다.

### 결 정 사 항

1. 피고는 제천시 수산면 ████리 1160 토지 중 별지1 도면 표시 ㄱ, ㄴ, ㄷ, ㄹ, ㅁ,
   ㅂ, ㄱ의 각 점을 차례로 연결한 선내 224.5㎡에 관하여 원고에게 주위토지통행권이
   있음을 확인하고, 위 부분에 원고의 통행을 방해하는 장애물을 설치하거나 기타 통
   행을 방해하는 일체의 행위를 하여서는 아니 된다.

2. 원고는 나머지 청구를 포기한다.

3. 소송비용 및 조정비용은 각자 부담한다.

## 청구의 표시

**청 구 취 지**

결정사항 제1항 및 피고는 원고에게 제천시 수산면 ▨▨리 1160 토지 중 별지1 도면 표시 ㄱ, ㄴ, ㄷ, ㄹ, ㅁ, ㅂ, ㄱ의 각 점을 차례로 연결한 선내 224.5㎡에 대하여 2020. 9. 1. 취득시효 완성을 원인으로 한 통행지역권설정등기절차를 이행하라.

**청 구 원 인**

별지2 기재와 같음

2022. 3. 3.

판사        김새▨

※ 이 결정서 정본을 송달받은 날부터 2주일 이내에 이의를 신청하지 아니하면 이 결정은 재판상 화해와 같은 효력을 가지며, 재판상 화해는 확정판결과 동일한 효력이 있습니다.

Part 01
(주위토지통행권 등)
도로에 의한 소송

Part 02
특수 경매에 의한
특별한 소송 사례

## 03 사건 개요 건축 허가 시 사용 승낙받은 진입도로를 흙으로 막은 토지주에 의한 가처분 소송

천안시 수신면의 토지와 공장을 경매로 매입한 후 사용하고자 했으나 공장으로 진입하는 도로를 다른 사람이 매입한 후 진출입 도로를 흙으로 막았다. 통행 방해금지 가처분의 소송을 제기하자 막은 도로를 일부 다닐 수 있도록 하고 가처분의 소송에 대비했으나 가처분이 승소하자 원상회복했으며, 본안 소송까지 진행되지 않고 끝났다.

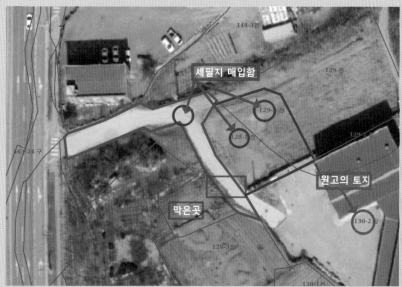

# 건축물현황도

| 4413135022-1-01300002 | | 명칭 | |
|---|---|---|---|
| 청남도 천안시 동남구 수신면 ▇리 | 지번 | 130-2 외1필지 | 도로명주소 |

**건축허가시 사용승인받은 도로**

| 배치도 | 축척 | 1 : 1200 | 도면 작성자 |
|---|---|---|---|

2. 부동산의 현황
  1차 보고내용과 같음
  •기계기구중 일부 기계기구 소재불명(10번 밀링머신 1식, 11번 AIR COPRESSOR 1식)

임대차관계조사서
1. 임차 목적물의 용도 및 임대차 계약등의 내용
[소재지] 4. 충청남도 천안시 동남구 수신면 ▇▇▇ 154-9 (2동)

| | 점유인 | 조재▇ | | 당사자구분 | 입차인 |
|---|---|---|---|---|---|
| 1 | 점유부분 | 2동 | | 용도 | 공장 |
| | 점유기간 | 2019.08.30 ~ 2년 | | | |
| | 보증(전세)금 | 20,000,000 | | 차임 | 2,000,000 |
| | 전입일자 | 2019.09.20 | | 확정일자 | 2019.09.20 |

2. 기타
  1차 보고내용중 입차인의 성명오류로 정정보고함.
  (조미▇에서 조지▇로 변경함)

[토지] 충청남도 천안시 동남구 수신면 ■■■리 128-11

| 【 표 제 부 】 （토지의 표시） | | | | | |
|---|---|---|---|---|---|
| 표시번호 | 접 수 | 소 재 지 번 | 지 목 | 면 적 | 등기원인 및 기타사항 |
| ~~1~~ | ~~2017년3월15일~~ | ~~충청남도 천안시 동남구 수신면 ■■리 128-11~~ | ~~임야~~ | ~~487㎡~~ | ~~분할로 인하여 충청남도 천안시 동남구 수신면 ■■■리 128-2에서 이기~~ |
| 2 | 2018년12월11일 | 충청남도 천안시 동남구 수신면 ■■리 128-11 | 도로 | 487㎡ | 지목변경 |

| 【 갑 구 】 （소유권에 관한 사항） | | | | |
|---|---|---|---|---|
| 순위번호 | 등 기 목 적 | 접 수 | 등 기 원 인 | 권리자 및 기타사항 |
| 1 (전 3) | 소유권이전 | 2016년6월30일 제60387호 | 2016년5월30일 매매 | 소유자 나정■ 520208-■■■■■■■ 충청남도 천안시 동남구 수신면 ■■■길 215-31 거래가액 금61,830,000원 |
| | | | | 분할로 인하여 순위 제1번 등기를 충청남도 천안시 동남구 수신면 ■■■리 128-2에서 이기 접수 2017년3월15일 제26735호 |
| 2 | 소유권이전 | 2018년2월13일 제13748호 | 2018년1월5일 매매 | 공유자 지분 3분의 2 유상■ 490811-■■■■■■■ 충청북도 옥천군 옥천읍 ■■■길 15 지분 3분의 1 주영■ 780929-■■■■■■■ 경기도 화성시 병점3로 ■■■■ ■■동 1301호(병점동, ■■■마을주공아파트) 거래가액 금36,000,000원 |
| 3 | 2번주영■지분전부 이전 | 2018년12월26일 제122412호 | 2018년10월31일 매매 | 공유자 지분 3분의 1 주식회사아이■■■ 161511-0153810 |
| | | | | 충청남도 천안시 동남구 목천읍 ■■2길 73-1 거래가액 금16,667,000원 |
| 3-1 | 3번등기명의인표시 변경 | | 2019년2월26일 주소변경 | 주식회사아이■■■의 주소 충청남도 천안시 동남구 수신면 ■■■로 154-9 2019년9월20일 부기 |
| 4 | 2번유상■지분전부 이전 | 2019년5월9일 제42320호 | 2019년5월8일 매매 | 공유자 지분 3분의 2 주식회사아이■■■ 161511-0153810 충청남도 천안시 동남구 수신면 ■■■로 154-9 거래가액 금33,333,000원 |
| 5 | 소유권이전 | 2019년9월20일 제86357호 | 2019년9월16일 매매 | 소유자 김보■ 630301-■■■■■■■ 충청남도 천안시 동남구 목천읍 삼성5길 ■■■ ■■동 ■호 (■■■■■■아파트) 거래가액 금45,000,000원 |
| 6 | 소유권이전 | 2021년2월24일 제19635호 | 2021년2월2일 매매 | 소유자 강병■ 640919-■■■■■■■ 충청남도 천안시 동남구 수신면 ■■■ 130 매매목록 제2021-497호 |

[토지] 충청남도 천안시 동남구 수신면 ▪▪▪리 130-2

| 순위번호 | 등 기 목 적 | 접 수 | 등 기 원 인 | 권리자 및 기타사항 |
|---|---|---|---|---|
| 1 (전 2) | 소유권이전 | 1999년9월15일 제61859호 | 1999년8월13일 매매 | 소유자 이운▪ 460929-******* 천안시 수신면 해정리 |
|  |  |  |  | 부동산등기법 제177조의 6 제1항의 규정에 의하여 1999년 12월 24일 전산이기 |
| 2 | 소유권이전 | 2003년2월14일 제13920호 | 2003년1월10일 매매 | 소유자 성광▪ 440722-******* 천안시 수신면 해정리 ▪▪▪ |
| 6 | 소유권이전 | 2013년12월27일 제131828호 | 2013년12월24일 임의경매로 인한 매각 | 소유자 나정▪ 520208-******* 충청남도 천안시 동남구 성남면 성남신덕5길 ▪▪ |
| 6-1 | 6번등기명의인표시 변경 | 2016년5월10일 제43144호 | 2015년7월17일 전거 | 나정▪ 외 주소 충청남도 천안시 동남구 수신면 해정1길 ▪▪-▪ |
| 7 | 3번압류, 4번임의경매개시결정, 5번가압류 등기말소 | 2013년12월27일 제131828호 | 2013년12월24일 임의경매로 인한 매각 |  |
| 9 | 8번가등기말소 | 2017년11월9일 제109178호 | 2017년11월8일 해제 |  |
| 10 | 소유권이전 | 2017년11월9일 제109179호 | 2017년5월29일 매매 | 소유자 주식회사아이▪▪ 161511-0153810 충청남도 천안시 동남구 목천읍 ▪▪▪ 73-1 거래가액 금370,000,000원 |
| 11 | 강제경매개시결정 | 2019년9월11일 제84198호 | 2019년9월11일 대전지방법원 천안지원의 강제경매개시결 정(2019타경116 15) | 채권자 이인▪ 충청남도 천안시 동남구 목천읍 목천안터2길 19, ▪▪▪ ▪▪▪▪ (신도브래뉴2차아파트) |

※ 공장이 강제경매로 진행되자 공장에서 소유한 진입도로를 다른 사람에게 매도했으며, 도로를 매입한 토지주가 길을 막아 주위토지 통행권 소송이 시작된 사례

## 2019 타경 11615 (강제)

2019타경15503(중복)
2019타경109673(중복)
2019타경110080(중복)

**매각기일 : 2021-02-01 10:00~ (월)**

경매4계 041-620-■■■

| 소재지 | 충청남도 천안시 동남구 수신면 ■■리 130-2외 1필지 1동 | | | | |
|---|---|---|---|---|---|
| | [도로명] 충청남도 천안시 동남구 수신면 ■■ 154-9 [신풍리 130-2외 1필지 1동] | | | | |
| 용도 | 공장 | 채권자 | 이〇〇 | 감정가 | 1,164,697,000원 |
| 토지면적 | 2524㎡ (763.51평) | 채무자 | 아〇〇 | 최저가 | (70%) 815,288,000원 |
| 건물면적 | 784㎡ (237.16평) | 소유자 | 주0000 | 보증금 | (10%) 81,528,800원 |
| 제시외 | 143㎡ (43.26평) | 매각대상 | 토지/건물일괄매각 | 청구금액 | 23,257,320원 |
| 입찰방법 | 기일입찰 | 배당종기일 | 2019-12-17 | 개시결정 | 2019-09-11 |

### 기일현황
∨간략보기

| 회차 | 매각기일 | 최저매각금액 | 결과 |
|---|---|---|---|
| 신건 | 2020-11-23 | 1,164,697,000원 | 유찰 |
| | 2020-12-28 | 815,288,000원 | 변경 |
| 차 | 2021-02-01 | 815,288,000원 | 매각 |

(행〇〇〇〇〇/입찰4명/낙찰941,817,000원(81%)
2021-02-08 매각결정기일 허가
2021-03-09 기한후납부
2021-04-22 배당기일 완료

| 📋 물건현황/토지이용계획 | 📐 면적(단위:㎡) | 📋 임차인/대항력여부 | 📋 등기사항/소멸여부 |
|---|---|---|---|
| 천안제5산업단지 동측 인근에 위치 | **[토지]** | 배당종기일: 2019-12-17 | 소유권 이전 |
| | ■■리 130-2 공장용지 | | 2017-11-09 토지 |
| 주위는 전, 답 등의 농경지, 중·소규모의 공장, 단독주택 등으로 형성되어 있는 소규모 공장지대 | 계획관리지역 | 조〇 | 아〇〇 |
| | 2051㎡ (620.42평) | 사업 : 2019-09-20 | (거래가) 370,000,000원 |
| | 기호1,5일단지 | 확정 : 2019-09-20 | 매매 |
| 본건까지 차량접근이 가능하며, 인근에 | | 배당 : 2019-10-08 | (근)저당 토지소멸기준 |
| 내비스정류장 및 차량통행이 빈번한 간선도로가 소재하는 등 제반 교통상황은 보통 | ■■리 130-3 도로 | 보증 : 20,000,000원 | 2017-11-22 토지 |
| | 계획관리지역 | 차임 : 2,000,000원 | 우〇〇 |
| 기호1,5)서측으로 노폭 약 5미터 내외의 진입도로(128-11)를 이용중임 | 227㎡ (68.67평) | 점유 : 2동 392㎡ | 240,000,000원 |
| | | 경매개입등기이후사업 | |
| | ■■리 129-1 공장용지 | 내용보기 | 지상권 소멸 |
| 기호2)노폭 약 3미터 내외의 도로로 이용중임 | 계획관리지역 | | 2017-11-22 토지 |
| | 246㎡ (74.41평) | 📄 매각물건명세서 | 우〇〇 |
| 이용상태(공장 등) | 기호1,5일단지 | 📄 예상배당표 | |
| | | | (근)저당 소멸 |
| 통상의 위생 및 급배수설비, 전기설비 등 | **[건물]** | - 1차 보고내용중 임차인의 | 2018-01-18 토지 |
| | 보존등기일:2018-12-04 | 성명오류로 정정보고함. (조 | 우〇〇 |
| 계획관리지역(신풍리 130-2) | | 지에서 조■■로 변경함) | 480,000,000원 |
| 계획관리지역(신풍리 130-3) | ■■ 154-9 1동 | | |
| 계획관리지역(신풍리 129-1) | 단층 공장 | | 소유권 이전 |
| 일반철골구조판넬 | 294㎡ (88.93평) | | 2018-12-04 건물 |
| | 일반철골구조판넬 | | 아〇〇 |
| 📄 부동산 통합정보 이용 | | | 보존 |
| 📄 감정평가서 | ■■ 154-9 1동 | | |
| | 단층 공장 | | (근)저당 건물소멸기준 |
| 📋 감정평가현황 (주)■■■ 감정 | 98㎡ (29.64평) | | 2018-12-26 건물 |
| | 일반철골구조판넬 | | 우〇〇 |
| 가격시점 2019-12-02 | | | 240,000,000원 |
| | ■■ 154-9 2동 | | (주택) 소액배당 5000 이하 1 |
| | 단층 공장 | | 700 |
| | | | (상가) 소액배당 3000 이하 1 |
| | | | 000 |

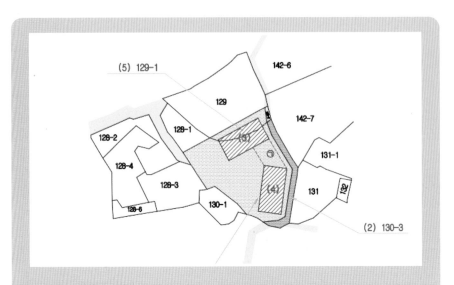

이것이 진짜
부동산 소송이다 Ⅱ

Part 01
도로에 의한 소송
(주위토지 통행권 등)

Part 02
특수 경매에 의한
특별한 소송 사례

## 통행방해금지가처분신청서

**채권자**   1. 주식회사 동■
　　　　　충남 천안시 동남구 ■■■ 8-7, 1층(성황동, ■■■빌리지)
　　　　　2. 이■ 주식회사
　　　　　충남 천안시 서북구 천안대로 ■■■, 101동 904호(두정동, ■■■■
　　　　　센트럴)
　　　　　3. 주식회사 에이치■
　　　　　충남 천안시 서북구 ■■■■, 2층 204호(성성동)
　　　　　4. 주식회사 다니■
　　　　　충남 아산시 탕정면 온천대로 ■■■
　　　　　5. 주식회사 지■컴퍼니
　　　　　수원시 권선구 평동로 ■■길 ■, 5층 514호(평동)


　　　　　위 채권자들의 소송대리인
　　　　　**법무법인 창천** 담당변호사 윤제■, 정재■
　　　　　서울 강남구 논현로28길 16(도곡동), 1, 3-6층
　　　　　전화 02-3476-7070

**채무자**   장병■(640919-1******)
　　　　　충남 천안시 동남구 수신면 수신로 ■■

서울 강남구 논현로28길 16,
3~6층  우 : 06302

蒼天 법무법인 | 창천

TEL : 02-3476-7070
FAX : 02-3476-7071

**목적물의 가액 : 금 50,000,000원**

**피보전권리의 요지 : 주위토지통행권 및 방해배제청구권**

## 신 청 취 지

**1.** 채무자는 채권자들이 충청남도 천안시 동남구 수신면 ▨▨리 128-11 도로 487㎡ 지상 별지 도면 표시 1, 2, 3, 4, 5, 6, 7, 8, 9, 10, 11, 12, 13, 14, 15, 1을 차례로 연결한 선내 부분에 채권자들이 통행하는 것을 방해하여서는 아니 된다.

**2.** 채무자는 이 사건 결정을 송달받은 날로부터 7일 이내에 별지 도면 표시 16, 17, 18, 19, 16을 차례로 연결한 선내 부분에 표시된 흙산 및 파이프들 철거하라.

**3.** 채무자가 제2항 기재 명령을 이행하지 아니할 경우 채권자들은 채권자들이 위임하는 대전지방법원 천안지원 소속 집행관으로 하여금 채무자의 비용으로 제2항 기재 흙산 및 파이프들 철거하게 할 수 있다.

**4.** 채무자는 제1항 기재 선내 부분의 통행에 방해가 되는 공작물을 설치하여 채권자들의 통행을 방해하여서는 아니 된다.

**5.** 소송비용은 채무자가 부담한다.

라는 결정을 구합니다.

## 신 청 이 유

### 1. 기초 사실관계

채권자들은 충청남도 천안시 동남구 수신면 ▨▨리 130-1, 130-2 토지 및 그 지상건물을 각 3/14 지분씩 소유하고 있고(주식회사 지▨컴퍼니는 2/14 지분 소유), 채무자는 그

---

서울 강남구 논현로28길 16,
3~6층  우 : 06302

蒼天 법 무 법 인 | 창 천

TEL : 02-3476-7072
FAX : 02-3476-7071

러한 토지의 진입로인 충청남도 천안시 동남구 수신면 ▓▓ 리 128-11 도로 487㎡(이하 '이 사건 도로')의 소유자입니다(소갑 제1호증의1-5 등기부등본).

위 토지 소유관계를 위성지도에 표시하면 아래와 같습니다(소갑 제2호증의1 네이버 지적편집도, 소갑 제2호증의2 위성지도).

〈소갑 제2호증의2 위성지도〉

위 채권자들 소유 토지와 채무자 소유 토지는 모두 본래 "주식회사 아이▓▓"이 그 일대 토지와 함께 매매를 원인으로 취득하였고, 현재는 채권자들 소유인 ▓▓리 130-1, 130-2 토지 지상에 "주식회사 아이▓▓"이 공장건물을 신축하는 과정에서, 아래 개발 행위허가운영지침에 따라 개발행위허가를 위해 폭 4m 이상의 진입도로가 필요하였고,

**개발행위허가운영지침 [시행 2015. 8. 13.] [국토교통부훈령 제569호, 2015. 8. 13]**
제3절 건축물의 건축 및 공작물의 설치
3·3·2·1 도로
(1) 진입도로는 도시군계획도로 또는 시군도, 농어촌도로에 접속하는 것을 원칙으로 하며, 위 도로에 접속되지 아니한 경우 (2) 및 (3)의 기준에 따라 진입도로를 개설해야 한다.

서울 강남구 논현로28길 16,
3~6층  우 : 06302

蒼天 법무법인 | 창천

TEL : 02-3476-7078
FAX : 02-3476-7071

(2) (1)에 따라 개설(도로확장 포함)하고자 하는 진입도로의 폭은 **개발규모가 5천㎡ 미만은 4m 이상**, 5천㎡ 이상 3만㎡ 미만은 6m 이상, 3만㎡이상은 **8m** 이상으로서 개발행위규모에 따른 교통량을 고려하여 적정 폭을 확보하여야 한다.

따라서 **"주식회사 아이███"은 분필 과정을 통하여 현재 이 사건 도로와 같은 모양으로 487㎡의 면적만큼 지목을 "도로"로 하여 개설하였고, 그러한 도로 위에 시멘트 도로포장 공사를 하였던 것입니다.**

즉, 이 사건 도로는 애시당초 "도로"로 사용되기 위하여 만들어졌고 그 지목도 "도로"이거니와 그 **물리적 형태 자체가** ██리 130-1, 130-2 지상 공장건물로 진입하기 **위한 진입도로인 것입니다.**

[토지] 충청남도 천안시 동남구 수신면 ██리 128-11

| 【 표 제 부 】 ( 토지의 표시 ) | | | | | |
|---|---|---|---|---|---|
| 표시번호 | 접 수 | 소 재 지 번 | 지 목 | 면 적 | 등기원인 및 기타사항 |
| 1 | 2017년3월15일 | 충청남도 천안시 동남구 수신면 ██리 128-11 | 임야 | 487㎡ | 분할로 인하여 충청남도 천안시 동남구 수신면 ██리 128-2에서 이기 |
| 2 | 2018년12월11일 | 충청남도 천안시 동남구 수신면 ██리 128-11 | 도로 | 487㎡ | 지목변경 |

〈소갑 제1호증의5 등기부등본〉

또한 이 사건 도로는 ██리 130-1, 130-2 지상 공장건물 외에 그 오른쪽에 인접한 토지로의 진입을 허가한 도로임을 명확히 해두기 위하여 아래와 같이, **아예 분필 이전부터 "통행 지역권 등기" 까지 이루어져 있었습니다.**

서울 강남구 논현로28길 16,
3~6층 우 : 06302

蒼天 법 무 법 인 | 창 천

TEL : 02-3476-7070
FAX : 02-3476-7071

| 【 을 구 】 | ( 소유권 이외의 권리에 관한 사항 ) | | | |
|---|---|---|---|---|
| 순위번호 | 등 기 목 적 | 접 수 | 등 기 원 인 | 권리자 및 기타사항 |
| 1 | 지역권설정 | 2017년4월7일<br>제35352호 | 2017년4월5일<br>설정계약 | 목 적 통행<br>범 위 북측200㎡'(별첨도면표시부분)<br>요역지 충청남도 천안시 동남구 수신면 ███ 리<br>129<br>도면 제2017-154호. |

〈소갑 제1호증의5 등기부등본〉

## 2. 채무자의 통행방해 행위

사정이 위와 같은데, 2021.2.2. 이 사건 도로를 매수한 채무자는 토지를 매수한 즉시 아래와 같이, 시멘트 포장 진입도로 위에 아래와 같이 흙산을 쌓아두고 파이프를 박아 채권자들이 소유한 ███ 리 130-1, 130-2 지상 공장건물의 유일한 진입로를 막아버렸습니다(소갑 제3호증 채무자가 진입도로에 흙산 및 파이프를 설치한 현장사진).

〈소갑 제3호증 채무자가 진입도로에 흙산 및 파이프를 설치한 현장사진〉

서울 강남구 논현로28길 16,
3~6층 우 : 06302

蒼天 법무법인 | 창천

TEL : 02-3476-7076
FAX : 02-3476-7071

Part 01
도로에 의한 소송
(주위토지통행권 등)

Part 02
특수 경매에 의한
특별한 소송 사례

〈소갑 제3호증 채무자가 진입도로에 흙산 및 파이프를 설치한 현장사진〉

대법원은 "일반 공중의 통행에 제공된 도로를 통행하고자 하는 자는, 그 도로에 관하여 다른 사람이 가지는 권리 등을 침해한다는 등의 특별한 사정이 없는 한, 일상생활상 필요한 범위 내에서 다른 사람들과 같은 방법으로 도로를 통행할 자유가 있고, 제3자가 특정인에 대하여만 도로의 통행을 방해함으로써 일상생활에 지장을 받게 하는 등의 방법으로 특정인의 통행 자유를 침해하였다면 민법상 불법행위에 해당하며, 침해를 받은 자로서는 그 방해의 배제나 장래에 생길 방해를 예방하기 위하여 통행방해 행위의 금지를 소구할 수 있다고 보아야 한다(대법원 2011. 10. 13. 선고 2010다63720 판결, 부산지방법원 동부지원 2021. 11. 23. 선고 2021가단202035 통행방해금지 등 참조)."는

취지를 밝힌한 바 있고,

상기한 바와 같이 ❶ 본래 이 사건 도로는 이전 소유자인 "주식회사 아이▨▨"이 애초에 도로 모양으로 토지를 분할하면서 이 사건 도로의 지목을 '도로'로 정한 점 ❷ 이 사건 도로는 "주식회사 아이▨▨"이 토지 개발과정에서 분할한 토지들과 인접하여 있고, 개발행위허가 당시 분할된 토지들은 이 사건 도로를 통하지 않고는 공로로 출입하기 어려워을 것으로 보이는 점 ❸ 이 사건 도로가 없었다면 "주식회사 아이▨▨" 은 애시당초 분할된 토지들을 타에 각각 처분하기 어려워을 것으로 보이는 점 등에 비추어 볼 때, "주식회사 아이▨▨" 은 ▨▨리 130-1, 130-2 지상 공장건물 신축을 목적으로 이 사건 도로를 매수하고 분할하면서 처음부터 이 사건 도로를 통행로로 제공한 것이고, 이 사건 도로의 위치·형상·면적 등에 비추어 보더라도 채무자가 이 사건 도로를 도로 외에 다른 용도로 사용함만한 독자적인 이용가치가 없습니다.

따라서 소갑 제3호증 사진에 나타나는 것처럼 채무자가 진입도로를 막아놓은 행위는 채권자들의 주위토지통행권·▨▨리 130-1, 130-2 토지 및 건물 소유권에 기한 방해배제청구권에 대한 침해로서 민법상 불법행위를 구성함이 자명합니다.

아울러 대법원은, "형법 제185조의 일반교통방해죄는 일반공중의 교통의 안전을 보호법익으로 하는 범죄로서 여기서의 '육로'라 함은 사실상 일반공중의 왕래에 공용되는 육상의 통로를 널리 일컫는 것으로서 **그 부지의 소유관계나 통행권리관계 또는 통행인의 많고 적음 등을 가리지 않는다**(대법원 1999.7.27.선고 99도1651 일반교통방해)" 라 설시한 바 있고, 채무자의 행위는 형법 제185조에 따라 일반교통방해죄에도 해당합니다.

제185조(일반교통방해) 육로, 수로 또는 교량을 손괴 또는 불통하게 하거나 기타 방법으로 교통을 방해한 자는 10년 이하의 징역 또는 1천500만원 이하의 벌금에 처한

서울 강남구 논현로28길 16,
3~6층  우 : 06302

蒼天 법무법인 | 창천

TEL : 02-3476-7070
FAX : 02-3476-7071

다.

### 3. 보전의 필요성에 대하여

상기한 바와 같은 채무자의 통행방해상태가 지속될 경우, 채권자들은 아예 ███리 130-1, 130-2에 위치한 공장건물을 사용할 수가 없고, 현재 공실로 남겨진 상태가 지속 되어 심각한 경제적 피해를 받고 있으며 그러한 피해는 시간이 지날수록 가중될 뿐인 바, 조속히 이러한 상태를 제거할 필요가 있습니다.

### 4. 결어

상기한 바와 같은 이유로 속히 채권자들의 청구를 인용하여 주시기 바랍니다.

## 입 증 방 법

1. 소갑 제1호증의1    등기부등본(███리 130-1 토지)
1. 소갑 제1호증의2    등기부등본(███리 130-2 토지)
1. 소갑 제1호증의3    등기부등본(███리 130-1 건물)
1. 소갑 제1호증의4    등기부등본(███리 130-2 건물)
1. 소갑 제1호증의5    등기부등본(███리 128-11 토지)
1. 소갑 제2호증의1    네이버 지적편집도
1. 소갑 제2호증의2    위성지도
1. 소갑 제3호증       채무자가 진입도로에 흙산 및 파이프를 설치한 현장사진

---

서울 강남구 논현로28길 16,          蒼天 법 무 법 인 | 창 천          TEL : 02-3476-7078
3~6층  우 : 06302                                                FAX : 02-3476-7071

별지

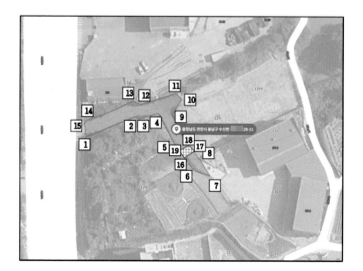

피고소인의 **답 변 서**

사　　건　2022카합10079　통행방해금지가처분

채 권 자　주식회사 동■ 외 4명

채 무 자　장병█

위 사건에 관하여 채무자의 소송대리인은 아래와 같이 답변합니다.

## 청구취지에 대한 답변

1. 채권자들의 청구를 기각한다.

2. 소송비용은 채권자들이 부담한다.

라는 판결을 구합니다.

## 청구원인에 대한 답변

### 1. 채무자의 토지 매수 경위

**가.** 채무자는 소외 김보■로부터 2021. 2. 24.경 '천안시 동남구 수신면 ██리 128-1, 129-3, 128-11'을 매수하였습니다(소을 제1, 2호증, 소갑 제1호증의 5).

채권자들은 2021. 3. 10.경 강제경매를 통하여 '위 ██리 129-1, 130-2 및 그 지상 건물'을 매수한 것으로 보입니다(소갑 제1호증의 1 내지 4).

**나.** 채무자는 위 토지들을 매수할 당시 주식회사 아이 ██이라는 회사는 몰랐고, 단순히 위 토지에서 농사를 짓기 위하여 '██리 128-1, 129-3' 토지를 매수하였습니다. 그리고 당시 위 토지 매도인인 김보██가 '██리 128-11'도 한꺼번에 매도해야겠다고 하여 채무자는 '██리 128-1, 129-3, 128-11' 3필지를 한 번에 매수하게 된 것입니다. 채무자는 애초에 '██리 129-3' 동쪽에 인접하고 있는 '██리 129'도 매수하고 경작지를 확장한 후 하우스를 설치하여 특수작물(메론 등)을 재배하려고 하였으나 최종적으로 '██리 129'를 매수하지 못하여 특수작물 재배 계획은 무산되었습니다. 채무자는 매수한 토지에서 2021년도에 들깨 농사를 지었고, 올해에도 들깨 농사를 지을 계획입니다. 채무자는 2015. 9. 15. 농업인으로 등록하여 다른 곳에서도 농사를 짓고 있습니다(소을 제9호증).

채권자들은 주식회사 아이██이 '위 ██리 129-1, 130-2' 지상에 건물을 신축했다고 하나 건물 신축과정에 대해 채무자는 아는 바가 없고, 건축허가신고 당시의 진입도로 등의 허가 사항에 대해서는 구체적으로 알지 못합니다. 천안시에 관련 자료를 조회해 보아야 채권자들의 주장을 파악할 수 있을 것으로 보입니다.

## 2. 피보전권리에 대하여

### 가. 채무자가 이 사건 토지 중 배타적으로 사용하려는 부분에 대하여

(1) 채권자들의 소장에 첨부된 도면에도 드러나듯이, 현재 채무자가 이 사건 토지 위로 흙을 부어서 메꾸려고 하는 부분은 소장 별지 도면 중 '4, 5, 19, 16, 6, 7, 8, 17, 18, 9, 4'를 연결한 부분 중 일부 입니다. 그 부분을 흙으로 채워서 'ㅇㅇ리 128-1' 부분과 연결하여 밭으로 이용할 계획인 것입니다(소을 제4호증 참조).

채권자들은 채무자가 이 사건 토지를 매수한 즉시 이 사건 도로를 막았다고 하는데, 채무자가 이 사건 토지 일부에 흙을 메꾸어 밭으로 사용하려고 한 것은 2022년 2월경부터입니다.

그리고 현재 개설되어 있는 도로(소장 별지 도면 중 '4, 5, 19, 16, 6, 7, 8, 17, 18, 9, 4'를 연결한 부분)는 채무자 소유인 'ㅇㅇ리 128-1' 토지를 침범하여 개설된 것입니다. 채무자가 천안시청에 방문하여 채권자들이 주장하는 도로 부분과 지적현황을 비교 확인한 결과 위 도로가 'ㅇㅇ리 128-1'을 침범하고 있음을 확인하였습니다. 아래 그림(천안시청에서 컴퓨터 화면으로 보여주면서 사진촬영만 가능하다고 하였습니다)에서 녹색 선으로 표시된 부분이 지적도인데(소을 제5호증), 아래 그림 왼쪽 아래 부분에 표시된 'ㅇㅇ리 128-11'의 지적도와 위 도로의 위치를 비교했을 때, 위 도로가 이 사건 토지를 벗어나 채무자 소유인 'ㅇㅇ리 128-1'을 침범(녹색선을 벗어나서 개설된 것을 볼 수 있습니다. 침범 부분은 아래 그림 상 빨간색으로 표시된 부분입니다)하고 있음을 알 수 있습니다.

향후 본안 소송에서 경계측량이나 사실조회를 통하여 위 도로가 'ㅇㅇ리 128-11'을 침범한 구체적인 위치와 면적을 특정할 수 있을 것입니다.


(그림 삽입을 위한 여백)

(2) 채무자는 이 사건 토지 전부를 배타적으로 사용하려는 것이 아니라 그 중 일부 (소장 별지 도면 중 '4, 5, 19, 16, 6, 7, 8, 17, 18, 9, 4'를 연결한 부분 중 일부)만을 밭으로 이용하려는 것입니다. 그 토지는 채무자의 소유이기 때문입니다. 당연히 채권자 들의 통행을 의도적으로 방해하기 위한 것이 아닙니다. 또한 이 사건 토지 중 지역권 이 설정된 부분을 사적으로 사용하려는 것도 아닙니다.

(3) 채무자는 현재 이 사건 토지의 통행을 완전히 차단한 것도 아니고 차량 한 대가 통행이 가능하도록 만들어 놓은 상태인데(소을 제6호증의 1, 2, 3), 채권자들은 채무자 가 통행로를 전면적으로 차단했다는 취지로 사실과 다른 주장을 하고 있습니다.

## 나. 채권자들의 방해배제 청구에 대하여

(1) 채권자들은 이 사건 토지가 일반 공중의 통행에 제공되어 있는 토지라고 주장하고 있으나, 이는 사실과 다릅니다. 채무자가 '■■리 128-11' 중 사용하려는 부분(소장 별지 도면 중 '4, 5, 19, 16, 6, 7, 8, 17, 18, 9, 4'를 연결한 부분 중 일부)은 오로지 채권자들 소유의 부동산으로 진입하기 위한 것으로 채권자들의 사적인 용도에 사용하려는 것일 뿐 일반 공중의 통행에 제공된 것이 아님이 분명합니다.

그리고 채권자들은 이 사건 토지에 지역권이 설정되어 있다고 하나, 이는 채권자들 소유 건물로 진입하기 위한 것(채무자가 사용하려는 토지와는 무관합니다)이 아니라 이 사건 토지 등기에 첨부된 '확인도면'에서 보듯이 '■■리 129번지'로 통행하기 위한 것이고, 채권자들 소유 건물로 진입하기 위한 목적의 지역권이 아닙니다(소을 제7호증).

(2) 채권자들은 주식회사 아이■■(이하, '아이■■'이라고 합니다)이 건물을 신축하면서 도로로 개설하였다고 하나, 채무자는 그 점에 대해 알지 못하고 기왕에 존재하는 진입도로를 소외 김보■로부터 매수하였을 뿐입니다.

설령 당시 이 사건 토지의 소유자가 아이디알에게 토지 사용에 대해 승낙을 하였다고 하더라도, 이는 아이■■과 당시 이 사건 토지 소유자 사이의 문제일 뿐 그 의무가 채무자에게 승계되는 것은 아닙니다.

(3) 채권자들이 매수한 토지, 건물에서 공로에 이르는 길은 이 사건 토지 뿐만 아니라 다른 도로가 이미 있습니다(소을 제8호증). 그런 상황에서 채권자들의 소유 토지에서

공로에 이르는 길이 없기에 이 사건 토지에 주위토지통행권이 인정된다는 주장은 근거 없는 주장입니다. 채권자들은 채무자의 소유인 '███리 128-11'을 통행하기 보다는 이미 존재하는 도로를 이용하면 됩니다.

주위토지통행권은 그 소유 토지와 공로사이에 그 토지의 용도에 필요한 통로가 없는 경우에 한하여 인정되는 것이므로, 이미 그 소유 토지의 용도에 필요한 통로가 있는 경우에는 그 통로를 사용하는 것보다 더 편리하다는 이유만으로 다른 장소로 통행할 권리를 인정할 수는 없다고 할 것입니다(대법원 1995. 6. 13. 선고 95다1088, 95다1095 판결 등 참조).

또한 채권자들의 주장에 따르면, 아이███이 건물을 신축하면서 비로소 도로가 개설 되었다는 것인데 사적인 목적으로 만든 최근에 개설된 도로 위에 당연히 주위토지통행 권이 인정되지도 않습니다.

(4) 채권자들은 '이 사건 토지의 지목이 도로인 점, 채권자들 소유의 토지에서 공로 로 진입하기 어려운 점, 이 사건 토지를 통행로로 사용하지 못했다면 ███리 129-1. 130-2 및 지상 건물을 처분하기 어려웠을 것으로 보이는 점 등에 비춰 아이███은 이 사건 도로를 매수하고 분할하면서 처음부터 이 사건 도로를 통행로로 제공한 것이고, 채무자가 이 사건 도로를 도로 이외에 다른 용도로 사용할 독자적인 가치는 없다'라 고 주장하고 있습니다.

토지의 지목이 도로라는 점 때문에 당연히 그 토지를 누구나 자유롭게 통행로로 사용할 수 없다는 점은 분명합니다. 그리고 관련 등기(소갑 제1호증의 3. 4. 5호증)를 살

이것이 진짜
부동산 소송이다 Ⅱ

펴 보아도, 아이██이 이 사건 토지를 취득한 것은 2018. 12. 26.(1/3지분 취득), 2019. 5. 19.(2/3지분 취득)인데 이는 아이██이 건물에 대한 보존등기(2018. 12. 4.)를 모두 마친 뒤에 취득한 것으로 아이██이 건물을 신축하기 이전에 이미 이 사건 도로를 통행로로 사용하기 위하여 취득하였다는 주장은 사실과 다름을 알 수 있습니다.

앞서 주장한 바와 같이 채무자는 이 사건 토지 중 일부에 대하여 밭으로 이용하여 농작물을 경작할 계획을 가지고 있는데, 이 사건 토지의 독자적인 이용가치가 없다는 것은 채권자들의 일방적인 주장일 뿐입니다.

(5) 대법원은 "일반 공중의 통행에 제공된 도로를 통행하고자 하는 자는, 그 도로에 관하여 다른 사람이 가지는 권리 등을 침해한다는 등의 특별한 사정이 없는 한, 일상 생활상 필요한 범위 내에서 다른 사람들과 같은 방법으로 그 도로를 통행할 자유가 있고, 제3자가 특정인에 대하여만 그 도로의 통행을 방해함으로써 일상생활에 지장을 받게 하는 등의 방법으로 그 특정인의 통행의 자유를 침해하였다면 민법상 불법행위에 해당하며, 그 침해를 받은 자로서는 그 방해의 배제나 장래에 생길 방해를 예방하기 위하여 통행방해 행위의 금지를 소구할 수 있다고 보아야 한다(대법원 2011. 10. 13. 선고 2010다63720 판결 등 참조)." 라고 판단하고 있습니다.

이 사건 토지 특히 채무자가 사용하려는 토지(소장 별지 도면 중 '4, 5, 19, 16, 6, 7, 8, 17, 18, 9, 4'를 연결한 부분 중 일부)는 일반 공중의 통행에 제공된 도로가 이 닙니다. 채권자들이 이 사건 토지를 통행함으로서 채무자의 재산권은 침해될 수 밖에 없는 반면, 채권자들은 부당한 이익을 얻게 됩니다. 채무자는 특정인의 통행만을 방해 하려는 것이 아니라 채무자 자신의 재산권에 기하여 자신의 토지를 적법하게 사용하려는 것일 뿐입니다.

따라서 채무자의 이 사건 토지에 대한 소유권 행사에 대하여 채권자들이 소유권 또는 주위토지통행권에 기하여 방해의 배제를 구할 수는 없습니다.

## 다. 소결론

채권자들은 채무자가 사용하려는 토지(소장 별지 도면 중 '4, 5, 19, 16, 6, 7, 8, 17, 18, 9, 4'를 연결한 부분 중 일부)를 자유롭게 통행할 수 있는 권리가 없습니다. 그리고 채무자가 사용하려는 부분은 실제로 이 사건 토지가 아닌 '■■■리 128-1'에도 일부 속한 부분으로 채권자들의 무단 통행으로 인하여 채무자의 '■■■리 128-1, 128-11' 토지의 소유권을 침해받게 됩니다.

채무자가 현재 이 사건 토지를 전면적으로 봉쇄하여 통행자체를 차단한 것도 아니기에, 채권자들이 이 사건 토지 중 채무자의 침해행위가 없는 부분을 포함한 전체 토지에 대한 통행방해금지가처분 신청을 구하는 것 역시 부당합니다.

채권자들은 이 사건 토지에 대한 피보전권리를 가지고 있지 않기에 본 건 가처분 신청은 기각되어야 할 것입니다.

## 3. 보전의 필요성 여부

**가.** 대법원은 "민사집행법 제300조 제2항에서 규정하는 임시의 지위를 정하기 위한 가처분은 다툼 있는 권리관계에 관하여 그것이 본안소송에 의하여 확정되기까지의 사

이에 가처분권리자가 현재의 현저한 손해를 피하거나 급박한 위험을 방지하기 위하여, 또는 기타의 이유가 있는 때에 한하여 허용되는 응급적·잠정적인 처분인바, 이러한 가처분을 필요로 하는지의 여부는 당해 가처분신청의 인용 여부에 따른 당사자 쌍방의 이해득실관계, 본안소송에 있어서의 장래의 승패의 예상, 기타의 제반 사정을 고려하여 법원의 재량에 따라 합목적적으로 결정하여야 할 것이며, 더구나 가처분채무자에 대하여 본안판결에서 명하는 것과 같은 내용의 부작위의무를 부담시키는 이른바 만족적 가처분일 경우에 있어서는, 그에 대한 보전의 필요성 유무를 판단함에 있어서 위에서 본 바와 같은 제반 사정을 참작하여 보다 더욱 신중하게 결정하여야 할 것이다(대법원 1993. 2. 12. 선고 92다40563 판결 등 참조)."라고 판단하고 있습니다.

**나.** 본 건과 같이 통행방해금지가처분 등은 그 가처분이 발령되어 집행되면 가처분 채권자는 본안소송의 승소판결에 기한 강제집행에 의하여 인정되는 권리와 사실상 동일한 결과에 이르게 되는 반면 가처분 채무자들은 본안소송에서 다투어 볼 기회도 없이 현재의 이용 상태를 부정당하여 재산권 행사에 막대한 지장을 받을 위험이 있습니다.

특히 본 건의 경우, 채권자들은 '▨▨리 129-1, 130-2 및 그 지상 건물'을 현재 이용하고 있지 않은 상태에서 장래에 이용할 것을 대비하여 본 건 청구를 하고 있는데 이는 "현재의 현저한 손해를 피하거나 급박한 위험을 방지"하기 위한 가처분의 목적에 부합하지 않습니다.

또한 이 사건 토지 중 채무자가 사용하려는 토지는 일부에 불과하고 흙을 채운 부분도 일부분에 불과하므로, 채무자가 이 사건 토지 전부에 대하여 흙을 메우는 등의 행위를 하지 않았음에도 이 사건 토지 전부를 대상으로 통행방해금지 가처분을 구하는 것 역시 부당합니다.

**다.** 이처럼 채권자들에게 현저한 손해나 급박한 위험이 없음에도 불구하고, 본 건 신청인 인용되게 되면 채무자는 자신 소유의 이 사건 토지에 대한 재산권행사는 본안 확정 판결이 있기도 전에 원천적으로 봉쇄되게 된다는 점에서 본 건 신청은 보전의 필요성이 없다고 할 것입니다.

더욱이 채무자는 현재 도로를 완전히 차단한 것도 아니고 통행이 가능하다는 점(소을 제6호증)을 보더라도 채권자들의 본 건 신청은 보전의 필요성이 없습니다.

**4. 결론**

이상과 같이 채권자들은 이 사건 토지에 대하여 아무런 권리를 가지고 있지 않고, 보전의 필요성도 없다는 점에서 본 건 청구는 기각되어야 합니다.

## 입 증 방 법

1. 소을 제1호증         등기사항전부증명서(128-1)
2. 소을 제2호증         등기사항전부증명서(129-3)
3. 소을 제3호증         계쟁토지 현황 캡쳐 사진
4. 소을 제4호증         지적도 등본
5. 소을 제5호증         지적도와 현황 비교 컴퓨터 화면
6. 소을 제6호증의 1내지3    각 도로 사진

준 비 서 면    피고소인 답변에대한

**사 건**    2022카합10079    통행방해금지가처분
**채 권 자**    주식회사 동희 외 4명
**채 무 자**    장병█

위 사건에 관하여 채권자들의 소송대리인은 다음과 같이 준비서면을 제출합니다.

## 다 음

### 1. 채무자의 답변 요지

채무자는 2022.4.1.자 답변서에서,

① 채무자가 이 사건 토지 일부에 흙을 부은 것은 토지 일부를 흙으로 채워서 인접토지인 █리 128-1 부분과 연결하여 밭으로 사용하기 위한 계획에서 비롯된 것이고,

② 현재 흙산 일부를 치운 상태여서 자동차 1대 정도가 지나다닐 수 있으며,

③ 이 사건 토지의 도로 부분(시멘트 포장 부분을 지칭하는 것으로 보입니다)이 █리 128-1 토지 일부를 침범하고 있기도 하고,

④ 소외 주식회사 아이██이 이 사건 토지를 건물 진입도로로 개설하였다는 사정은 당시 아이██과 이 사건 토지 소유자 사이의 문제일 뿐 특정승계인인 채무자와는 상관없는 사정이며,

⑤ 채권자들의 공장건물 진입로는 이 사건 토지 뿐 아니라 소을 제8호증에 나타난 다른 뒷길을 이용하면 되므로 채권자들의 이 사건 토지에 대한 주위토지통행권은 인정되지 않는다고 답변한 바 있습니다.

---

서울 강남구 논현로28길 16,    蒼天 법무법인 | 창천    TEL : 02-3476-**2/12**
3~6층  우 : 06302                                        FAX : 02-3476-7071

그러나 위와 같은 채무자측의 답변은 법리를 떠나 상식의 판점에서 전혀 맞지 않는 주장에 불과합니다.

## 2. 채무자가 이 사건 토지 일부에 흙을 부은 것은 토지 일부를 흙으로 채워서 ▇▇리 128-1 부분과 연결하여 밭으로 사용하기 위한 계획이라는 주장에 대하여

채무자는, 이 사건 토지 일부에 흙을 부은 것은 토지 일부를 흙으로 채워서 ▇▇리 128-1 부분과 연결하여 밭으로 사용하기 위한 계획에서 비롯된 것이라는 답변을 한 바 있습니다.

그런데, 아래 사진이 도대체 어딜 봐서 "밭" 으로 이용하기 위한 모습이라는 말입니까? 통행을 막기 위해 흙산을 쌓고 길 양옆에 기둥을 심어 연결한 아래 모습을 보고, "저 흙산 위에 농사를 짓기 위해서다" 라고 생각하면 된다는 답변은 삼척동자가 들어도 황당한 답변이 아닐 수 없습니다.

〈소갑 제3호증 채무자가 진입도로에 흙산 및 파이프를 설치한 현장사진〉

서울 강남구 논현로28길 16,
3~6층  우 : 06302

蒼天 법무법인 | 창천

TEL : 02-3476-**8/12**
FAX : 02-3476-7071

〈소갑 제3호증 채무자가 진입도로에 흙산 및 파이프를 설치한 현장사진〉

이 사건 토지(███리 128-11 도로 487㎡)는 위 사진에 나타나는 바와 같이 누가봐도 물리적으로 도로의 형태를 띄고 있고 시멘트 포장까지 마쳐져 있습니다.

위 사진에 나타난 흙산에 도대체 어떤 방법으로 농사를 짓겠다는 것인지 의문일 따름이고, 이러한 채무자측 주장은, 채무자가 본 소송에 임하는 출발 자체가 내심의 의사를 숨기고 도를 넘어선 억지라는 점이 여실히 드러나는 대목인 것입니다.

### 3. 흙산 일부를 치웠으므로 보전의 필요성이 없다는 채무자 주장에 대하여

서울 강남구 논현로28길 16,
3~6층  우 : 06302

蒼天 법무법인 | 창천

TEL : 02-3476-7712
FAX : 02-3476-7071

채무자는 또한 소을 제6호증의1-3 사진을 제출하면서, "지금은 흙산을 조금 치워서 차가 드나들 수 있을 정도로는 해놨으므로 이 사건 청구는 보전의 필요성이 없다" 라 주장하고 있습니다.

그러나 본 소송 도중에 흙산을 조금 치웠다고 한들 그로 인해 채권자들은 통행에 막대한 지장을 받고 있는 것은 사실인 반면(소갑 제4호증 사진들, 폭 2미터 15센티만큼만 흙산을 치운 상태), 채무자는 현재 이 사건 토지를 다른 명목으로 사용하고 있지 아니할 뿐만 아니라 채무자의 소유권 행사에 현저히 불합리한 제한이 있다고 보기 어렵고, 이 사건 토지의 지목, 물리적 현황이 시멘트 포장된 도로의 형태가 명백함을 고려하면 위와 같은 지장물(흙산)의 설치는 채무자에게 권리의 남용이 된다고 볼 수 있는 여지가 있을 뿐입니다.

더군다나 소갑 제3호증 사진과 소을 제6호증의1-3 사진을 비교해보면, 한사람이 물리적으로 몇분 정도만 흙을 더러내면 되는 차이에 불과하여 거꾸로 다시 흙을 조금 더해 버리면 차량통행이 쉽게 불가능해지는 바, 채무자의 위 주장은 소송 도중에만 흙을 조금 치우면 채권자들의 청구는 각하되어야 하고, 그러한 소송이 끝나면 다시 흙산을 쌓으면 그만이라는 논리밖에 되지 않는 것입니다.

**4. 소의 주식회사 아이██이 이 사건 토지를 전물 진입도로로 개설하였고 채무자가 지목 및 물리적 형태가 "도로" 인 상태에서 이 사건 토지를 승계한 경우 채무자의 사용수익 제한**

이 사건 토지의 도로 부분(시멘트 포장 부분을 지칭하는 것으로 보입니다)이 인접토지인 ██리 128-1 토지 경계 일부를 침범하고 있다는 채무자측 주장은 그러한 사실관계가 입증된 것도 아니지만, 무엇보다 이 사건 통행방해금지가처분과 관련없는 사정일

서울 강남구 논현로28길 16,
3~6층 우 : 06302

蒼天 법무법인 | 창천

TEL : 02-3476-**5/12**
FAX : 02-3476-7071

Part 01
도로에 의한 소송
(주위토지통행권 등)

Part 02
특수 경매에 의한
특별한 소송 사례

뿐입니다.

아울러 채무자측은 소외 주식회사 아이▨▨이 이 사건 토지를 건물 진입도로로 개설하였다는 사정은 당시 아이▨▨과 이 사건 토지 소유자 사이의 문제일 뿐 채무자와는 상관없는 사정이라 주장하고 있습니다만, 이에 대한 반박의견을 개진하자면 아래와 같습니다.

이미 말씀드린 바와 같이, 이 사건 토지 일대 등기부등본을 확인해보면, ▨▨리 129-1, 130-2 토지 지상에 "주식회사 아이▨▨"이 공장건물을 신축하는 과정에서 개발행위허가운영지침에 따라 개발행위허가를 위해 폭 4m 이상의 진입도로가 필요하였고, 따라서 "주식회사 아이▨▨"은 분필 과정을 통하여 현재 이 사건 도로와 같은 모양으로 487㎡의 면적만큼 지목을 "도로"로 하여 개설하였고, 그러한 도로 위에 시멘트 도로포장 공사를 하였던 것입니다. 즉, 이 사건 도로는 애시당초 "도로"로 사용되기 위하여 만들어졌고 그 지목도 "도로"이거니와 그 물리적 형태 자체가 ▨▨리 129-1, 130-2 지상 공장건물로 진입하기 위한 길쭉한 모양의 진입도로 모양입니다.

그런데, 그러한 공장건물과 진입도로 소유자가 달라졌다면 과연 채무자는 "진입도로"인 이 사건 토지를 멋대로 밭으로 매워버리거나, 토지 소유자로서 자유롭게 통행을 방해하는 행위를 하여도 되는 것인지 여부에 대하여 살펴보자면, 우리 대법원은 과거 그러한 사례에 대하여 아래와 같이 판시해온 바 있습니다(대법원 2019. 1. 24. 선고 2016다264556 시설물철거및토지인도청구의소 전원합의체 판결).

"대법원 판례를 통하여 토지 소유자 스스로 그 소유의 토지를 일반 공중을 위한 용도로 제공한 경우에 그 토지에 대한 소유자의 독점적이고 배타적인 사용·수익권의 행사가 제한되는 법리가 확립되었고, 대법원은 그러한 법률관계에 관하여 판시하기 위하여 '사용·수익권의 포기', '배타적 사용·수익권의 포기', '독점적·배타적인 사용·수익권의 포기', '무상으로 통행할 권한의 부여' 등의 표현을 사용하여 왔다. 이러한 법리는 대법원이 오랜 시간에 걸쳐 발전시켜 온 것으로서, 현재에도 여전히 그 타당성을 인정할 수 있다.......................... (나) 토지 소유자가 그 소유의 토지를 도로, 수도시설의 매설 부지 등 일반 공중을 위한 용도로 제공한 경우에, 소유자가 토지를 소유하게 된 경위와 보유기간, 소유자가 토지를 공공의 사용에 제공한 경위와 그 규모, 토지의 제공에 따른 소유자의 이익 또는 편익의 유무, 해당 토지 부분의 위치나 형태, 인근의 다른 토지들과의 관계, 주위 환경 등 여러 사정을 종합적으로 고찰하고, 토지 소유자의 소유권 보장과 공공의 이익 사이의 비교형량을 한 결과, 소유자가 그 토지에 대한 독점적·배타적인 사용·수익권을 포기한 것으로 볼 수 있다면, 타인이 그 토지를 점유·사용하고 있다 하더라도 특별한 사정이 없는 한 그로 인해 토지 소유자에게 어떤 손해가 생긴다고 볼 수 없으므로, 토지 소유자는 그 타인을 상대로 부당이득반환을 청구할 수 없고, 토지의 인도 등을 구할 수도 없다. 다만 소유권의 핵심적 권능에 속하는 사용·수익 권능의 대세적·영구적인 포기는 물권법정주의에 반하여 허용할 수 없으므로, 토지 소유자의 독점적·배타적인 사용·수익권의 행사가 제한되는 것으로 보는 경우에도, 일반 공중의 무상 이용이라는 토지이용현황과 양립 또는 병존하기 어려운 토지 소유자의 독점적이고 배타적인 사용·수익만이 제한될 뿐이고, 토지 소유자는 일반 공중의 통행 등 이용을 방해하지 않는 범위 내에서는 그 토지를 처분하거나 사용·수익할 권능을 상실하지 않는다.

또한, 토지 소유자의 독점적·배타적인 사용·수익권의 행사가 제한되는 것으로 해석되는 경우 특별한 사정이 없는 한 그 지하 부분에 대한 독점적이고 배타적인 사용·수익권의 행사 역시 제한되는 것으로 해석함이 타당하다. 원소유자의 독점적·배타적인 사용·수익권의 행사가 제한되는 토지의 소유권을 경매, 매매, 대물변제 등에 의하여 특정승계한 자는, 특별한 사정이 없는 한 그와 같은 사용·수익의 제한이라는 부담이 있다는 사정을 용인하거나 적어도 그러한 사정이 있음을 알고서 그 토지의 소유권을 취득하였다고 봄이 타당하므로, 그러한 특정승계인은 그 토지 부분에 대하여 독점적이

서울 강남구 논현로28길 16,
3~6층 우 : 06302

蒼天 법무법인 | 창천

TEL : 02-3476-7712
FAX : 02-3476-7071

**고 배타적인 사용·수익권을 행사할 수 없다.**

이때 특정승계인의 독점적·배타적인 사용·수익권의 행사를 허용할 특별한 사정이 있는지 여부는 특정승계인이 토지를 취득한 경위, 목적과 함께, 그 토지가 일반 공중의 이용에 제공되어 사용·수익에 제한이 있다는 사정이 이용현황과 지목 등을 통하여 외관에 어느 정도로 표시되어 있었는지, 해당 토지의 취득가액에 사용·수익권 행사의 제한으로 인한 재산적 가치 하락이 반영되어 있었는지, 원소유자가 그 토지를 일반 공중의 이용에 무상 제공한 것이 해당 토지를 이용하는 사람들과의 특별한 인적 관계 또는 그 토지 사용 등을 위한 관련 법령상의 허가·등록 등과 관계가 있었다고 한다면, 그와 같은 관련성이 특정승계인에게 어떠한 영향을 미치는지 등의 여러 사정을 종합적으로 고려하여 판단하여야 한다(대법원 2019. 1. 24. 선고 2016다264556 시설물철거및토지인도청구의소 전원합의체 판결)."

이 사건으로 돌아와 보건데, 채무자가 이 사건 토지 소유권을 취득할 당시 이 사건 토지는 그 지목도 "도로" 이거니와 누가보아도 그 물리적 형태 자체가 ▮▮리 129-1 130-2 지상 공장건물로 진입하기 위한 길쭉한 모양의 진입도로 모양입니다.

그러한 "도로" 소유권을 취득하면서 "나는 이 토지가 공장건물 진입도로로 사용되기 위한 도로인지 몰랐고 나와 관련없는 사정이다" 라 답하는 채무자의 답변은 전혀 상식적이지 않고, 채무자는 스스로 이 사건 토지가 채권자들 공장출입을 위한 도로임을 충분히 인지한 상태에서 취득한 것인 바,

이러한 사정 즉, 신청서에서 말씀드린 이 사건 토지가 분필된 경위와 지목이 도로로 지정된 경위는, 채무자와 관련없는 과거 사실관계가 아니라 이 사건 통행방해금지가처분신청을 판단함에 있어 매우 중요한 제반사정이 되는 것입니다.

서울 강남구 논현로28길 16,
3~6층 우 : 06302

 蒼天 법무법인 | 창천

TEL : 02-3476-8712
FAX : 02-3476-7071

113

**5. 이 사건 토지는 채권자들의 공장건물에 대한 유일한 진입로가 맞습니다.**

채무자는 채권자들 소유 공장건물에 대한 진입로는 이 사건 토지 뿐 아니라 소을 제8호증에 나타난 다른 뒷길을 이용하면 되므로 채권자들의 이 사건 토지에 대한 주위토지통행권은 인정되지 않는다고 답변한 바 있습니다.

그러나 대법원은 "별도의 진입로가 이미 있다고 하더라도 그 진입로가 당해 토지의 이용에 부적합하여 실제로 통로로서의 충분한 기능을 하지 못하거나 통로를 개설하는 데 과다한 비용을 요하는 때에는 민법 제219조에 의한 주위토지통행권이 인정될 수 있다(대법원 1992. 12. 22. 선고 92다36311 판결, 대법원 2003. 8. 19. 선고 2002다53469 판결 등 참조)." 라는 법리를 반복 설시한 바 있고,

채무자가 언급한 다른 뒷길은, 실제 현장을 보면 도로와 공장부지간에 '높낮이 차이' 가 존재하여 2차원적으로 인접해있을 뿐 실제로 통행이 불가능할 뿐 아니라, 채무자들 공장으로 이르는 도로폭 자체가 4m가 안되며, 이 사건 토지에 비하여 공용도로에 통하기까지 몇배나 되는 거리의 길일 뿐입니다.

그러한 현장상황이 드러나는 사진자료들은 아래와 같습니다.

〈소갑 제5호증 뒷길과 공장부지 높낮이 차이 사진들〉

서울 강남구 논현로28길 16,
3~6층  우 : 06302

蒼天 법무법인ㅣ창천

TEL : 02-3476-8/12
FAX : 02-3476-7071

이처럼 채무자가 언급한 다른 뒷길은, 실제 현장을 보면 도로와 공장부지간에 '높낮이 차이'가 존재하여 2차원적으로 인접해있을 뿐 실제로 통행이 불가능할 뿐 아니라 채무자들 공장으로 이르는 도로폭 자체가 4m가 안되며 이 사건 토지에 비하여 공용도로에 통하기까지 몇배나 되는 거리의 길일 뿐으로, 대법원 판례 법리(대법원 1992. 12. 22. 선고 92다36311 판결, 대법원 2003. 8. 19. 선고 2002다53469 판결 등 참조)에 따라 채무자측 주장은 토지현황과 동떨어진 억지주장일 따름입니다.

### 6. 결어

상기한 바와 같은 이유로 속히 채권자들의 청구를 인용하여 주시기 바랍니다.


## 입 증 방 법

1. 소갑 제4호증　　　2022.4.5. 촬영한 흙산 사진
1. 소갑 제5호증　　　뒷길 높낮이 차이 관련 현장 사진
1. 소갑 제6호증　　　뒷길 폭 관련 현장 사진

## 피 고소인의 2차 답변 준 비 서 면

사　　건　2022카합10079 통행방해금지가처분

채 권 자　주식회사 동█ 외4명

채 무 자　장병█

위 사건에 관하여 채무자의 소송대리인은 아래와 같이 의견을 제출합니다.

### 다　음

### 1. 본 건에 대한 채무자의 의견 정리

**가.** 채무자는 2021. 2. 24.경 '천안시 동남구 수신면 ███리 128-1, 129-3, 128-11' 을 매수하였고 '█리 128-1, █리 128-11' 에 걸쳐서 도로가 개설되어 있습니다. 그리고 그 도로 끝에는 오로지 채권자들 소유의 '███리 130-2, 129-1' 만이 있습니다.

채무자는 '위 █리 130-2, 129-1' 에 공장이 신축되게 된 경위 및 인접 토지 소유주들 사이의 토지 소유 관계에 대해서는 알지 못합니다. 다만 자신의 정당한 토지 소유권을 행사하는 차원에서 '█리 128-1' 을 더 넓혀 밭으로 이용하기 위하여 본 건 도로에 흙을 메꾸려고 했을 뿐이고, 현재는 흙 정리가 되어 차량 한 대(소을 제6호증의 3에 도로를 통행하고 있는 차량은 기아 카니발 차량으로 전폭이 2m가량 됩니다)가 이 사건 도로를 통행할 수 있습니다. 또한 이 사건 도로는 원래 있어야 할 '█리

128-11'을 벗어나서 '▒▒리 128-1'을 침범하여 개설(소율 제5호증)되어 채권자들은 예상치 못한 피해를 입고 있는 상황입니다. 이 사건 도로 이외에 공로와 통행할 수 있는 다른 도로도 있고 채권자들은 조금만 노력을 기울이면 이 사건 도로가 아닌 다른 대체도로(소율 제8호증)를 통하여 공로로 진입하는데 아무런 문제가 없습니다.

**나.** 그래서 채무자는 이러한 여러 제반 사정을 고려하여 자신의 재산권 침해를 감수 채권자들이 통행할 수 있는 도로를 제공)하면서 이 사건 도로 일부를 통행할 수 있도록 조치를 해준 것입니다. 그럼에도 불구하고 채권자들은 채무자의 재산권 침해에 대해서는 모른 척 한 채 오로지 본인들의 통행 불편만을 주장하면서 본 건 소송을 제기하고, 고소를 하는 등의 납득하기 힘든 행동을 하고 있습니다.

### 2. 채무자가 '밭'으로 이용하려 한다는 주장에 대하여

**가.** 채권자들은 채무자가 이 사건 도로 일부를 밭으로 이용하려 한다는 점에 대해 납득하기 힘들다고 합니다.

본 건 도로 일부는 원래 도로가 있어야 할 '▒▒리 128-11'을 벗어나서 '▒▒리 128-1'에 걸쳐져 있고(소율 제5호증), 토지 소유자 입장에서는 조금이라도 넓혀서 밭을 이용하려는 것이 일반적이고 합리적인 판단입니다. 위와 같은 채무자의 주장이 이해하기 힘들다는 주장은 지극히 채권자들 본인의 입장에서 본 주관적인 생각에 불과합니다.

**나.** 채권자들이 촬영하여 제출한 사진(소갑 제3호증)은 초기 밭을 넓히기 위하여 도로

에 흙을 쌓아 놓은 모습일 뿐입니다. 채권자들도 인정하듯이 채권자들 소유 건물이 공실로 남아 있어서 통행하는 사람이 전혀 없었기 때문에 우선 흙을 쌓아 두고 정리하려고 했던 것으로 통행을 완전히 차단하기 위한 의도는 없었습니다.

현재는 흙을 정리하여 차량 한 대가 통행할 수 있도록 만들어 놓은 상황(소을 제6호증의 1 내지 3)입니다. 당시 설치한 쇠사슬은 채무자 자신의 토지 소유임을 대외적으로 드러내기 위한 것일 뿐으로 땅에 고정시켜 뽑기 힘들게 만들어 놓은 것이 아니고 현재는 제거한 상태입니다.

채권자들은 흙이 정리되기 전의 모습만을 제시하면서 채무자가 채권자들의 통행을 방해하고 있다고 하는데, 이는 채권자들의 일방적인 주장일 뿐이고, 현재의 현황과도 다른 주장입니다.

### 3. 보전의 필요성과 관련하여

**가.** 채권자들은 현재 본 건 도로로 차량 한 대가 통행할 수는 있으나 본 건 소송 이후 채무자가 다시 흙으로 막을 염려가 있기 때문에 보전의 필요성이 있다고 주장 합니다.

**나.** 채권자들의 위 주장은 결국 현재 상황에서는 본 건 도로를 통행하는데 아무런 지장이 없다는 것을 자인하는 것으로 본 건 신청이 부당하다는 점을 스스로 인정하는 것입니다.

**다.** 채무자는 채권자들의 통행을 방해하기 위하여 흙으로 도로를 덮은 것이 아니고 자신의 정당한 토지 소유권을 행사하기 위함입니다. 당시는 물론이고 현재도 채권자들의 소유 건물, 토지는 아무도 입주한 사람이 없어서 본 건 도로를 통행하는 사람도 없습니다.

채권자들의 주장처럼 채무자가 도로 일부를 통행할 수 있도록 해놓고는 또 나중에 다시 막을 수 있다는 개연성이 충분하기 위해서는 종전에도 채무자가 그와 같은 한 적이 있어야 합니다. 그러나 채무자는 반복적으로 흙을 쌓았다가 치웠다가 하는 행동을 한 적이 없습니다. 채무자는 인접지 소유자 관계에서 성의를 다하고 있는데, 채권자들은 자신은 아무런 불이익도 감수하지 않으려면서 오로지 자신의 완전한 재산권 행사를 위하여 채무자 소유의 토지를 통행하는 것을 당연하게 생각하고 있습니다.

채권자들의 일방적인 근거없는 추정에 근거하여 현재 도로 통행이 가능한 도로에 대해 채무자가 통행을 방해하지 말라는 취지의 가처분을 인용하는 것은 임시의 지위를 정하는 가처분의 보전필요성 요건이 결여된 것으로 부당한 주장입니다.

**라.** 채권자들은 채무자가 흙으로 도로 일부를 덮은 것이 권리남용이라고 주장합니다. 대법원은 "권리의 남용에 해당한다고 할 수 있으려면, 주관적으로 그 권리행사의 목적이 오직 상대방에게 고통을 주고 손해를 입히려는 데 있을 뿐 행사하는 사람에게 아무런 이익이 없는 경우이어야 하고, 객관적으로는 그 권리행사가 사회질서에 위반된다고 볼 수 있어야 하는 것이며, 이와 같은 경우에 해당하지 않는 한 비록 그 권리의 행사에 의하여 권리행사자가 얻는 이익보다 상대방이 잃을 손해가 현저히 크다 하여도 그러한 사정만으로는 이를 권리남용이라 할 수 없고, 다만 이러한 주관적 요건은 권리자의 정당한 이익을 결여한 권리행사로 보여지는 객관적인 사정에 의하여 추인할 수

있다(대법원 1998. 6. 26. 선고 97다42823 판결 등 참조)." 라고 판단하고 있습니다.

앞서 언급했듯이 채무자가 흙으로 덮은 부분은 채무자 소유의 토지이고, 도로가 원래 있어야 할 곳에서 벗어나 있기도 하여, 재산권 행사를 배타적으로 하지 못하는 불이익은 온전히 채무자가 입게 됩니다. 채무자는 '███리 128-11, 128-1, 129-3' 토지를 평당 동일한 가격으로 매수하였는데, 채권자들의 통행을 방해할 여지가 있으니 채무자는 그 도로 부지에 대해 권리행사를 하지 말아야 한다는 주장은 도저히 받아들일 수 없습니다.

채무자는 본 건 도로로 인하여 온전한 재산권 행사를 하지 못하는 피해를 입고 있는 상황이고, 도로 일부를 흙으로 덮어서 사용하려는 것으로 오직 채권자들에게 고통을 주고 손해를 가하려는 것이 아닙니다. 그리고 도로 일부를 개방하여 차량도 통행할 수 있도록 해 놓았기에 채무자의 권리행사가 사회질서에 반하는 것도 아닙니다.

채무자는 채권자들의 입장도 고려하여 자신의 권리침해(도로 일부의 사용 불가)를 감수하면서 권리행사를 하려는 것인데 이를 권리남용이라고 하는 것은 부당합니다. 채무자만이 피해를 감수하라고 강요하는 채권자들의 태도를 도저히 납득할 수 없습니다.

### 4. 채무자의 도로 사용수익 제한 주장에 대하여

**가.** 채권자들은 채무자가 도로가 있음을 인식한 상태에서 매수했기에 본 건 도로에 대한 재산권 행사를 하면 안 된다고 주장합니다. 그리고 그 근거로 '토지가 일반 공중을 위하여 제공된 경우'에 대한 대법원 판례를 제시하고 있습니다.

Part 01
도로에 의한 소송
(주위토지 통행권 등)

Part 02
특수 경매에 의한
특별한 소송 사례

**나.** 채권자들이 제시하고 있는 판례는 토지가 오랜 기간 동안 일반 공중에 제공된 것으로 공공의 이익을 위하여 사적 소유권 행사가 제한되는 경우에 대한 것입니다. 본 건 도로는 오로지 채권자들의 토지, 건물에만 연결된 것으로 공공성이 없는 것이어서, 채권자들이 원용하는 판례가 본 건에 그대로 적용될 수는 없습니다.

또한 채권자들이 원용하는 판례에도 '토지 소유자의 소유권 보장'과 '공공의 이익' 사이의 비교형량을 통하여 사용수익 포기 여부를 판단하고 있는데, 채무자는 채권자들이 통행할 수 있도록 일부 도로를 개방하여 놓은 상태로서, 현재 상황은 채무자의 소유권 보장과 채권자들의 통행권 보장 사이의 조화가 이루어진 상태입니다.

채무자가 ' □□리 128-11'을 매수할 당시 현황이 도로라는 것을 인식한 것처럼, 채권자들도 ' □□리 128-11'이 타인 소유의 토지라는 것을 인식하면서 ' □□리 129-1, 130-2 및 그 지상 건물을' 매수하였습니다. 그런데 채무자만 그 인식에 따른 불이익을 감수하라고 하는 것은 오로지 채무자에게만 사적 자치의 원칙에 기반한 자유로운 재산권 행사를 금지시키는 것으로 이는 모든 국민의 재산권을 보장하고 있는 헌법질서에 반하는 위헌적이고 무책임한 주장입니다.

더욱이 채권자들이 언급하는 도로는 원래 ' □□리 128-11'에 놓아졌어야 하는 것인데, 현재는 ' □□리 128-1'을 침범하여 개설되어 있기에 채권자들이 사용하려는 도로와 현황도 다르다는 점에서, 채무자가 도로 일부를 흙으로 메운 행위를 부당하다고만 할 것도 아닙니다.

### 5. 본 건 도로가 유일한 진입로라는 주장에 대하여

**가.** 자신에게 편리하다는 이유만으로 아무런 근거없이 타인 소유의 토지를 통행로로 이용하는 것이 당연시 되어서는 안 됩니다. 대법원도 "이미 그 소유 토지의 용도에 필요한 통로가 있는 경우에는 그 통로를 사용하는 것보다 더 편리하다는 이유만으로 다른 장소로 통행할 권리를 인정할 수는 없다"라고 명시적으로 판단하고 있습니다.

**나.** 채권자들도 본인들이 소유한 토지, 건물에 이르는 통행로가 있다는 점에 대해서는 인정하고 있으나, 소유토지와 대체도로 사이의 높낮이 차이가 있어 도로 개설에 과다한 비용이 들고, 몇 배나 먼 거리를 돌아서 가야한다고 주장합니다.

채권자들의 소유 토지와 그에 이르는 다른 대체도로를 연결하기 위하여 어느 정도의 작업이 필요함은 인정합니다. 하지만 채권자들이 제시한 사진(소갑 제5호증)과 같이 큰 높이 차이가 있는 곳 뿐만 아니라 높이차가 크지 않은 부분도 있습니다. 건물 뒷 부분에도 도로와 높낮이가 동일한 구간이 있습니다(소갑 제6호증 첫 번째 사진에서 보이는 전봇대 부분). 채무자는 본 건 건물이 잠금장치가 되어 내부로 들어가지는 못하고 외부를 확인한 결과 도로와 높낮이가 동일한 부분(소을 제10호증의 1, 2, 3[1], 4[2])을 확인하였는데, 그곳의 펜스를 철거하고 약간의 평탄화 작업(필요하면 전봇대도 관할청에 신고하고 이전 가능)을 하면 충분히 도로와 연결된 출구를 만들 수 있습니다. 그럼에도 불구하고 채권자들은 가장 높낮이가 큰 부분만을 제시하면서 도로 공사에 과다한 비용이

---

1) 빨간색 원으로 표시한 부분입니다.
2) 대체도로 반대편에서 촬영한 사진으로 빨간색 원으로 표시한 부분을 통하여 출입이 가능합니다.

든다고 주장하고 있는 것입니다.

따라서 대체도로를 연결하는데 과다한 비용이 든다는 주장은 채권자들의 일방적인 주장일 뿐이고, 도로를 연결하기 위하여 아무런 노력도 기울이지 않고 그러한 의지도 없는 상황에서 어떻게든 본 건 도로가 아니면 통행이 불가능하다고 주장하기 위한 핑계일 뿐입니다.

대체도로 통행시간도 본 건 도로를 통행하는 것 보다 1-2분 정도 지연되는 정도로 몇 배의 먼 거리를 통행한다는 것은 채권자들의 근거없는 일방적인 주장입니다. 채무자가 자신의 소유차량인 기아 카니발 차량을 가지고 2군데의 대체통로로 통행해 보았으나 본 도로를 통행[3]하는데 걸리는 시간은 별 차이가 없습니다(소을 제11, 12, 13호증[4]).

**다.** 본 건 도로는 채무자 소유의 토지입니다. 공로에 이르는 다른 대체 통행로도 있고, 본 건 도로 일부를 통행할 수 있도록 만들어 놓은 상태입니다. 또한 본 건 도로는 오로지 채권자들이 이용하기 위한 것으로 공공성을 가지는 도로도 아닙니다.

그럼에도 불구하고 채권자들은 다른 대체도로를 이용하려는 의지도 전혀 기울이지 않고 자신들은 전혀 불이익을 받지 않으려는 심산으로 오로지 채무자에게 본 건 도로 전체의 개방을 요구하고 있습니다.

---

3) 본 건 도로를 통행하는 동영상(소을 제12호증)도 함께 제출합니다.
4) 전폭이 넓은 기아 카니발 차량을 이용하여 대체도로를 통행했음에도 불구하고 충분히 통행이 가능합니다. 동영상 화면상으로 도로가 좁게 보이는 것은 착시효과 때문으로, 블랙박스를 통해 촬영된 도로를 보아도 실제보다 도로 폭이 좁아 보이는 것과 동일한 현상입니다. 소을 제11, 12호증은 대체도로 통행 동영상이고, 소을 제13호증은 본 건 도로 통행 동영상입니다.

이러한 채권자들의 태도는 인접지 토지 소유자들의 적정한 자신의 권리 행사를 넘어서는 위법하고 부당한 요구입니다.

## 6. 결론

채무자는 본 건 도로가 애초의 계획과는 다르게 자신의 양토지에 걸쳐서 개설되어 재산권의 자유로운 행사가 불가능한 상황이고, 채권자들의 소유의 토지에 이르는 다른 통행로가 있음에도 불구하고 오로지 본 건 도로만을 이용하겠다는 채권자들의 주장은 도저히 납득하기 힘듭니다.

더욱이 채무자는 본 건 도로 중 일부를 개방하여 차량 한 대가 통행할 수 있도록 조치까지 취해 놓았는데, 채권자들은 자신 소유의 토지도 아니고 그 토지를 이용할 아무런 민사상 권한이 없음에도 불구하고 본 건 도로 전체를 통행할 수 있도록 해달라고 주장하고 있습니다.

앞서 본 바와 같이 채무자는 자신의 재산권 행사를 스스로 제한하면서 채권자들의 통행을 위하여 최대한의 성의를 보여주었는데, 채권자들은 대체도로가 있음에도 불구하고 그 도로를 사용할 의지는 전혀 없이 본 건 도로가 아니면 안되다는 막무가내 태도로 대체도로의 통행이 불가능하다고 사실과 다른 주장을 하고 있습니다. 그러면서 한편으로는 채권자들은 자신들이 아닌 제3자를 통하여 계속적으로 연락을 취하면서 협의를 제안하면서 채무자 및 그 배우자를 괴롭히고 있습니다. 갑자기 본 건 소송을 제기하고, 당사자 본인이 아닌 제3자를 내세워서 채무자 측을 괴롭히듯이 협의를 하려는

Part 01
도로에 의한 소송
(주위토지통행권 등)

Part 02
특수 경매에 의한
특별한 소송 사례

태도는 지양해 주었습니다. 현재 본 건 도로 상황을 보았을 때, 채권자들은 충분히 그 도로를 사용하면서 차량과 사람의 통행이 가능합니다.

채권자들은 본 건 도로를 통행할 민사상 권한이 없고 채무자는 채권자들이 본 건 도로를 통행할 수 있도록 조치를 취해 놓았다는 점에서 채권자들의 본 건 신청은 피보전 권리와 보전필요성이 결여된 부적법한 청구로서 기각되어야 할 것입니다.

## 소 명 방 법

1. 소을 제10호증의 1 내지 4     현장사진

1. 소을 제11호증     대체도로 통행 동영상

1. 소을 제12호증     대체도로 통행 동영상

1. 소을 제13호증     본 건 도로 통행 동영상

2022.  4.    .

위 채무자의 소송대리인

변호사 장기

**대전지방법원 천안지원 제10민사부 귀중**

이것이 진짜
부동산 소송이다 Ⅱ

Part 01
도로에 의한 소송
(주위토지통행권 등)

Part 02
특수 경매에 의한
특별한 소송 사례

# 대전지방법원 천안지원

## 제 1 0 민 사 부

### 결 정

사 건  2022카합10079 통행방해금지가처분

채 권 자  1. 주식회사 동▒

천안시 동남구 ▨▨▨ 8-7, 1층(성황동, 성황동 다세대주택)

대표이사 김용▒

2. 이▒ 주식회사

천안시 서북구 천안대로 ▨▨▨, 101동 904호(두정동, ▨▨

센트럴)

대표자 사내이사 이수▒

3. 주식회사 에이치▒

천안시 서북구 ▨▨▨▨ ▨, 2층 204호(성성동)

대표자 사내이사 허정▒

4. 주식회사 다니▒

아산시 탕정면 온천대로 ▨▨ (매곡리)

대표자 사내이사 강희▒

5. 주식회사 지▒컴퍼니

수원시 권선구 ▨▨▨▨▨ 45, 5층 514호(평동)

대표이사 최지▒

채권자들 소송대리인 법무법인 창천

담당변호사 정재유

채 무 자    장병▩

천안시 동남구 수신면 수신로 ▩

소송대리인 변호사 강기▩

主  文

1. 채무자는,

   가. 이 사건 결정을 송달받은 날로부터 7일 이내에 천안시 동남구 수신면 ▩▩리 128-11 도로 487㎡ 지상 별지 도면 표시 16, 17, 18, 19, 16의 각 점을 차례로 연결한 선내 부분에 설치된 흙더미[1]와 파이프를 철거하고,

   나. 위 가항 기재 토지 지상 별지 도면 표시 1, 2, 3, 4, 5, 6, 7, 8, 9, 10, 11, 12, 13, 14, 15, 1의 각 점을 차례로 연결한 선내 부분에 채권자들의 통행에 방해가 되는 공작물을 설치하거나 채권자들이 위 부분을 통행하는 것을 방해하여서는 아니 된다.

2. 채무자가 제1의 가항 기재 명령을 이행하지 않는 경우 채권자들은 채권자들이 위임하는 대전지방법원 천안지원 소속 집행관으로 하여금 채무자의 비용으로 제1의 가항 기재 흙더미 및 파이프를 철거하게 할 수 있다.

3. 제1, 2항은 채권자들이 채무자를 위하여 담보로 20,000,000원을 공탁하거나 위 금액을 보험금액으로 하는 지급보증보험증권을 제출하는 것을 조건으로 한다.

---

1) 신청취지에는 '흙산'이라 기재하였으나 '흙더미'로 선해한다.

4. 소송비용은 각자 부담한다.

신 청 취 지

주문 제1, 2항과 같다.

이 유

### 1. 기초사실

이 사건 기록 및 심문 전체의 취지에 의하면 다음 사실이 소명된다.

가. 천안시 동남구 수신면 ▓▓리(이하 '▓▓▓리'라 한다) 128-11 도로 487㎡(이하 '이 사건 진입로'라 한다)는 2017. 3. 15. ▓▓리 128-2 토지에서 분할되고, 2018. 12. 11. 지목이 임야에서 도로로 변경되었다. 현재 이 사건 진입로는 폭이 좁고 긴 'ㄱ'자 형태로서, 시멘트 포장이 되어 있고, 서측 끝단은 공로인 5산단로와 남측 끝단은 ▓▓리 130-2 공장용지와 각 이어지며, 북측 200㎡ 부분에는 ▓▓리 129 토지를 요역지로 하는 통행지역권이 설정되어 있다.

나. 주식회사 아이▓▓은 2018. 12. 4. ▓▓리 130-2 공장용지 2051㎡ 및 ▓▓리 129-1 공장용지 246㎡(이하 통칭하여 '이 사건 공장용지'라고 한다) 각 지상 일반철골구조 기타지붕(판넬) 단층 공장(1층 294㎡, 1층 98㎡), 1층 공장(1층 392㎡)(이하 통칭하여 '이 사건 공장'이라 한다)에 대하여 소유권보존등기를 마쳤고, 2018. 12. 11.(이 사건 진입로의 지목이 임야에서 도로로 변경된 날과 같다) 이 사건 공장용지의 지목이 전에서 공장용지로 변경되었다.

다. 주식회사 아이▓▓은 2018. 10. 31. 이 사건 진입로 중 3분의 1지분을, 2019. 5.

8. 나머지 3분의 2 지분을 각 매수하였다가, 2019. 9. 16. 김보█에게 이 사건 진입로를 매도하였다. 채무자는 2021. 2. 2. 김보█로부터 이 사건 진입로, █ 리 128-1 전 340㎡, █ 리 129-3 전 298㎡를 매수하였다.

라. 채권자들은 대전지방법원 천안지원 2019타경11615호 강제경매절차에서 이 사건 공장용지 및 공장을 낙찰받아 2021. 3. 10. 소유권이전등기를 마쳤다.

마. 채무자는 별지 도면 표시 16, 17, 18, 19, 16의 각 점을 사례로 연결한 선내 부분에 노폭 전체에 걸쳐 흙더미와 파이프를 설치하였다가 2022. 3.경 흙더미 중 일부를 이동시켰다. 이에 따라 현재 위 선내 부분 중 노폭 약 2m 부분만 통행이 가능한 상태이다.

## 2. 신청이유의 요지

이 사건 진입로는 이 사건 공장 신축 무렵 이에 필수적인 진출입로로서 토지분할, 시멘트 포장, 지목 변경이 마쳐진 도로로서, 이 사건 공장용지에서 공로로 출입하기 위한 유일한 통로인바, 채권자들은 이 사건 진입로를 통행할 주위토지통행권이 있다. 그런데 채무자가 이 사건 진입로 중 일부에 흙더미를 쌓고 파이프를 설치하여 채권자들의 통행을 방해하고 있으므로 신청취지와 같은 가처분을 구한다.

## 3. 피보전권리에 대한 판단

### 가. 관련 규정 및 법리

1) 민법 제219조에 따르면, 어느 토지와 공로 사이에 그 토지의 용도에 필요한 통로가 없는 경우에 그 토지소유자는 주위의 토지를 통행 또는 통로로 하지 아니하면 공로에 출입할 수 없거나 과다한 비용을 요하는 때에는 그 주위의 토지를 통행할 수 있고, 필요한 경우에는 통로를 개설할 수 있다.

2) 주위토지통행권은 어느 토지가 타인 소유의 토지에 둘러싸여 공로에 통할 수 없는 경우뿐만 아니라, 이미 기존의 통로가 있더라도 그것이 당해 토지의 이용에 부적합하여 실제로 통로로서의 충분한 기능을 하지 못하고 있는 경우에도 인정된다(대법원 1992. 3. 31. 선고 92다1025 판결, 대법원 2003. 8. 19. 선고 2002다53469 판결 등 참조).

3) 주위토지통행권의 효력으로서 인정되는 방해배제청구권은 물권적 청구권으로서의 성격을 가지므로, 주위토지통행권자는 통행을 방해하는 피통행지의 소유자나 제3자를 상대로 주위토지통행권에 기하여 방해행위의 금지를 구할 수 있다(대법원 2005. 7. 14. 선고 2003다18661 판결 등 참조).

**나. 구체적 판단**

위 인정사실에 더하여 기록 및 심문 전체의 취지에 의하여 알 수 있는 다음과 같은 사정을 위 법리에 비추어 보면, 채권자들은 이 사건 진입로를 통행할 수 있는 주위토지통행권이 있으므로, 통행권 행사에 방해가 되는 장애물의 철거 및 방해금지를 구할 권리가 있다.

① 이 사건 진입로의 형태, 분할 및 지목 변경 경과에 의하면, 이 사건 진입로는 이 사건 공장용지에 이 사건 공장을 신설함에 있어 관계 규정에 의하여 요구되고 공장 사용을 위하여 필수적인 진입도로로서 개설된 것으로 판단된다.

② 이 사건 진입로는 ▨▨리 129 토지, 이 사건 공장용지를 공로인 산단5로와 각 연결하는 통행로 외의 다른 용도로 사용되지 않는 것으로 보인다. 채무자는 이 사건 통행로 중 일부를 밭으로 사용하고자 흙더미를 설치하였다고 주장하나, 포장된 시멘트 위에 흙더미를 쌓기만 한 현 상태에서 경작은 어려워 보인다.

③ 이 사건 공장 뒤편에 이 사건 공장용지의 경계를 따라 세워진 옹벽 위로 2~3미터 폭의 ▨▨리 130-3 도로가 있으나, 이 사건 공장용지와 위 도로는 고저차가 있어 현 상태에서 이 사건 공장용지로부터 위 도로로 진입하는 것은 불가능하다. 또한, ▨리 130-3 도로를 통하여 5산단로로 진출입하기 위해서는 상당한 거리를 우회하여야 하는데, 위 우회로는 주택들 사이를 지나는 노폭이 좁고 경사가 상당하며 차도와 보도의 구별이 없는 도로인바, 이 사건 공장의 사입용 차량이 위 우회로를 상시적으로 통행하는 것은 채권자들 뿐만 아니라 인근 주민들에게도 상당한 불편과 위험을 초래할 것으로 보인다.

④ 채무자는, 흙더미가 존재하는 현 상태에서도 승용차 통행이 가능한 도로폭이 확보되어 있으므로 채권자들의 통행에 방해가 되지 않으며, 이 사건 진입로의 시멘트 포장 부분은 이 사건 진입로 뿐 아니라 ▨▨▨리 128-1 토지까지 이어져 경계를 침범하고 있으므로 피보전권리가 인정될 수 없다고 주장한다.

그러나 위 흙더미는 위치, 형태, 구조가 가변적이고 우천이나 강풍에 붕괴될 수 있어 그 자체로 사람과 승용차의 통행에 방해가 되는 점, 이 사건 진입로의 시멘트포장이 ▨리 128-1 토지 경계를 침범하였음이 소명되지 아니하고 설령 경계가 침범된 상태라고 하더라도 채권자들이 이 사건 진입로 부분에 한하여 방해금지를 구하고 있는 이상 이 사건 신청이 인용되더라도 채무자의 ▨리 128-1 토지 사용에는 아무런 영향이 없는 점을 고려할 때, 위 주장은 받아들일 수 없다.

**4. 보전의 필요성에 대한 판단**

채권자들이 이 사건 공장을 사용하기 위해서는 이 사건 통행로가 반드시 필요하고(현재 채권자들이 이 사건 공장을 사용하고 있지 않다 하더라도, 이 사건 공장을 임대하거나 사용 개시하기 위해서 통행로 확보가 시급하다) 채권자들은 이 사건 통행로를 통행할 권리가 있음에도 채무자는 별지 도면 표시 16. 17. 18. 19. 16의 각 점을 차례로 연결한 선내 부분 흙더미 등을 설치하여 채권자들의 통행을 방해하고 있으므로, 주문 기재와 같이 방해물의 제거 및 통행 방해 금지를 명할 보전의 필요성이 인정된다. 다만 이러한 가처분으로 인해 채무자에게 발생할 수 있는 손해의 내용 및 크기 등을 비롯하여 기록과 심문 전체의 취지를 통해 나타난 여러 사정을 고려하여 채권자들에게 채무자를 위한 담보를 제공할 것을 함께 명한다.

**5. 결론**

그렇다면 이 사건 신청은 이유 있으므로 담보제공을 조건으로 이를 인용하기로 하여 주문과 같이 결정한다.

2022. 6. 14.

재판장    판사    서진 ▓

판사    육은 ▓

판사    정희 ▓

# 사건 개요 도로 사용 승낙을 받고 건축한 뒤 도로의 주인이 변경되어 도로를 막겠다고 한 사건

문산읍 이천리의 주택에 식당을 운영하고 있었는데, 이곳으로 들어오는 사도의 주인이 사망 후 상속을 받았다. 상속받은 도로를 ○○에게 매도했는데(공인중개사의 중개로), 도로를 매입한 ○○이 도로를 막겠다며 식당의 매도를 요구해 낮은 가격에 가계약했다.

식당을 운영하던 부친이 병이 들어 도로의 주인이 아들에게 도로를 막겠다고 위협하며 식당의 매도를 논의하자 아들이 유튜브를 본 후 저자에게 사도를 막을 수 있냐고 질의해와 막을 수 없다고 하자 식당의 매도 계약을 취소한 후 도로의 주인과 주위토지 통행권 소송을 하게 된 사건이다.

현황도로의 주인이 변경되며 막겠다고 하며 식당을 저가에 매도하라고 요구한 토지

134

Part 01
도로에 의한 소송
(주위토지 통행권 등)

Part 02
특수 경매에 의한
특별한 소송 사례

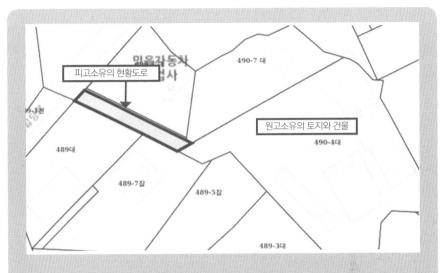

| 소재지 | 경기도 파주시 문산읍 ▇▇리 490-6번지 | | |
|---|---|---|---|
| 지목 | 도로 ❓ | 면적 | 105 ㎡ |
| 개별공시지가(㎡당) | 42,800원 (2023/01) 연도별보기 | | |
| 지역지구등 지정여부 | 「국토의 계획 및 이용에 관한 법률」에 따른 지역 · 지구등 | 계획관리지역 | |
| | 다른 법령 등에 따른 지역 · 지구등 | 가축사육제한구역(모든축종 사육제한)<가축분뇨의 관리 및 이용에 관한 법률>, 군사기지 및 군사시설기타(8미터위임)<군사기지 및 군사시설 보호법>, 제한보호구역(전방지역:25km)((08.12.30)<군사기지 및 군사시설 보호법> | |
| | 「토지이용규제 기본법 시행령」 제9조 제4항 각 호에 해당되는 사항 | | |
| 확인도면 | 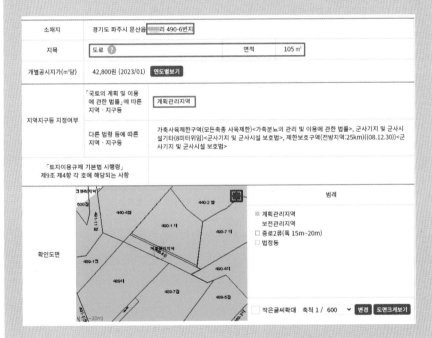 | | |

범례

▇ 계획관리지역
　 보전관리지역
□ 중로2류(폭 15m~20m)
□ 법정동

□ 작은글씨확대　축척 1 / 600　∨　변경　도면크게보기

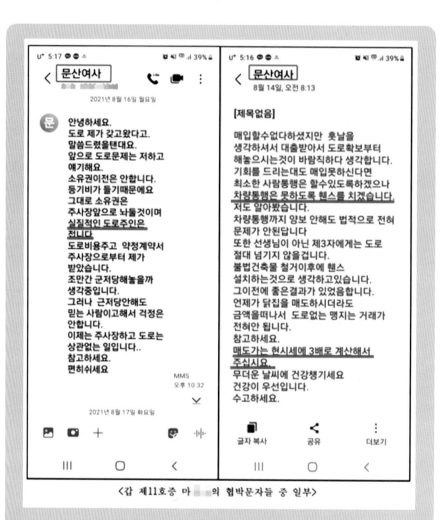

**문산여사**

2021년 8월 16일 월요일

**문** 안녕하세요.
도로 제가 갖고왔다고.
말씀드렸을텐대요.
앞으로 도로문제는 저하고
얘기해요.
소유권이전은 안합니다.
등기비가 들기때문에요
그대로 소유권은
주사장앞으로 놔둘것이며
<u>실질적인 도로주인은
전니다.</u>
도로비용주고 약정계약서
주사장으로부터 제가
받았습니다.
조만간 군저당해놓을까
생각중입니다.
그러나 근저당안해도
믿는 사람이고해서 걱정은
안합니다.
이제는 주사장하고 도로는
상관없는 일입니다..
참고하세요.
편히쉬세요

MMS
오후 10:32

2021년 8월 17일 화요일

---

**문산여사**

8월 14일, 오전 8:13

[제목없음]

매입할수없다하셨지만 훗날을
생각해서서 대출받아서 도로확보부터
해놓으시는것이 바람직하다 생각합니다.
기회를 드리는대도 매입못하신다면
최소한 사람통행은 할수있도록하겠으나
<u>차량통행은 못하도록 휀스를 치겠습니다.</u>
저도 알아왔습니다.
차량통행까지 양보 안해도 법적으로 전혀
문제가 안된답니다
또한 선생님이 아닌 제3자에게는 도로
절대 넘기지 않을겁니다.
불법건축물 철거이후에 휀스
설치하는것으로 생각하고있습니다.
그이전에 좋은결과가 있었음합니다.
언제가 닭집을 매도하시더라도
금액을떠나서 도로없는 맹지는 거래가
전혀안 됩니다.
참고하세요.
<u>매도가는 현시세에 3배로 계산해서
주십시오</u>
무더운 날씨에 건강챙기세요
건강이 우선입니다.
수고하세요.

글자 복사　　　공유　　　더보기

〈갑 제11호증 마▨▨의 협박문자들 중 일부〉

Part 01
도로에 의한 소송
(주위토지 통행권 등)

Part 02
특수 경매에 의한
특별한 소송 사례

# 소 장

원 고  1. 심■균
　　　서울 도봉구 해등로 190, ■■■■■■■ ■■■상복합2차아파트)

　　　2. 심영훈
　　　김포시 솔터로 23, 3(■■ ■■■■ ■■■디움더레이크3차)

　　　3. 심■■

　　　4. 윤정■■
　　　원고 3, 4의 주소 파주시 문산읍 ■■■■■ ■ ■■■■, ■■■■가든)

원고들 소송대리인
법무법인 창천
서울 강남구 논현로28길 16, 6층(도곡동)
담당변호사: 윤제■, 정재■
( 전화: 02-3476-7070　　휴대전화: 010-7522-••••
　팩스: 02-3476-7071　　이메일: lawcc@lawcc.co.kr )

피 고  주■■■
　　　파주시 조리읍 능안로 37, ■■■ ■■4호(대원리, 한라아파트)

**주위토지통행권 확인**

## 청 구 취 지

1. 피고 주동■은 경기 파주시 문산읍 ■■리 490-6번지 토지 중 별지 도면 표시 ㄱ, ㄴ, ㄷ, ㄹ, ㄱ 의 각 점을 차례로 연결한 선내 105㎡에 관하여 원고들에게 통행권이 있음을 확인한다.

2. 피고 주동■은 제1항 기재 105㎡ 위에 원고들의 통행에 방해가 되는 장애물을 설치하거나 기 타 통행에 방해가 되는 일체의 행위를 하여서는 아니된다.

3. 소송비용은 피고의 부담으로 한다.

4. 위 1항은 가집행할 수 있다.

라는 판결을 구합니다.

# 청 구 원 인

## 1. 기초적인 사실관계

### 가. 당사자 간의 관계

원고1, 원고2, 원고3, 원고4(이하 '원고들')는 경기 파주시 문산읍 ▨▨리 490-4 토지(이하 '**원고들 소유 토지**')를 공유하는 자들이고, 현재 원고들 소유 토지 지상에 위치한 경기 파주시 문산읍 ▨▨리 490-4 1동 건물(이하 '**제 1동 건물**')과 경기 파주시 문산읍 ▨▨리 490-4 2동 건물(이하 '**제 2동 건물**')을 모두 공유하고 있습니다.

원고들이 원고들 소유 토지 및 제 1동 건물과 제 2동 건물의 소유권을 취득하게 된 경위를 말씀드리자면, 소외 장 심민▨(이하 '심민▨')가 1992. 1. 10. 매매를 원인으로 1992. 1. 15. 원고들 소유 토지의 소유권을 취득하였으며, 그 지상 제 1동 건물 및 제 2동 건물을 모두 소유하였었는데 심민▨가 2021. 9. 3. 사망하여 원고들이 이들 부동산의 소유권을 모두 상속하게 된 것입니다. 구체적으로 원고1, 원고2, 원고3은 심민▨의 자녀이므로 각 원고들 소유 건물, 제 1동 건물, 제 2동 건물의 각 2/9 지분을, 원고4는 심민▨의 처 이므로 이들 부동산에 대하여 각 3/9 지분을 소유하게 되었습니다(갑 제1호증의1 토지 등기부등본(경기 파주시 문산읍 ▨▨리 490-4), 갑 제1호증의2 건물 등기부등본(경기 파주시 문산읍 ▨▨리 490-4 1동), 갑 제1호증의3 건물 등기부등본(경기 파주시 문산읍 ▨▨리 490-4 2동), 갑 제2호증 심민구 사망진단서, 갑 제3호증의1 가족관계 증명서, 갑 제3호증의2 주민등록표등본L.

피고 주▨▨은 이 사건 토지에 인접한 경기 파주시 문산읍 ▨▨리 490-6 토지(이하 '**피고 소유 토지**')에 대하여 2021. 7. 23. 자 매매를 원인으로 2021. 7. 26. 소유권이전등기를 경료한 소유자입니다(갑 제4호증 토지 등기부등본(경기 파주시 문산읍 ▨▨리 490-6).

서울 강남구 논현로28길 16,
3~6층   우 : 06302

蒼天 법무법인ㅣ창천

TEL : 02-3476-70▨▨
FAX : 02-3476-7071

**나. 이 사건 소에 이르게 된 경위**

**원고들 소유 토지의 본래 소유자 심민O는 피고가 피고 소유 토지의 소유권을 취득하기 약 30여년 전부터 피고 소유 토지의 이전 소유자들과 합의하여 자유롭게 통행하여왔습니다.** 소외 이신O는 1991. 12. 18. 매매를 원인으로, 2000. 8. 9. 피고 소유 토지에 대하여 소유권이전 등기를 경료하였던 자입니다. 심민O는 제 2동 건물에 대하여 1992. 4. 29. 사용승인을 받았고, 1992. 6. 1. 소유권보존등기를 경료하였으며, 제 1동 건물에 대하여는 1997. 11. 4. 사용승인을 받아 1997. 11. 12. 소유권보존등기를 경료하였는데(갑 제1호증의2 건물 등기부등본(경기 파주시 문산읍 OO리 490-4 1동), 갑 제1호증의3 건물 등기부등본(경기 파주시 문산읍 OO리 490-4 2동), 갑 제5호증의1 건축물대장(경기 파주시 문산읍 OO리 490-4 1동), 갑 제5호증의2 건축물대장(경기 파주시 문산읍 OO리 490-4 2동)), 이는 모두 소외 이신O가 피고 소유 토지를 소유하던 시기에 이루어진 일입니다. **원고들 소유 토지가 우회하는 바와 같이 도로와 접하여 있지 않음에도 건축허가가 내려져 심민O가 제 1동 건물과 제 2동 건물을 건축할 수 있었던 것은 소외 이신O가 피고 소유 토지를 도로에 진입하기 위한 통로로 활용하는 것에 대하여 사용승낙을 하였음을 의미하고, 소외 이신O의 사용승낙으로 피고 소유 토지가 사도 대장에 등재되어 지목이 '도로'가 된 경입니다(갑 제4호증 토지 등기부등본(경기 파주시 문산읍 OO리 490-6)).**

| 【토지】 경기도 파주시 문산읍   리 490-6 ||||||
| --- | --- | --- | --- | --- | --- |
| 【 표 제 부 】 (토지의 표시) ||||||
| 표시번호 | 접   수 | 소 재 지 번 | 지 목 | 면 적 | 등기원인 및 기타사항 |
| 1 (전 2) | 1996년1월21일 | 경기도 파주시 문산읍    리 490-6 | 도로 | 105m² | 부동산등기법 제177조의 6 제1항의 규정에 의하여 2001년 02월 22일 문산이기 |

〈갑 제4호증 토지 등기부등본(경기 파주시 문산읍 OO리 490-6)〉

서울 강남구 논현로28길 16,
3~6층  우 : 06302

 蒼天 법무법인 I 창천

TEL : 02-3476-7077
FAX : 02-3476-7071

소외 이신자█ 상속인인 소외 이현█은 2004. 2. 17. 상속을 원인으로 하여 피고 소유 토지의 소유권을 취득해 피고가 매매를 원인으로 소유권이전등기를 경료한 2021. 7. 26. 까지 피고 소유 토지의 소유권자였는바, 소외 이현█이 피고 소유 토지를 소유하는 동안에도 심민█는 원고들 소유 토지에서 공로로 나아가기 위해 피고 소유 토지를 자유롭게 통행하였습니다.

**그러나 위 토지에 대하여 2021. 7. 26. 서울개 소유권을 취득한 피고는 소유권 취득 후 심민█가 피고 소유 토지를 통행로로 이용하는 것을 거부하였고, 현재는 심민█의 상속인들인 원고들의 통행 또한 거부하고 있으므로 원고들은 유일한 진입로인 피고 소유 토지에 대하여 어쩔 수 없게 주위토지통행권 확인의 소를 제기하기에 이른 것입니다.**

**2. 주위토지통행권의 필요성**

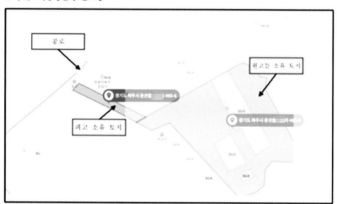

〈갑 제6호증 원고들 소유 토지, 피고 소유 토지 지도〉

---

서울 강남구 논현로28길 16,
3~6층  우 : 06302

蒼天 법무법인 | 창천

TEL : 02-3476-70█7
FAX : 02-3476-7071

위의 지도에 나타나듯이 피고 소유 토지는 〈████ 자동차 공업사〉 앞을 지나는 토지로, 원고들 소유 토지와 공로인 사임당로 사이에 위치하고 있습니다. 이해를 돕기 위하여 아래와 같이 현장 사진을 살펴보자면, **원고들 소유 토지에서 공로인 사임당로에 진입하기 위하여는 〈████ 자동차 공업사〉 앞에 위치한 피고 소유 토지를 통행하는 것이 필수적입니다.**

〈갑 제7호증 현장 사진〉

서울 강남구 논현로28길 16,
3~6층 우 : 06302

 蒼天 법무법인 | 창천

TEL : 02-3476-70██
FAX : 02-3476-7071

**민법 제219조의 주위토지통행권은 어느 토지와 공로 사이에 그 토지의 용도에 필요한 통로가 없는 경우에, 그 토지 소유자가 주위의 토지를 통행 또는 통로로 하지 않으면 공로에 전혀 출입할 수 없는 경우 뿐 아니라 과다한 비용을 요하는 때에도 인정될 수 있고,** 주위토지통행권은 공로와의 사이에 그 용도에 필요한 통로가 없는 토지의 이용을 위하여 주위토지의 이용을 제한하는 것이므로 그 통행권의 범위는 통행권을 가지는 자에게 필요할 뿐만 아니라 **이로 인한 주위토지 소유자의 손해가 가장 적은 장소와 방법의 범위 내에서 인정되어야 하며,** 그 범위는 결국 사회통념에 비추어 쌍방 토지의 지형적, 위치적 형상 및 이용관계, 부근의 지리상황, 상린지 이용자의 이해득실 기타 제반 사정을 참작한 뒤 구체적 사례에 따라 판단하여야 합니다(대법원 1995. 9. 29. 선고 94다43580 판결 등).

원고들이 피고 소유 토지를 통행하지 않으면 공로에 전혀 출입할 수 없는 상황임은 앞서 현장사진과 지도에서 나타나는 바와 같이 명백합니다.

통행권의 범위와 관련하여서는, ① 원고들 소유 토지 지상 건물인 1동 건물과 2동 건물은 각 1997. 11. 21., 1992. 6. 1. 소유권보존등기 되어 최근까지 심민ㅇ가 계속 소유, 이용하였고, 현재 원고들에 의하여도 소유, 이용되고 있는데(갑 제1호증의2 건물 등기부등본(경기 파주시 문산읍 ███리 490-4 1동), 갑 제1호증의3 건물 등기부등본(경기 파주시 문산읍 ███리 490-4 2동)), 심민ㅇ가 1동 건물과 2동 건물을 건축하여 소유하기 시작한 약 25~30여년 전부터 계속하여 피고 소유 토지를 통행하였다는 점, ② 피고 소유 토지의 대부분의 면적이 도로로 진입하기 위한 통로로 이용되기 위해 이미 오래전부터 시멘트 포장이 되어 있는 점, ③ 피고가 위와 같은 사정을 알고 피고 소유 토지의 소유권을 취득하였음을 고려할 때 **기존에 통행로가 형성되어 있는 대로 원고들이 피고 소유 토지를 통행하는 것으로 주위토지통행권을 인정하는 경우 피고의 손해가 가장 적다고 할 수 있습니다.**

**따라서 원고들에게는 기존에 피고 소유 토지에 형성되어 있는 통행로와 마찬가지로 폭 약 4㎡의 주위토지통행권이 인정된다고 볼 것입니다.**

서울 강남구 논현로28길 16, 3~6층  우 : 06302

蒼天 법무법인 | 창천

TEL : 02-3476-7***
FAX : 02-3476-7071

이것이 진짜
부동산 소송이다 Ⅱ

준 비 서 면    도로주인의 답변서

사 건    2021머18215(2021가단96507) 주위토지통행권 확인

원 고    심 ▮▮ 외 3명

피 고    주 ▮▮▮

위 사건에 관하여 피고 소송대리인은 다음과 같이 변론을 준비합니다.

다    음

### 1. 피고와 망 심민▮의 매매계약

피고는 2021. 7. 16. 소외 망 심▮▮와 당시 망 심▮▮ 소유의 '파주시 문산읍 ▮▮리 490-4 토지, 제1동 건물, 제2동 건물(이하 '원고들 소유 토지 및 건물' 이라 합니다)'을 5억원에 매수하는 매매계약을 체결하고, 계약금 5천만원을 지급하였습니다.

원고들 소유 토지 및 건물에 출입하기 위해서는 현재 피고 소유 토지(당시 소외 이현▮ 소유)인 '파주시 문산읍 ▮▮리 490-6(이하 '현재 피고 소유 토지' 라 합니다)'의 통행이 필요하였습니다.

따라서 피고는 망 심민█와 매매계약에서 현재 피고 소유 토지도 함께 매수하기로 하였고, 잔금은 피고 소유 토지 매수대금 3,500만원을 공제한 4억 1,500만원을 지급하기로 하였습니다.

## 2. 피고의 현재 피고 소유 토지 매수

피고는 망 심민█와 매매계약에서 정한대로 이현█으로부터 현재 피고 소유 토지를 매수하였고, 2021. 7. 23.자 매매를 원인으로 2021. 7. 26. 소유권이전등기를 마쳤습니다.

## 3. 망 심민█의 변심과 매매계약 해제

위와 같이 피고가 현재 피고 소유 토지를 매수하고 매매계약에 따른 잔금을 준비하고 있던 중, 망 심민█는 변심하여 피고에게 매매계약의 해제를 요청하였습니다.

피고는 처음에는 거절하였지만 병환 중에 있는 망 심민█의 형편을 딱하게 생각해서 매매계약의 해제에 동의하였고, 망 심민█의 부탁으로 계약금의 배액 상환도 요구하지 않고 기지급한 계약금 5천만원만 반환받았습니다.

Part 01
도로에 의한 소송
(주위토지통행권 등)

Part 02
특수 경매에 의한
특별한 소송 사례

## 4. 심민█의 사망 후 정황

피고는 당초 목적이었던 원고들 소유 토지 및 건물은 매수하지 못하고 현재 피고 소유 토지인 도로만 매수하게 된 황당한 상황에 처해 있던 중, 심민█가 사망하였다는 사실을 알게 되었습니다.

그 후 피고는 망 심민█의 상속인 중의 1인인 원고 심영█과 현재 피고 소유 토지의 처리에 관하여 협의를 진행하였고, 피고는 원고 심영█에게 원고들이 다시 원고들 소유 토지 및 건물을 피고에게 매도하던지, 아니면 원고들이 현재 피고 소유 토지를 매수할 것을 제안하였으나, 원고 심영█은 피고의 제안을 모두 거부하고 이 사건 소를 제기하였습니다.

## 5. 피고의 조정의견

피고는 망 심민█의 상속인 중의 1인인 원고 심영█에게 제안하였던 것처럼 여러 사정을 참작하여 원고들이 다시 원고들 소유 토지 및 건물을 피고에게 매도하던지, 아니면 원고들이 현재 피고 소유 토지를 매수할 것을 조정의견으로 밝힙니다.

# 반 소 장

| | |
|---|---|
| 사　　　건 | 2021가단96507  담당 재판부  민사6단독 |
| 반 소 원 고<br>( 피　　고 ) | 주ㅇㅇ<br>파주시 조리읍 능안로 37, 1 ▒▒ ▒▒▒▒(대원리, 한라아파트)<br>피고 소송대리인<br>　변호사 천대ㅇㅇ<br>　고양시 일산동구 장백로 ▒▒ ▒▒▒호(장항동, 일산법조빌딩)<br>　( 전화: 031-921-▒▒▒  팩스: 031-906-▒▒▒ ) |
| 반 소 피 고<br>( 원　　고 ) | 심ㅇㅇ<br>서울 도봉구 해등로 190, ▒▒ ▒ ▒▒▒ 신원주상복합2차아파트) |

반소 사건명　　소유권이전등기 등

위 당사자 사이의 위 사건에 관하여 피고(반소원고)는 다음과 같이 반소를 제기합니다.

## 반 소 청 구 취 지

1. 원고(반소피고)는 피고(반소원고)에게 37,500,000원 및 이에 대한 이 사건 반소장부본 송달 다음 날부터 다 갚는 날까지 연 12%의 비율에 의한 돈을 지급하라.
2. 원고(반소피고)는 피고(반소원고)로부터 경기도 파주시 문산읍 ▒▒리 490-6 도로 105㎡'에 관하여 2021. 7. 30. 매매를 원인으로 한 소유권이전등기절차를 인수하라.
3. 소송비용은 본소, 반소 모두 원고(반소피고)가 부담한다.
4. 제1항은 가집행할 수 있다.
라는 판결을 구합니다.

## 반 소 청 구 원 인

1. 피고(반소원고)와 소외 망 심민ㅇㅇ의 매매계약

### 가. 매매계약

피고(반소원고, 이하 '피고'라 합니다)는 2021. 7. 16. 원고(반소피고, 이하 '원고'라 합니다)의 아버지 망 심민█와 당시 망 심민█ 소유의 '경기도 파주시 문산읍 ███리 490-4 토지, 제1동 건물, 제2동 건물(이하 '원고들 소유 토지 및 건물'이라 합니다)'을 5억원에 매수하는 매매계약을 체결하고, 계약금 5천만원을 지급하였습니다(을제1호증 부동산매매계약서).

원고들 소유 토지 및 건물에 출입하기 위해서는 현재 피고 소유 토지(당시 소외 이현█ 소유)인 '경기도 파주시 문산읍 ███리 490-6(이하 '이 사건 토지'라 합니다)'의 통행이 필요하였습니다.

따라서 피고는 망 심민█와 매매계약에서 이 사건 토지도 함께 매수하기로 하였고, 잔금은 이 사건 토지 매수대금 3,500만원을 공제한 4억 1,500만원을 지급하기로 하였습니다.

### 나. 피고의 이 사건 토지 매수

피고는 망 심민█와 매매계약에서 정한대로 이현█으로부터 이 사건 토지를 매수하였고, 2021. 7. 23.자 매매를 원인으로 2021. 7. 26. 소유권이전등기를 마쳤습니다(갑제4호증 부동산등기부등본, 을제2호증 등기권리증, 을제3호증 영수증).

### 2. 망 심민█의 변심과 매매계약 해제

위와 같이 피고가 이 사건 토지를 매수하고 매매계약에 따른 잔금을 준비하고 있던 중, 망 심민█의 아들인 원고 심영█이 매매계약 체결 사실을 알고 피고에게 매매계약의 해제를 요청하였습니다.

원고 심영█은 2021. 7. 29. 및 2021. 7. 30. 피고에게 연락하여 '길문제와 비용문제는 자신이 해결한다'고 하였고(을제4호증 문자메시지), 2021. 7. 30. 피고와 통화하면서 이 사건 토지를 3,750만원에 다시 매수하겠다'고 하면서 매매계약의 해제를 요청하였습니다(을제5호증, 을제6호증 각 녹취록).

피고는 처음에는 원고 심영█의 제의를 거절하였지만, 병환 중에 있는 망 심민█의 형편을 딱하게 생각해서 매매계약의 해제에 동의하였고, 원고 심영█이 이 사건 토지를 3,750만원에 다시 매수하는 조건으로 계약금의 배액 상환도 요구하지 않고 피고가 지급한 계약금 5천만원만 반환받았습니다.

### 3. 원고 심영█의 이 사건 토지 매매대금 지급의무

## 반소에 대한 원고 **준 비 서 면**

| | | |
|---|---|---|
| 사 건 | 2021가단96507 (본소) | 주위토지통행권 확인 |
| | 2022가단74924 (반소) | 소유권이전등기 |
| 원 고 | 심○○ 외 3명 | |
| 피 고 | 주○○ | |

위 사건에 관하여 원고들의 소송대리인은 다음과 같이 준비서면을 제출합니다.

## 다 음

**1. 통행권이 아니라, 해당토지 토지 소유권을 취득하라는 피고측 반소에 대한 원고들의 입장(재판장님의 화해권고 결정을 바랍니다)**

원고들은 파주시 문산읍 ○○리 490-4 토지 및 건물 소유자로서, 그러한 토지에 대한 유일한 진입로인 이 사건 토지(파주시 문산읍 ○○리 490-6)에 대하여, 주위토지통행권확인을 받고자 본소를 제기하고 측량감정을 수행하였고,

피고는 위 원고 주장에 대하여 2022.2.21. 제기한 반소장을 통하여 "이 사건 토지에 통행권을 얻을 것이 아니라 37,500,000원에 토지 소유권을 취득하라"는 취지로 피고의 입장을 밝힌 바 있습니다.

서울 강남구 논현로28길 16,
3~6층 우 : 06302

蒼天 법 무 법 인 l 창 천

TEL : 02-3476-70○○
FAX : 02-3476-7071

Part 01
도로에 의한 소송
(주위토지통행권 등)

Part 02
특수 경매에 의한
특별한 소송 사례

또한, 반소장에서 피고가 스스로 밝히고 있듯이 피고가 본래 2021.7.23. 소외 이현철으로부터 이 사건 토지를 매수한 가격은 3,500만원인데, 자신이 위와 같은 거래에 지출하기타비용을 더하여 3,750만원에 매수할 것을 청구한 것으로 보입니다만.

원고들은 피고의 반소장을 받고 고심해본 결과, 현재 보유한 현금이 없어 토지 매입에 어려움이 있지만, 만약 재판장님께서 넉넉하게 말미만 주신다면 그때까지 현금을 마련하여 토지를 매입하는 방식으로 본 사건 분쟁을 종결시키는데 동의합니다. 다만, 원고들 역시 이 사건으로 인하여 많은 비용을 소진해버렸습니다(특히 토지 브로커 마진의 요구로 많은 비용1)이 소진되었습니다). 이처럼 원고 역시 본 재판으로 많은 비용을 사용한 점을 감안하시어, 피고가 지출한 비용까지 원고가 대신 보전하기에는 여력이 부족한 상황이오니, **피고가 이사건 토지를 매수한 3,500만원에 원고 심영곤이 이 사건 진입로 토지를 매입하는 것으로 분쟁이 종결되도록 재판장님께서 그러한 내용으로 화해권고결정을 내려주시면 그에 따르도록 하겠습니다.**

### 2. 화해권고결정 요청

애시당초 토지브로커 마진이 원고들에게 이 사건 토지를 피고가 취득한 토지 가격의 3배(1억원)에 매수하라는 억지만 부리지 않았어도 원고, 피고 모두 이러한 분쟁을 겪지 않았을 것인데(갑 제11호증 마진의 협박문자들), 그로 인해 불필요한 절차비용을 소진하게 된 것이 안타까울 따름입니다.

---

1) 2021.6.초순경 이 사건 진입로 토지소유자 찾는데 300만원, 2021.7.4. 계약금 300만원, 2021.7.10. 용도변경을 위하여 350만원, 2021.8. 불법건축물신고로 인한 철거비용 및 보수에 1,000만원, 이 사건 소제기 및 측량감정에 소요된 비용 660만원 등입니다.

서울 강남구 논현로28길 16,
3~6층  우 : 06302

蒼天 법무법인ㅣ창천

TEL : 02-3476-70**3/6**
FAX : 02-3476-7071

149

## 의정부지방법원 고양지원

### 화해권고결정

| 사 건 | 2021가단96507(본소) 주위토지통행권 확인 |
|---|---|
| | 2022가단74924(반소) 소유권이전등기 |

원고(반소피고)　심██

　　　　　　　서울 도봉구 해등로 19█ █████ █ █ █, 신원주상복합2차아파트)

원　　고　　1. 심영훈

　　　　　　　　김포시 솔터로 23, ████ █████구래동, 호반베르디움더레이

　　　　　　　크3차)

　　　　　　2. 심██

　　　　　　3. 윤██

　　　　　　원고 2, 3의 주소　파주시 █████ █████ █████ (이천리, █

　　　　　　　　　　　　　　　촌가든)

　　　　　　원고(반소피고) 및 원고들 소송대리인 법무법인 창천

　　　　　　담당변호사 정재윤

피고(반소원고)　주█████

　　　　　　　파주시 조리읍 능안로 37, ████ █████ █ █ █ 한라아파트)

　　　　　　소송대리인 변호사 천대█

위 사건의 공평한 해결을 위하여 당사자의 이익, 그 밖의 모든 사정을 참작하여 다음

과 같이 결정한다.

## 결 정 사 항

1. 원고(반소피고)는 2022. 7. 31.까지 피고(반소원고)에게 36,000,000원을 지급한다.

2. 피고(반소원고)는 원고(반소피고)로부터 위 돈을 지급받음과 동시에 원고(반소피고)에게 파주시 문산읍 ███리 490-6 도로 105㎡에 관한 소유권이전등기절차를 이행한다.

3. 원고(반소피고) 및 원고들의 피고(반소원고)에 대한 각 본소청구 및 피고(반소원고)의 원고(반소피고)에 대한 나머지 반소청구를 각 포기한다.

4. 소송비용은 본소, 반소를 통틀어 각자 부담한다.

## 청구의 표시

# 05

# 사건 개요 도로 사용 승인 후 건축한 건축물을 매입해 사용 중에 도로주인이 명의변경 후 막겠다며 현황도로를 매수 요청한 사례

225-1의 토지에 건축물이 건축허가를 받으며 225-3번지의 일부를 출입 통로로 사용하고 있던 중 225-3번지의 토지를 상속받은 토지주가 진입도 로를 막겠다고 해서 도로의 토지의 가격 협상이 되지 않던 중, 유튜브를 본 건축주가 문의해서 주위토지 통행권의 소송이 시작되었다.

판결이 진입도로 사용지료를 지불하라는 판결에 항소한 사건이다.

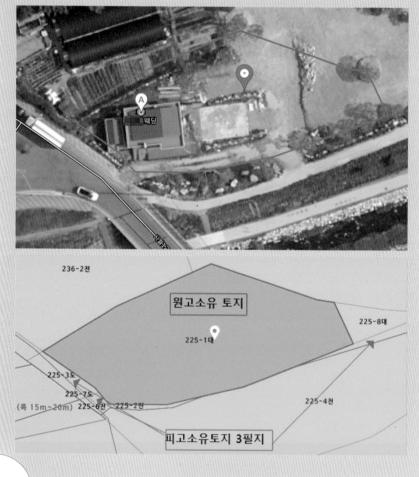

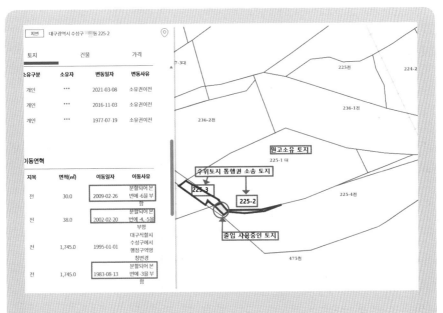

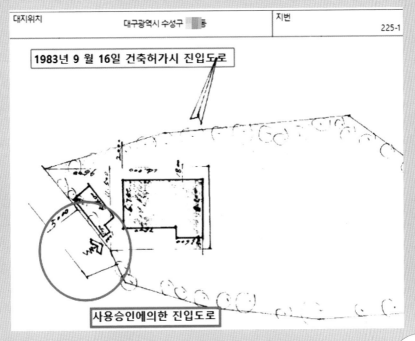

| 대지위치 | 대구광역시 수성구 ███동 | 지번 | 225-1 |
| --- | --- | --- | --- |

1983년 9 월 16일 건축허가시 진입도로

사용승인에의한 진입도로

| 고유번호 | 2726011700-1-02250001 | | | | 명칭 | 1동 | 호수/가구수/세대수 | 0호/1가구/0세대 |
|---|---|---|---|---|---|---|---|---|
| 대지위치 | 대구광역시 수성구 ▣▣동 | | 지번 | 225-1 | 도로명주소 | | 대구광역시 수성구 ▣▣로 261 (▣▣동) | |

| 구분 | 성명 또는 명칭 | 면허(등록)번호 | ※주차장 | | | | | 승강기 | | | 허가일 | 1983.9.16. |
|---|---|---|---|---|---|---|---|---|---|---|---|---|
| 건축주 | 김정▣ | | 구분 | 옥내 | 옥외 | 인근 | 면제 | 승용 대 | 비상용 대 | | 착공일 | 1983.9.17. |
| 설계자 | 박수▣ | | | | | | | ※하수처리시설 | | | 사용승인일 | 1983.12.27. |
| 공사감리자 | 박수▣ | | 자주식 | 대 ㎡ | 대 ㎡ | 대 ㎡ | | 형식 | | | 관련 주소 | |
| 공사시공자 (현장관리인) | 김정▣ | | 기계식 | 대 ㎡ | 대 ㎡ | 대 ㎡ | 대 | 용량 | | | 지번 | |

| ※제로에너지건축물 인증 | | ※건축물 에너지효율등급 인증 | | ※에너지성능지표(EPI) 점수 | ※녹색건축 인증 | | ※지능형건축물 인증 | |
|---|---|---|---|---|---|---|---|---|
| 등급 | | 등급 | | 점 | 등급 | | 등급 | |
| 에너지자립률 | 0 % | 1차에너지 소요량 (또는 에너지절감율) | 0 kWh/㎡(%) | ※에너지소비총량 | 인증점수 0 점 | | 인증점수 점 | |
| 유효기간: ． ．～ ． ． | | 유효기간: ． ．～ ． ． | | 0 kWh/㎡ | 유효기간: ． ．～ ． ． | | 도로명 | |
| 내진설계 적용 여부 | | 내진능력 | 특수구조 건축물 | 특수구조 건축물 유형 | | | | |
| 지하수위 G.L m | | 기초형식 | | 설계지내력(지내력기초인 경우) t/㎡ | 구조설계 해석법 | | | |

| 변동사항 | | | | | | |
|---|---|---|---|---|---|---|
| 변동일 | 변동내용 및 원인 | | 변동일 | 변동내용 및 원인 | | 그 밖의 기재사항 |
| 1983.12.27.<br>2011.4.13. | 신규작성(신축)<br>건축물대장 기초자료 정비에 의거(표제부/부속건축물 면적/부속건축물 수,가구수 '0' -> '17.46', '0' -> '1', '0' -> '1') 직권변경 | | 2011.12.27.<br>2016.7.11. | 건축물대장 기초자료 정비에 의거 (표제부/용적율 '6.83' -> '6.82', 용적율 산정용 연면적 '0' -> '97.24') 직권변경<br>'주1' 1층 주택 79.78m2를 제2종근린생활시설/음식점으로 | | |

※ 표시 항목은 총괄표제부가 있는 경우에는 적지 않을 수 있습니다.

---

### 일반건축물대장(갑)

| 고유번호 | 2726011700-1-02250001 | | 명칭 | 1동 | 호수/가구수/세대수 | 0호/1가구/0세대 |
|---|---|---|---|---|---|---|
| 대지위치 | 대구광역시 수성구 ▣▣동 | 지번 | 225-1 | 도로명주소 | 대구광역시 수성구 ▣▣로 261 (▣▣동) | |

| ※대지면적 | 1,332 ㎡ | 연면적 | 97.24 ㎡ | ※지역 | 개발제한 | ※지구 | | ※구역 | |
|---|---|---|---|---|---|---|---|---|---|
| 건축면적 | 99.045 ㎡ | 용적률 산정용 연면적 | 97.24 ㎡ | 주구조 | 벽돌조 | 주용도 | 제2종근린생활시설 | 층수 | 지하: 층, 지상: 1층 |
| ※건폐율 | 7.4358108 % | ※용적률 | 7.3003003 % | 높이 | 6.6 m | 지붕 | 세면기와 | 부속건축물 | 1 동 17.46 ㎡ |
| ※조경면적 | ㎡ | 공개 공지·공간 면적 | ㎡ | ※건축선 후퇴면적 | ㎡ | 건축선후퇴 거리 | | | m |

| 건축물 현황 | | | | | 소유자 현황 | | | |
|---|---|---|---|---|---|---|---|---|
| 구분 | 층별 | 구조 | 용도 | 면적(㎡) | 성명(명칭)<br>주민(법인)등록번호<br>(부동산등기용등록번호) | 주소 | 소유권<br>지분 | 변동일<br>변동원인 |
| 주1 | 1층 | 벽돌조 | 제2종근린생활시설(일반음식점) | 79.78 | 주식회사하이▣ | 대구광역시 수성구 ▣▣로 242-1 (▣▣동) | 19/20 | 2016.9.6.<br>소유권이전 |
| 부1 | 1층 | 블록구조 | 부속창고 | 10.8 | 170111-0****** 박강▣ | | | |
| 부1 | 1층 | 블록구조 | 부속창고 | 5.4 | 박강▣ | 대구광역시 수성구 ▣▣로 261 (▣▣동) | 1/20 | 2016.9.6.<br>소유권이전 |
| 부1 | 1층 | 블록구조 | 화장실 | 1.26 | 970306-1****** | | | |

이 등(초)본은 건축물대장의 원본내용과 틀림없음을 증명합니다.

대구광역시수성구청장

발급일: 2023년 7월 30일
담당자:
전 화:

# 소     장

원고    주식회사 하이█ (170111-0322834)

대구 수성구 ███로 261 (██동)

대표이사 이준█

위 원고의 소송대리인 변호사 박헌█

대구 수성구 동대구로 351 법무빌딩 █호

피고    1. 허윤█ (600810-1******)

대구 달서구 ██████길 13, 101동 ████(██동, ████████)

2. 김숙█ (610425-2******)

대구 달서구 ██████길 13, 101동 ███(██동, ████████)

3. 서상██ (500102-1******)

대구 수성구 ██████로 133, 103동 █████(██동, ████████)

4. 채복█ (661108-2******)

대구 수성구 ██████로 133, 103동 █████(██동, ████████)

**통행권확인 등**

## 청 구 취 지

1. 피고들은 원고에게 대구 수성구 ▩▩동 225-2 전 30㎡, 같은 동 225-3 도로 55㎡에 관하여 통행권이 있음을 확인한다.

2. 피고들은 위 각 토지에 관하여 원고의 통행을 방해하는 행위를 하여서는 아니 된다.

3. 소송비용은 피고들이 부담한다.

4. 제2항은 가집행할 수 있다.

라는 판결을 구합니다.

## 청 구 원 인

### 1. 부동산의 내력 및 소유 관계

### 가. 원고 소유의 대지

(1) 원고는 2016. 8. 19. 대구 수성구 ▩▩동[1] 225-1 대 1,332㎡와 지상 건물을 매수하여 2016. 9. 6. 지분 20분의 19에 관하여 소유권이전등기를 마쳤습니다(갑 제1호증의 1, 2 각 등기사항전부증명서).

(2) ▩▩동 225-1 토지는 원래 소외 김정▩이 소유하던 토지인데, 1977. 1. 25. ▩▩동 225-1 전 1,425㎡와 ▩▩동 225-2 전 1,805㎡로 분할되었습니다(갑 제2호증의 1, 2 각 토지대장).

(3) 소외 김정◼은 1983. 12. 27. ◼◼동 225-1 전 1,425㎡ 지상에 단층주택 등의 건물을 완공하고 1984. 1. 9. 소유권보존등기를 마쳤습니다(갑 제1호 증의 2 등기사항전부증명서, 갑 제3호증 일반건축물대장).

(4) ◼◼동 225-1 전 1,425㎡ 및 지상 건물은 1997. 2. 4. 소외 김이◼가 소외 김정◼으로부터 증여받아 1997. 2. 10. 소유권이전등기를 마쳤고, 2006. 6. 1. 대지로 지목변경이 되었으며, 이후 2006. 6. 30. 소외 김은◼가, 2009. 7. 16. 소외 박종◼이 전전 매수하였습니다(갑 제1호증의 1, 2 등기사항전 부증명서, 갑 제2호증의 1 토지대장).

(5) ◼◼동 225-1 전 1,425㎡는 2014. 4. 7. ◼◼동 225-1 대 1,332㎡와 ◼ 동 225-8 대 93㎡로 분할되었으며, 원고가 2016. 8. 19. 소외 박종◼으로 부터 ◼◼동 225-1 대 1,332㎡(이하 '원고 대지'라고 하겠습니다)와 지 상 건물을 매수하게 된 것입니다(갑 제1호증의 1, 2 등기사항전부증명서, 갑 제2호증의 1 토지대장).

## 나. 피고들 소유의 토지

(1) 한편, ◼◼동 225-2 전 1,805㎡는 1983. 8. 13. ◼◼동 225-2 전 1,745㎡와 사월동 225-3 도로 60㎡로 분할되었습니다(갑 제2호증의 2, 3 각 토지대 장).

(2) ◼◼동 225-2 전 1,745㎡는 2002. 2. 20. ◼◼동 225-2 전 38㎡와 ◼◼동 225-4 전 1,600㎡, ◼◼동 225-5 전 107㎡로 분할되었습니다(갑 제2호증 의 2, 4, 5 각 토지대장).

(3) 그중 ███동 225-4 전 1,600㎡는 '██수천' 이라는 명칭의 하천구역에 편입되어 2002. 2. 27. 김정██에서 대구광역시로 소유권이 이전되었습니다 (갑 제2호증의 4 토지대장).

(4) ███동 225-2 전 38㎡는 2009. 2. 26. ███동 225-2 전 30㎡(이하 '이 사건 제1토지' 라고 합니다)와 ███동 225-6 전 8㎡로 분할되고, 같은 날 ███동 225-3 도로 60㎡는 ███동 225-3 도로 55㎡(이하 '이 사건 제2토지' 라고 합니다)와 ███동 225-7 도로 5㎡로 분할되었습니다(갑 제2호증의 2, 3, 6, 7 각 토지대장).

(5) 그리고, 위와 같이 분할된 ███동 225-6 전 8㎡와 ███동 225-7 도로 5㎡는 공로인 '███대로659길' 이라는 명칭의 대로에 편입되어 2009. 7. 17. 김정██에서 대구광역시 수성구로 각 소유권이 이전되었습니다(갑 제2호증의 6, 7 각 토지대장).

(6) 이 사건 제1, 2토지 및 ███동 225-5 전 107㎡는 2016. 11. 3. 소외 김태██가 협의분할에 의한 상속을 원인으로 소유권이전등기를 마쳤는데, 원고가 소외 김태██의 남편과 매매를 협의하던 중 피고들이 2021. 3. 8. 2021. 2. 6. 매매를 원인으로 각 소유권이전등기를 마쳤습니다(갑 제1호증의 3 내지 5 각 등기사항전부증명서),

Part 01
도로에 의한 소송
(주위토지통행권 등)

Part 02
특수 경매에 의한
특별한 소송 사례

## 2. 주위토지통행권확인 청구

### 가. 소외 김정██은 소유하던 토지 대부분을 이미 처분하였습니다.

(1) 위와 같이 소외 김정██이 소유하던 ██동 225-1 토지는 겨우 이 사건
제1토지 30㎡, 이 사건 제2토지 55㎡, ██동 225-5 전 107㎡만 남기고,
나머지는 전부 개인에게 매도하거나 지방자치단체로부터 보상금을 받고
소유권을 이전하였습니다.

(2) 당초 3,230㎡에 달하던 토지 대부분이 매각되고, 통행로로 사용·제공되
어온 이 사건 제1, 2토지 정도만 자투리땅으로 남은 상태에서 소외 김정
██이 사망하자 이를 소외 김태██가 상속한 것입니다.

(3) 즉, 소외 김정██은 이 사건 제1, 2토지를 일반 공중의 통행에 무상 제공
하였거나, 적어도 원고 대지 지상에 건물을 짓는 과정에서 통로로 제공
한 것이 분명하므로, 배타적인 사용수익권을 포기한 것으로 봄이 타당하
다 할 것입니다.

(4) 소외 김정██은 이 사건 제1, 2토지를 통로로 제공하는 과정에서 충분한
효용이나 경제적 만족을 얻었을 것으로 예상되고, 실제로 제1, 2토지는
통로로 개설된 이래 현황 그대로 현재에 이르고 있으며, 독점적으로 관
리 또는 이용된 사실이 없습니다.

**나. 원고 대지는 지적도상 맹지입니다.**

(1) 갑 제4호증의 1 지적도 등본에서 보는 바와 같이 원고 대지는 공로로 통하는 길이 없는 맹지로서, 진입로가 확보되지 않고서는 건축법상 건축허가가 불가능하고 공로로 나아갈 수도 없습니다.

(2) 앞서 토지의 내력에서 본 바와 같이 ▦▦동 225-2 전 1,805㎡는 1983. 8. 13. ▦▦동 225-2 전 1,745㎡와 ▦▦동 225-3 도로 60㎡로 분할되었는데 (갑 제2호증의 2, 3 각 토지대장), 소외 김정▦이 ▦▦동 225-1 전 1,425 ㎡ 지상에 단층주택 등의 건물을 짓기 위해 그와 같이 토지를 분할하여 도로를 개설한 것으로 보입니다.

(3) 갑 제2호증의 3 토지대장과 갑 제3호증 일반건축물대장 등을 종합하면, 건축주인 김정▦은 1983. 8. 13. ▦동 225-3 도로 60㎡를 분할하여 진입로를 확보한 뒤 1983. 9. 16. 건축허가를 받고, 1983. 9. 17. 착공하여 1983. 12. 27. 사용승인을 받은 후, 1984. 1. 9. 건물에 대한 보존등기를 마친 것으로 짐작됩니다.

(4) ▦▦동 225-2 전 38㎡ 또한 ▦▦동 225-4 전 1,600㎡가 '▦▦수천'에 편입되는 과정에서 분할되어 진입로만 남은 것이고, 2009. 2. 26. 그중 8㎡가 '▦▦대로659길'에 편입되어 ▦▦동 225-6 전 8㎡와 이 사건 제1토지로 분할되었습니다(갑 제2호증의 2, 4, 6 각 토지대장).

(5) 이때 ▦▦동 225-3 도로 60㎡ 또한 그중 5㎡가 '▦▦▦대로659길'에 편입되어 ▦▦동 225-7 도로 5㎡와 이 사건 제2토지로 분할되었습니다 (갑 제2호증의 3, 7 각 토지대장).

(6) 위와 같이 이 사건 제1, 2토지는 지적도상 맹지인 원고 대지에서 공로를 통행하기 위한 진입로로 개설되었고, 실제 현황 또한 공로에 이르는 통로입니다.

**다. 이 사건 제1, 2토지는 공중이 통행하는 보도내지 원고 대지의 출입을 위한 진입로로 사용되었습니다.**

(1) 이 사건 제1토지는 갑 제4호증의 2 지적도, 갑 제5호증의 1 지도 등에서 보는 바와 같이 원고 대지와 공로인 '■■■대로659길' 및 '■■수천' 부지인 ■■동 225-4 토지 사이에 위치한 길쭉한 모양의 길임을 알 수 있고, 면적 또한 30㎡밖에 되지 않습니다.

원고 대지와 공로 사이에 차량이 출입할 수 있는 통로는 이 사건 제1토지가 유일하고, 하천을 따라 제방쪽에 설치된 콘크리트 포장도로와 연결되어 있습니다.

(2) 마찬가지로 이 사건 제2토지 또한, 갑 제4호증의 3 지적도, 갑 제5호증의 2 지도 등에서 보는 바와 같이 원고 대지와 공로인 '■■■대로659길' 사이에 위치한 길임을 알 수 있고, 면적 또한 55㎡에 불과합니다.

이 사건 제2토지는 도로 갓길을 따라 사람이 왕래하는 보도로 사용되고 있습니다.

(3) 공로인 '■■■대로659길'에서 바라본 이 사건 제1, 2토지의 모습은 갑 제6호증의 1, 2 각 로드뷰 영상과 같고, 그 현황이 보행자의 통행 및 원고 대지의 출입을 위한 '보도' 내지 '진입로'임을 알 수 있습니다.

니다.

(5) 그런데, 채찬█은 원고측이 매매계약서 작성을 요구하자 돌연 아내인 김태█ 소유의 땅이어서 자신은 아무런 권한이 없다며 발뺌을 하였고, 급기야 소외 김태█는 2021. 3. 8. 이 사건 제1, 2토지 85㎡ 및 █████225-5 전 107㎡ 총 192㎡에 관하여 2021. 2. 6. 매매를 원인으로 피고들에게 각 소유권이전등기를 마쳐주었습니다(갑 제1호증의 3 내지 5 각 등기사항전부증명서).

(6) 위 등기사항전부증명서 매매목록을 보면, 거래가액이 1억2,000만원으로 기재되어 있는데, 이는 당초 김태█ 부부가 원고측에 매도하기로 한 금액과 동일합니다.

(7) 피고 허윤█, 김숙█의 주소가 같고, 피고 서상█, 채복█의 주소가 같은 점, 피고 김숙█의 이름이 전 소유자인 소외 김태█의 이름과 가운데 글자만 다른 점, 피고 채복█가 소외 김태█의 남편 채찬█과 성씨가 같은 점 등에 비추어 피고들은 소외 김태█와 친인척 관계에 있는 자들로 짐작되는데, 고작 진입로에 불과한 땅을 원고가 제시한 금액과 동일하게 거래가액으로 신고한 점 등으로 보아 실제 매매대금이 오가지 않았거나 악의적으로 그와 같이 소유권이전등기를 마쳤다고 볼 수밖에 없습니다.

(8) 실제로 피고들은 위 토지들에 대한 소유권이전등기를 마친 후 원고의 조경 일부가 침범하였다는 이유로 경계측량을 의뢰하는가 하면, 대구광역시 수성구 등에 원고의 증축허가에 대한 감사를 요청하는 민원을 제기하였습니다.

Part 01
도로에 의한 소송
(주위토지통행권 등)

Part 02
특수 경매에 의한
특별한 소송 사례

(4) 즉, 이 사건 제1, 2토지는 분할 경위 및 위치와 모양, 면적 등에 의하더라도 통로로 개설되었음이 분명하고, 오랜 시간 사람과 차량 등이 오가면서 자연스럽게 통행로로 사용되었으며, 이는 피고들도 인정하는 사실입니다.

(5) 갑 제7호증의 1 내지 4는 이 사건 제1, 2토지의 최근 항공사진과 2009년도의 항공사진을 비교한 것인데, 10여 년 전인 2009년에도 현재와 같은 형태의 진입로가 그대로 존재하였음을 확인할 수 있습니다.

**라. 피고들은 악의적으로 소유권이전등기를 마쳤습니다.**

(1) 원고는 소외 김태■의 남편인 채찬■과 이 사건 제1, 2토지 85㎡와 ■■동 225-5 전 107㎡에 대한 매매를 협의한 사실이 있습니다.

(2) 통행로인 이 사건 제1, 2토지가 오물과 쓰레기 등으로 방치되어 있어 원고가 일부 조경을 해서 꾸미면 '■수천'을 이용하는 사람들에게 휴식공간이 될 수 있고, 원고 대지의 가치도 높일 수 있어 매수를 고려하게 된 것입니다.

(3) 협의 과정에서 위 채찬■은 진입로에 불과한 땅의 매매대금으로 1억원 이상을 요구하였고, 결국 원고는 1억2,000만원에 위 토지 전부를 매수하기로 채찬■과 합의하였습니다.

(4) 총 192㎡의 토지를 매매대금 1억2,000만원에 매수하기로 한 것이니, 58평 정도의 진입로를 매수하는데 평당 200만원 이상의 금액을 지급하기로 한 것입니다. 더구나 ■■동 225-5 토지는 원고에게 아무 쓸모가 없는 땅입

니다.

(5) 그런데, 채천████ 원고측이 매매계약서 작성을 요구하자 돌연 아내인 김태██ 소유의 땅이어서 자신은 아무런 권한이 없다며 발뺌을 하였고, 급기야 소외 김태██는 2021. 3. 8. 이 사건 제1, 2토지 85㎡ 및 사월동 225-5 전 107㎡ 총 192㎡에 관하여 2021. 2. 6. 매매를 원인으로 피고들에게 각 소유권이전등기를 마쳐주었습니다(갑 제1호증의 3 내지 5 각 등기사항전부증명서).

(6) 위 등기사항전부증명서 매매목록을 보면, 거래가액이 1억2,000만원으로 기재되어 있는데, 이는 당초 김태██ 부부가 원고측에 매도하기로 한 금액과 동일합니다.

(7) 피고 허윤한, 김숙자의 주소가 같고, 피고 서상국, 채복자의 주소가 같은 점, 피고 김숙자의 이름이 전 소유자인 소외 김태자의 이름과 가운데 글자만 다른 점, 피고 채복██와 소외 김태██의 남편 채천██과 성씨가 같은 점 등에 비추어 피고들은 소외 김태██와 친인척 관계에 있는 자들로 짐작되는데, 고작 진입로에 불과한 땅을 원고가 제시한 금액과 동일하게 거래가액으로 신고한 점 등으로 보아 실제 매매대금이 오가지 않았거나 악의적으로 그와 같이 소유권이전등기를 마쳤다고 볼 수밖에 없습니다.

(8) 실제로 피고들은 위 토지들에 대한 소유권이전등기를 마친 후 원고의 조경 일부가 침범하였다는 이유로 경계측량을 의뢰하는가 하면, 대구광역시 수성구 등에 원고의 증축허가에 대한 감사를 요청하는 민원을 제기하였습니다.

Part 01
(주위토지통행권 등)
도로에 의한 소송

Part 02
특수 경매에 의한
특별한 소송 사례

이는 이미 오래전에 이 사건 제1, 2토지를 통로로 제공하여 사용수익권을 포기한 피고측으로서는 아무런 실익이 없음에도 불구하고 오로지 원고측에 손해와 고통을 줄 목적에 이루어진 행위로서 부당하다 아니할 수 없습니다.

## 마. 주위토지통행권 확인 및 방해예방 청구

(1) 민법 제219조 제1항에 의하면 어느 토지와 공로 사이에 그 토지의 용도에 필요한 통로가 없는 경우에 그 토지 소유자는 주위의 토지를 통행 또는 통로로 하지 아니하면 공로에 출입할 수 없거나 과다한 비용을 요하는 때에는 그 주위의 토지를 통행할 수 있고 필요한 경우에는 통로를 개설할 수 있다고 할 것입니다.

(2) 원고 대지와 지상 건물은 상가로 임대되어 사람과 차량의 통행할 수 있는 진입로가 반드시 필요합니다(갑 제8호증 상가임대차계약서).

(3) 원고 대지는 이 사건 제1, 2토지를 이용하지 아니하면 공로에 출입할 수 없을 뿐만 아니라, 주변에 다른 통로가 없어 새로 통행로를 개설하는 것이 현저히 곤란하거나 과다한 비용을 요할 수밖에 없습니다.

(4) 또한, 앞서 언급한 바와 같이 이 사건 제1, 2토지는 이미 오래전부터 보도 내지 원고 대지의 출입을 위한 진입로로 사용되어 왔기 때문에, 원고의 통행을 허용한다고 하더라도 피고들에게 추가로 손해가 발생할 염려가 없습니다.

(5) 따라서, 이 사건 관련 토지들의 분할 및 소유 경위와 당초의 용도, 현황 등을 종합하여 보면, 원고의 통행권은 인정됨이 타당하다 할 것입니다.

(6) 그런데, 피고들은 이 사건 제1, 2토지에 차량 등이 다니지 못하도록 긴 말뚝을 박아 임차인이 이를 저지하는 등 원고의 통행을 방해하려는 움직임을 보이고 있으므로, 원고는 부득이 이 사건 제1, 2토지에 대한 통행권의 확인 및 통행방해의 예방을 구하기 위하여 본 청구에 이른 것입니다.

## 3. 결론

그러므로, 원고는 청구취지와 같은 판결을 구하기 위하여 이 사건 소제기에 이르렀습니다.

## 입 증 방 법

1. 갑 제1호증의 1 내지 5     각 부동산 등기사항전부증명서
1. 갑 제2호증의 1 내지 7     각 토지대장
1. 갑 제3호증     일반건축물대장
1. 갑 제4호증의 1 내지 6     각 지적도
1. 갑 제5호증의 1 내지 4     각 네이버 지도
1. 갑 제6호증의 1, 2     각 카카오맵 로드뷰
1. 갑 제7호증의 1 내지 4     각 카카오맵 스카이뷰
1. 갑 제8호증     인증서(상가임대차계약서)

Part 01
도로에 의한 소송
(주위토지통행권 등)

Part 02
특수 경매에 의한
특별한 소송 사례

# 답 변 서

사    건    2021가단130524  통행권확인 등

원    고    주식회사 하이▨

피    고    허 윤 ▨ 외3

위 사건에 관하여 피고들의 소송대리인은 다음과 같이 답변합니다.

## 다        음

## 청구취지에 대한 답변

1. 원고의 청구를 기각한다.

2. 소송비용은 원고의 부담으로 한다.

라는 판결을 구합니다.

## 청구원인에 대한 답변

### 1. 청구원인 2. 가. (3)에 관하여

피고들은 현 소유자로 이 사건 제1, 2토지를 무상으로 제공할 의사가 없습니다.

## 2. 사실관계

가. 원고는 원고 대지 위에 건물을 증축하기 위하여 수성구청으로부터 허가를 득한 후 공사를 진행하고 있습니다.

나. 그런데 원고는 피고들의 소유인 이 사건 제1, 2토지 및 225-5 토지상에 경계를 침범하여 상수도 시설, 조경용 바위, 조경용 나무 및 펜스 설치를 하였습니다.

다. 이 사건 제1토지, 225-5 토지는 지목이 전으로 엄연히 피고들의 개인 사유지이고, 이 사건 제2토지는 비록 지목이 도로이지만 피고들 소유의 토지로 왕래는 가능하나, 원고가 이 사건 제1, 2토지 및 225-5 토지 지상에 시설물을 설치할 권리는 없습니다.

라. 위와 같이 원고는 현재 원고 대지상에 건물을 증축하면서 이 사건 제1, 2토지 및 225-5 토지 위에 경계를 침범하여 상수도 시설, 조경용 바위, 조경용 나무 및 펜스 설치를 하였고, 또한 계속하여 조경시설 공사를 하고 있습니다.

## 3. 청구원인 제2항, 나 중

가. (6)에 관하여

이 사건 제1, 2토지는 진입도로로 개설된 것이 아니고 제2토지는 건축법상 '도로'가 아니라 사유지인 '전' 입니다.

## 4. 청구원인 제2항, 라 중

**가. (2)에 관하여**

원고는 피고들의 소유 토지상에 임의로 조경공사를 한 것에 대한 변명으로 지역 주민들의 휴식공간을 제공한 것처럼 주장을 하나, 이는 원고가 운영하는 식당의 미관과 식당 영업을 용이하게 하기 위한 사적인 이익 때문입니다.

**나. (4)에 관하여**

이 사건 제1, 2토지 및 225-5 토지는 시세가 평당 1,000만원 상당 금액으로 거래되는 토지입니다.

**다. (7)에 관하여**

원고의 추측에 불과합니다.

**5. 청구원인 제2항, 마에 관하여**

원고의 주장은 원고 대지에서 공로로 가기 위해서는 이 사건 제1, 2토지를 지나지 않고는 갈 수가 없다고 하나, 사진(을 제1호증의 1 참조)에서 보이는 원고 소유의 토지상의 붉은 말뚝을 제거하면 현재 콘크리트 포장이 되어 있는 곳을 통하여 위 225-1 토지로 충분히 왕래를 할 수 있습니다.

**6. 원고의 주장에 관하여**

원고 측은 대구지방법원 2021머319691 사건 조정기일에 출석하여 피고 측이 요구하는 피고들의 소유 이 사건 제1, 2 토지상에 불법으로 식재한 소나무 9그루(을 제1호증의 2 내지 10) 조경석 28개(을 제1호증의 11 내지 38 참조), 위 225-5 토지상에 설치한 경계 울타리(을 제1호증의 39 참조 - 대구시 부지인 225-8 토지도 원고가 사용하고 있습니다)의 제거 요청에 관하여 통행로를 제공해 준다는 전제하에 제거를 고려해 보겠다는 억지성 주장을 하였습니다.

이에 대하여 피고들은 원고가 이 사건 제1, 2토지 및 225-5 토지를 무상으로 사용하려는 욕심을 버리고 정당하게 매입할 것을 요청하는 바입니다.

## 7. 결론

따라서 원고의 청구는 기각되어야 마땅합니다.

### 입 증 방 법

1. 을 제1호증의 1                    사진
1. 을 제1호증의 2 내지 39          각 사진(경계를 침범한 사실)
1. 을 제2호증                       경계복원측량성과도
1. 을 제3호증                       토지대장

2022.  2.   .

위 피고들의 소송대리인

변호사 金珍 ▩

대구지방법원                                                    귀중

Part 01
도로에 의한 소송
(주위토지통행권 등)

Part 02
특수 경매에 의한
특별한 소송 사례

# 준 비 서 면

사         건      2021가단130524  통행권확인 등

원         고      주식회사 하이██

피         고      허윤██ 외 3명

위 사건에 관하여 원고의 소송대리인은 다음과 같이 변론을 준비합니다.

## 다         음

### 1. 이 사건 제2토지에 관하여

(1) 소외 김정 █은 대구 수성구 ██동(이하 '·██동'이라 약칭하겠습니다)
    225-1 전 1,425㎡와 ██동 225-2 전 1,805㎡를 소유하던 중 1983. 12.
    27. ██동 225-1 전 1,425㎡ 지상에 세면벽돌조 세면와즙 단층주택
    79.78㎡ 등의 건물을 완공하고, 1984. 1. 9. 소유권보존등기를 마쳤습니다
    (갑 제1호증의 2 등기사항전부증명서, 갑 제3호증 일반건축물대장).

    갑 제3호증 일반건축물대장에 의하면, 건축허가일은 1983. 9. 16.이고, 착
    공일은 1983. 9. 17.이며, 사용승인일이 1983. 12. 27.입니다.

(2) ████동 225-2 전 1,805㎡는 위 건축허가 직전인 1983. 8. 13. ████동 225-2 전 1,745㎡와 ████동 225-3 도로 60㎡로 분할되었는데(갑 제2호증의 2, 3 각 토지대장), 김정████이 ████동 225-1 전 1,425㎡ 지상에 단층주택 등의 건물을 짓기 위해 그와 같이 토지를 분할하여 진입도로를 개설한 것으로 보입니다.

즉, ████동 225-3 도로 60㎡는 당시 위와 같은 토지분할 및 지목변경, 건축허가(신고) 과정에서 건축법 제2조 제11호 나목에 따라 대구광역시 수성구청장이 위치를 지정하여 공고한 "도로"에 해당합니다.

(3) ████동 225-3 도로 60㎡는 2009. 2. 26. 이 사건 제2토지와 ████동 225-7 도로 5㎡로 분할되었습니다(소을 제2호증의 2, 3, 6, 7 각 토지대장).

그리고, 위와 같이 분할된 ████동 225-7 도로 5㎡는 ████동 225-6 전 8㎡와 함께 공로인 '████대로659길' 이라는 명칭의 대로에 편입되어 2009. 7. 17. 김정████에서 대구광역시 수성구로 각 소유권이 이전되었습니다(소을 제2호증의 6, 7 각 토지대장).

(4) 이 사건 제2토지는 분할 전 ████동 225-2 전 1,805㎡의 가장자리로 원고 소유의 ████동 225-1 대 1,332㎡와 공로인 '████대로659길' 사이에 위치한 길고 폭이 좁은 토지이고, 그 면적 또한 55㎡로서 분할 전 분할 전 ████동 225-2 토지의 전체 면적 중 3% 남짓에 불과하며, 김정████이 진

Part 01
도로에 의한 소송
(주위토지 통행권 등)

Part 02
특수 경매에 의한
특별한 소송 사례

입로를 개설하면서 지목 또한 "도로"로 변경하였습니다.

(5) 이 사건 제2토지는 오랜 기간 도로 갓길을 따라 사람이 왕래하는 보도로 사용되고 있고, 자세한 형상은 아래와 같습니다.

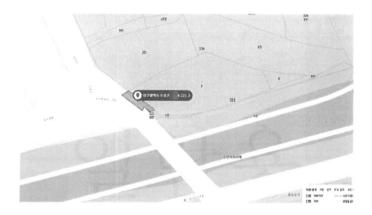

[이 사건 제2토지의 위치와 형상, 네이버 지적편집도·거리뷰]

(6) 그렇다면, 이 사건 제2토지의 원소유자인 김정■이 토지를 분할하여 지목을 변경한 경위 및 이 사건 제2토지의 위치와 형상, 인근의 다른 토지들과의 관계, 주위 환경 등을 종합할 때, 김정■은 스스로 이 사건 제2토지를 도로로 제공하여 인근 주민이나 일반 공중에게 무상으로 통행할 수 있는 권리를 부여하였거나 그 토지에 대한 독점적이고 배타적인 사용수익권을 포기한 것으로 봄이 타당하다 할 것입니다.

또한, 김정■의 상속인인 소외 김태■로부터 이 사건 제2토지를 매수한 피고들은 위 김태■와 친인척 관계에 있는 자들로 짐작되는바, 위와 같은 토지의 위치, 현황과 부근 토지의 상황 등을 감안하여 그 소유권을 특정 승계한 자들이므로, 위와 같은 사용수익의 제한이라는 부담이 있다는 사정을 용인하거나 적어도 그러한 사정이 있음을 알고서 그 토지의 소유권을 취득하였다고 봄이 상당하다 할 것이므로, 마찬가지로 이 사건 제2토지에 관한 독점적이고 배타적인 사용수익권을 행사할 수 없고, 따라서 원고의 통행권은 인정됨이 마땅하다 할 것입니다.

(7) 피고들은 답변서를 통해 이 사건 제2토지의 지목이 도로이고 피고들 소유의 토지로 왕래가 가능하다는 취지로 원고의 청구가 실체상의 이유있음을 인정하는 진술을 하였으므로, 이 사건 제2토지에 관한 원고의 청구 부분을 피고들의 청구 인낙으로 정리하여 주시기 바랍니다.


## 2. 이 사건 제1토지에 관하여

174

(1) ████동 225-2 전 1,805㎡가 1983. 8. 13. ████동 225-2 전 1,745㎡와 ████ 동 225-3 도로 60㎡로 분할되었음은 앞서 본 바와 같고, ██동 225-2 전 1,745㎡는 2002. 2. 20. ███동 225-2 전 38㎡와 ███동 225-4 전 1,600㎡, ███동 225-5 전 107㎡로 분할되었습니다(갑 제2호증의 2, 4, 5 각 토지대장).

(2) 그중 ███동 225-4 전 1,600㎡는 '██수천'이라는 명칭의 하천구역에 편 입되어 2002. 2. 27. 김정██에서 대구광역시로 소유권이 이전되었습니다 (갑 제2호증의 4 토지대장).

즉, ██동 225-2 전 38㎡는 ███동 225-4 전 1,600㎡가 '██수천'에 편 입되는 과정에서 분할되어 진입로만 남은 것입니다.

(3) ████동 225-2 전 38㎡는 2009. 2. 26. 이 사건 제1토지와 ███동 225-6 전 8㎡로 분할되었습니다.

그리고, 위와 같이 분할된 ███동 225-6 전 8㎡는 ██동 225-7 도로 5㎡ 와 함께 공로인 '████대로659길'이라는 명칭의 대로에 편입되어 2009. 7. 17. 김정██에서 대구광역시 수성구로 각 소유권이 이전되었습니 다(소을 제2호증의 6, 7 각 토지대장).

(4) 위와 같이 소외 김정▨이 소유하던 ▨▨동 225-1 토지는 겨우 이 사건 제1토지 30㎡, 이 사건 제2토지 55㎡, ▨▨동 225-5 전 107㎡만 남기고, 나머지는 전부 개인에게 매도하거나 지방자치단체로부터 보상금을 받고 소유권을 이전하였음은 소장 청구원인 제1항 기재와 같습니다.

이처럼 당초 3,230㎡에 달하던 ▨▨동 225-1 토지 대부분이 매각되고, 통행로로 사용·제공되어온 이 사건 제1, 2토지 정도만 자투리땅으로 남은 상태에서 김정▨이 사망하자 이를 소외 김태▨가 상속한 것으로서, 피고들은 답변서를 통해 위와 같은 이 사건 관련 부동산의 이력에 대하여 다투지 아니하므로, 원고는 이를 이익으로 원용합니다.

(5) 이 사건 제1토지는 원고 소유의 ▨▨동 225-1 대 1,332㎡와 '▨수천' 부지인 ▨▨동 225-4 전 1,600㎡ 및 공로인 '▨▨대로659길' 사이 모퉁이에 위치한 "ㄴ"자 형태의 길고 폭이 좁은 토지이고, 그 면적 또한 30㎡로서 분할 전 ▨▨동 225-2 토지의 전체 면적 중 1.6% 정도에 불과합니다.

(6) 이 사건 제1토지는 현재 보행자의 통행 및 원고 대지의 출입을 위한 '보도' 내지 '보차도'로 사용되고 있고 자세한 형상은 아래와 같습니다.

176

[이 사건 제1토지의 위치와 형상, 네이버 지적편집도·거리뷰]

(7) 위와 같이 이 사건 제1토지 또한 비록 지목은 '전'이지만 오랫동안 통행로로 이용되고 있는 사실상의 현황도로로서 원소유자인 김정◼이 토지를 분할한 경위 및 그 위치와 형상, 인근의 다른 토지들과의 관계, 주위환경 등을 종합하면, 김정◼은 스스로 이 사건 제1토지를 통로로 제공하

여 인근 주민이나 일반 공중에게 무상으로 통행할 수 있는 권리를 부여 하였거나 그 토지에 대한 독점적이고 배타적인 사용수익권을 포기한 것 으로 봄이 타당합니다.

이 사건 제1토지의 소유권을 특정승계한 피고들 또한 위와 같은 사용수 익의 제한이라는 부담이 있다는 사정을 용인하거나 적어도 그러한 사정 이 있음을 알고서 그 토지의 소유권을 취득하였다고 봄이 상당하므로, 이 사건 제1토지에 관한 독점적이고 배타적인 사용수익권을 행사할 수 없고, 따라서 원고의 통행권은 인정됨이 마땅하다 할 것입니다.

### 3. 주위토지통행권에 관하여

(1) 원고 소유의 대지가 지적도상 공로로 통하는 길이 없는 맹지로서, 이 사 건 제1, 2토지를 통행 또는 통로로 하지 아니하면 공로에 출입할 수 없 거나 과다한 비용을 요함은 종전 주장과 같습니다.

(2) 원고가 2016. 8. 19. ██동 225-1 대지와 지상 건물을 매수할 당시까지 만 하더라도 이 사건 제1토지와 사이에 대문이 설치되어 있었고 위 대 문을 통해 차량이 공로에 출입하였습니다(갑 제9호증의 1, 2 각 사진).

위 사진들에 의하면 대문에서 공로로 차량이 출입할 수 있도록 보도블록 의 경사면을 낮춘 "보차도" 가 설치되어 있음을 확인할 수 있습니다.

[원고가 ■■■동 225-1 대지를 매수할 당시 이 사건 제1토지 현황, 갑 9-1]

(3) 또한, 이 사건 제1토지에서 '■수천' 제방 쪽으로는 출입로가 없었습니다(갑 제9호증의 3, 4 각 사진). 따라서, 원고 대지에서 공로로 차량이 출입할 수 있는 통로는 이 사건 제1토지가 유일하였습니다.

[원고가 ▩▩동 225-1 대지를 매수할 당시 ▩▩수천 방향에서의 전경, 갑 9-3]

(4) 갑 제9호증 사진은 이 사건 제1토지의 현재 모습을 공로에서 촬영한 사진인데, 위 사진상에 빨간색 경계 말뚝이 설치된 지점이 과거 대문이 있던 자리입니다.

[이 사건 제1토지의 현재 모습, 갑 제10호증]

즉, 이 사건 제1토지는 원고가 ▩▩동 225-1 대지를 매수하기 훨씬 전에 이미 지적도상 맹지인 원고 대지에서 공로를 통행하기 위한 진입로로 개설되었고, 오랜 기간 원고 대지에 차량이 출입하기 위한 보차도로 사용되었음이 분명합니다.

Part 01
도로에 의한 소송
(주위토지통행권 등)

Part 02
특수 경매에 의한
특별한 소송 사례

(5) 피고들은 답변서를 통해 을 제1호증의 1 사진에서 보이는 붉은 말뚝을 제거하면 현재 콘크리트 포장이 되어 있는 곳을 통하여 원고 대지로 충분히 왕래할 수 있다고 하는데, 위 말뚝 부분은 하천부지인 대구광역시 소유의 ▨▨동 225-4 전 1,600㎡와 경계지점으로 출입로가 될 수 없습니다.

더구나 위 포장은 자치단체에서 '▨수천' 제방을 이용하는 사람들이 걸어서 다닐 수 있도록 보행로 내지 산책로를 조성한 것이지 차량이 왕래할 수 있도록 만든 도로가 아닙니다(갑 제11호증의 1 내지 3 각 사진).

즉, 원고 대지와 공로 사이에 차량이 출입할 수 있는 통로는 이 사건 제1 토지가 유일하고, 그러한 사정은 누구보다 피고 측이 잘 알고 있습니다.

(6) 이 사건 제1토지는 이미 오래전부터 원고 대지의 출입을 위한 진입로로 사용되어 왔기 때문에, 원고의 통행을 허용한다고 하더라도 피고들에게 추가로 손해가 발생할 염려가 없고, 따라서 원고는 민법 제219조 제1항 에 의하여 이를 통행할 수 있는 권리가 있다고 할 것입니다.

(7) 원고는 위 주장사실을 입증하기 위하여 현장검증을 신청코자 하오니 채택하여 주시기 바랍니다.

**4. 경계침범 주장에 대하여**

(1) 원고는 소외 김태█의 남편인 채찬█과 이 사건 제1, 2토지 85㎡와 █████ 동 225-5 전 107㎡에 대한 매매를 협의한 사실이 있는데, 위 채찬█은 진입로에 불과한 땅의 매매대금으로 1억원 이상을 요구하였고, 결국 원 고는 1억2,000만원에 위 토지를 매수하기로 채찬█과 합의하였습니다.

총 192㎡의 토지를 매매대금 1억2,000만원에 매수하기로 한 것이니, 58평 정도의 진입로를 매수하는데 평당 200만원 이상의 금액을 지급하기로 한 것입니다[1]. 더구나 ████동 225-5 토지는 원고에게 아무 쓸모가 없는 땅입 니다.

(2) 그런데, 채찬█은 원고가 매매계약서 작성을 요구하자 돌연 아내인 김태 ███ 소유의 땅이어서 자신은 아무런 권한이 없다며 발뺌을 하였고 급기 야 김태█는 2021. 3. 8. 이 사건 제1, 2토지 및 ███동 225-5 전 107㎡에 관하여 2021. 2. 6. 매매를 원인으로 피고들에게 각 소유권이전등기를 마 쳐주었습니다(갑 제1호증의 3 내지 5 각 등기사항전부증명서).

채찬█이 김태█로부터 매매에 관한 위임을 받지 아니하였다면 처음부터 채찬█이 나서서 원고와 매매계약을 협의할 아무런 이유가 없고, 평계에 불과합니다.

Part 01
(주위토지통행권 등)
도로에 의한 소송

Part 02
특수 경매에 의한
특별한 소송 사례

(3) 위 등기사항전부증명서 매매목록에 의하면 거래가액이 1억2,000만원으로 기재되어 있는데, 이는 당초 김태■ 부부가 원고에게 매도하기로 한 금액과 동일합니다.

> 더구나 피고 허윤■, 김숙■의 주소가 같고, 피고 서상■, 채복■의 주소가 같은 점, 피고 김숙■의 이름이 전 소유인인 김태■의 이름과 가운데 글자만 다른 점, 피고 채복■가 김태■의 남편 채찬■과 성씨가 같은 점 등에 비추어 피고들은 김태■와 친인척 관계에 있는 자들로 보이는바, 고작 진입로에 불과한 땅을 원고가 제시한 금액과 동일하게 거래가액으로 신고한 점 등에 비추어 실제 매매대금이 오가지 않았거나 악의적으로 그와 같이 소유권이전등기를 마쳤다고 볼 수밖에 없습니다.

(4) 실제로 피고들은 위 소유권이전등기를 마친 후 원고의 조경 일부가 침범하였다는 이유로 경계측량을 의뢰하는가 하면, 대구광역시 수성구 등에 원고의 증축허가에 대한 감사를 요청하는 민원을 제기하였습니다.

또한, 피고들은 이 사건 제1, 2토지에 차량 등이 다니지 못하도록 긴 말뚝을 박는 등 악의적으로 원고의 통행을 방해하려고 시도하였고, 이에 원고가 부득이 이 사건 소를 제기한 것입니다.

(5) 피고들은 원고가 토지의 경계를 침범하여 상수도 시설을 하였다고 하는데, 이는 종전 소유자가 건물을 짓는 과정에서 설치한 것으로서 원고가

설치한 것이 아닐 뿐만 아니라, 이를 제거하라는 것은 상식에도 전혀 맞지 아니합니다.

피고들은 심지어 원고에게 이 사건 제1, 2토지 지상의 인도블럭에 대한 철거까지 요구하였는데 원고는 인도블럭을 설치한 사실이 없을 뿐만 아니라 공중의 편익을 위해 설치된 인도블럭을 철거하거나 수거할 권한이 없음은 마찬가지입니다.

(6) 원고가 조경한 나무와 돌, 펜스 일부가 경계를 침범한 사실에 대해서는 원고가 이행강제금을 물고 원상복구를 마친 바 있습니다(갑 제12호증의 1 내지 6 각 사진).

따라서, 경계침범에 관한 문제는 더 이상 분쟁의 여지가 없습니다.

## 5. 토지 매입 요청에 대하여

(1) 피고들은 답변서 말미에 원고가 이 사건 제1, 2토지 및 ▩▩동 225-5 전 107㎡를 정당하게 매입할 것을 요청한다고 언급하였는데, 이것이 그동안 피고들이 원고를 상대로 취한 행동의 진짜 의도로 보입니다.

(2) 피고 측은 이미 위 토지를 매매키로 한 합의를 일방적으로 파기하여 신뢰 관계를 훼손하였고, 이후 개인적 이익을 챙기기 위해 친인척 명의로

소유권이전등기를 마친 뒤 의도적으로 원고의 통행을 방해하고 악성 민

원을 거듭 제기하여 원고에게 극심한 고통과 손해를 입혔던바 원고는

피고 측과 어떠한 내용의 매매계약도 체결할 의사가 없습니다.

## 입 증 방 법

1. 갑 제9호증의 1 내지 4        각 사진

1. 갑 제10호증                  사진

1. 갑 제11호증의 1 내지 3        각 사진

1. 갑 제12호증의 1 내지 6        각 사진


2022.     3.

위 원고의 소송대리인

변호사 박 헌 ▮


**대구지방법원 제21민사단독 귀중**

# 반 소 장

| | | |
|---|---|---|
| 사　　건 | 2021가단130524　담당 재판부　제21민사단독 | |
| 반 소 원 고<br>( 피　　고 ) | 1. 허윤█ | |
| | 2. 김숙█<br>　 피고 1, 2의 주소 대구 달서구 ███████████<br>　 ██████아파트) | |
| | 3. 서상█ | |
| | 4. 채복█<br>　 피고 3, 4의 주소 대구 수성구 욱수천로 ██████████ ████<br>　 ██████) | |
| | 피고들 소송대리인<br>　 변호사 김진█<br>　 대구 수성구 동대구로 ███2층 (범어동) | |
| 반 소 피 고<br>( 원　　고 ) | 주식회사 하이█<br>대구 수성구 ██████ 261 (███동)<br>대표이사 이준█ | |

> 반소 사건명　　토지인도 청구의 소

위 당사자 사이의 위 사건에 관하여 피고(반소원고)는 다음과 같이 반소를 제기합니다.

## 반 소 청 구 취 지

1. 반소피고(본소원고)는 반소원고(본소피고)에게 별지목록 기재 토지 지상에 있는 별지 기재 지장물을 수거하고 별지목록 기재 토지들을 인도하라.
2. 소송비용은 본소, 반소 모두 반소피고(본소원고)의 부담으로 한다.
3. 위 제1항은 가집행할 수 있다.
라는 판결을 구합니다.

Part 01
도로에 의한 소송
(주위토지통행권 등)

Part 02
특수 경매에 의한
특별한 소송 사례

# 반소청구원인

1. 반소원고(본소피고 이하 피고라고만 합니다)들은 대구시 수성구 ███동 225-2, 동 225-3, 동 225-5 토지(이하 이 사건 토지라 합니다)를 2021. 3. 8.자 매매를 원인으로 <mark>피고들 명의로 소유권이전등기를 마친 소유자들입니다.</mark>

2. 반소피고(본소원고 이하 원고라고만 함)는 이 사건 토지에 인접한 같은 동 225-1 대 1332㎡ 및 위 지상 벽돌조 세면기와지붕 단층 일반음식점의 소유자입니다.

3. 그런데 원고는 아무런 권원 없이 피고들 소유의 이 사건 토지상에 원고 자신의 필요에 의하여 별지기재 지장물들을 설치하는 등 불법 점유를 하고 있습니다(을 제1호증의 2 내지 39 참조).

4. 따라서 원고는 이 사건 토지 소유권자인 피고들에게 <mark>별지기재 지장물을 수거하고 피고들에게 이 사건 토지들을 인도 하여야 마땅합니다.</mark>

# 첨 부 서 류

1.   별지

2022.04.19

피고들 소송대리인
변호사 김진██

대구지방법원 귀중

## 현장검증신청서

사      건    2021가단130524 통행권확인 등      [담당재판부 : 제21민사단독]

원      고    주식회사 하이■

피      고    허윤■ 외 3명

위 사건에 관하여 원고의 소송대리인은 아래와 같이 현장검증을 신청합니다.

### 검증의 목적

소외 김정■이 소유하던 대구 수성구 ■■■동 225-1 전 3,230㎡는 같은 동 225-2 전 30㎡(이하 '이 사건 제1토지' 라고 합니다), 같은 동 225-3 도로 55㎡(이하 '이 사건 제2토지' 라고 합니다), 같은 동 225-5 전 107㎡ 정도만 남기고 나머지는 전부 개인에게 매도하거나 지방자치단체로부터 보상금을 받고 소유권을 이전하였던 바, 이 사건 제1토지는 비록 지목은 '전' 이지만 차량이 공로에 출입하는 통행로로 이용된 사실, 이 사건 제2토지는 지목이 '도로' 일 뿐만 아니라 실제 현황도 차도와 원고 대지 사이에 사람이 통행하는 보도인 사실 등을 입증하고자 합니다.

### 검증할 장소

대구 수성구 ■■■동 225-1 대 1,332㎡ 및 같은 동 225-2 전 30㎡, 같은 동 225-3 도로 55㎡

### 검증할 사항

1. 원고 소유의 대구 수성구 ■■■동 225-1 대 1,332㎡ 및 피고들 소유의 이 사건 제1, 2토지 등 주위토지의 현황, 이용 관계, 주위 환경 등
2. 이 사건 제1토지는 오래전부터 위 원고 소유의 대지에서 공로로 차량이 출입하는 보차도

Part 01
도로에 의한 소송
(주위토지통행권 등)

Part 02
특수 경매에 의한
특별한 소송 사례

로 이용된 사실, 현재도 공로에 이르는 유일한 통로인 사실

3. 이 사건 제2토지는 차도와 원고 대지 사이에 보도블럭이 설치되어 사람이 통행하는 보도 인 사실

4. 소외 김정○은 건축허가 및 보상 과정에서 스스로 이 사건 제1, 2토지를 통로로 개설해 거나 제공한 사실

5. 원고 소유의 대지는 지적도상 공로로 통하는 길이 없는 맹지로서, 이 사건 제1, 2토지를 통행 또는 통로로 하지 아니하면 공로에 출입할 수 없거나 과다한 비용을 요하는 사실

2022. 4. 18.

원고의 소송대리인  변호사 박헌○

**대구지방법원 제21민사단독 귀중**

# 감정신청서

사        건        2021가단130524 통행권확인 등        [담당재판부:제21민사단독]

원        고        주식회사 하이■

피        고        허윤■ 외 3명

위 사건에 관하여 원고 소송대리인은 주장사실을 입증하기 위하여 다음과 같이 측량감
정을 신청합니다.

## 감정의 목적

피고들 소유의 대구 수성구 ■■동 225-2 전 30㎡ 중 원고 소유의 대구 수성구 ■■동
225-1 대 1,332㎡에서 공로에 출입하는 통행로로 사용되는 부분의 위치, 면적을 특정하
기 위함.

## 감정의 목적물

대구 수성구 ■■동 225-2 전 30㎡

## 감정사항

원고는 대구 수성구 ■■동 225-1 대 1,332㎡ 및 지상 건물의 소유자인바, 대구 수성구
■■동 225-2 전 30㎡'는 오래전에 소외 김정■이 소유하던 대구 수성구 ■■동 225-1
전 3,230㎡에서 분할되어 원고 소유의 대지에서 공로로 차량이 출입하는 진입로로 이용
되었으며, 현재도 공로에 이르는 유일한 통로입니다.

따라서, 피고들 소유의 대구 수성구 ■■동 225-2 전 30㎡ 중 원고 소유의 대지에서 공

로에 출입하는 통행로로 사용되는 부분의 위치, 면적을 구체적으로 특정하여 주시기 바랍니다.

## 첨 부 서 류

1.   토지대장

2.   지적도

3.   현장사진

2022.06.13

원고 소송대리인
변호사 박헌██

대구지방법원 귀중

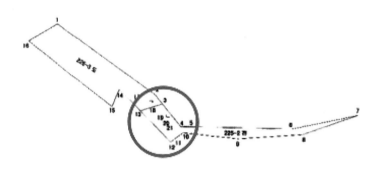

| 지 번 | 부 호 | 연 결 번 호 | 면 적(㎡) | 비 고 |
|---|---|---|---|---|
| 225-3 | | 1,2,3,16,13,14,15,16,1 을 순차적으로 연결한 면적 | 55 | |
| 225-2 | | 3,4,5,6,7,8,9,10,11,12,13,18,3 을 순차적으로 연결한 면적 | 30 | |
| | ㄱ | 2,3,18,17,2 를 순차적으로 연결한 면적 | 3 | |
| | ㄴ | 3,4,5,10,11,21,20,19,18,3 을 순차적으로 연결한 면적 | 8 | |
| 범 례 | 2, 10 | 필지 굴곡점 | | |
| | 11, 17~21 | 연석선 | | |
| | 5 | 225-2번지 필지 굴곡점(12,10)아 연결선 | | |
| | | 이 래 빈 칸 | | |

# 준 비 서 면

사    건    2021가단130524(본소)  통행권확인 등

2022가단115775(반소)  토지인도

원    고    주식회사 하이█

피    고    허윤█ 외 3명

위 사건에 관하여 원고의 소송대리인은 다음과 같이 변론을 준비합니다.

## 다        음

## 1. 본소에 대하여

피고들은 원고의 2022. 9. 13.자 청구취지 및 청구원인 변경신청서에 대하여, 통행권 주장이 용인된다고 하여도 █동 225-2 전을 제외한 █동 225-3 도로만으로 통행을 할 수 있게 하여야 한다는 취지로 주장합니다.

그러나 2022. 8. 16.자 한국국토정보공사의 측량감정 결과에 따르면, 원고의 대지에서 공로로 출입하는 통행로로 사용되는 부분의 위치와 면적은 █동 225-3 도로 55㎡ 중 위 신청서 별지 감정도 표시 2, 3, 18, 17, 2의 각 점을 순차적으로 연결한 선내 'ㄱ' 부분 3㎡와 █동 225-2 전 30㎡ 중 별지

감정도 표시 3, 4, 5, 10, 11, 21, 20, 19, 18, 3을 순차적으로 연결한 선내 'ㄴ' 부분 8㎡임이 분명히 특정되었습니다.

원고는 피고들 소유의 토지 전체가 아닌 위와 같이 진입로로 사용되는 부분에 한하여 통행권의 확인을 구하는 것인데, 공로에서 원고 대지를 출입하는 길목인 ▨▨동 225-2 전이 제외되어야 한다는 주장은 원고에게 공로로 통행하지 말라는 것과 같아서 부당합니다.

따라서, 원고의 본소청구는 마땅히 인정되어야 할 것입니다.

## 2. 반소에 대하여

▨▨동 225-2 전과 225-3 도로는 원소유자인 김정▨이 분할 전 ▨▨동 225-1 토지를 개인에게 매도하거나 지방자치단체로부터 보상금을 받고 소유권을 이전하는 과정에서 통행로로 사용·제공되어 자투리땅으로 남은 상태에서 방치되어 왔음은 종전 주장과 같고, 이는 원고가 제출한 사진 영상으로도 확인하실 수 있습니다.

그런데, 원고가 2016. 8. 19. ▨▨동 225-1 대 1,322㎡와 지상 건물을 매수한 뒤 제방과 사이에 경계로 심겨 있던 탱자나무를 제거하고 각종 오물과 쓰레기, 동물 사체 등이 버려진 채로 방치되어 있던 공간에 조경석과 조경수를 식재하는 등 거액의 조경공사를 마치자, 소외 김태▨는 원고에게 ▨▨동

194

225-2 전, 225-3 도로, 225-5 전에 대한 소유권을 주장하며 과도한 매매대금을 요구하는 한편 심지어 악의적으로 피고들에게 소유권이전등기까지 마친 것입니다.

피고들은 이에 대해 구체적인 답변을 하지 아니하고 있으나, 변론의 전체적인 취지에 비추어 이를 인정하는 것으로 보입니다.

원고는 조경석과 조경수 등이 경계를 침범하였다는 피고들의 민원 제기에 따라 이행강제금을 물고 원상복구를 마친 바 있으며(갑 제12호증의 1 내지 6 각 사진), 피고들이 경계침범죄로 고소한 사건도 대구수성경찰서에서 혐의없음으로 종결되었습니다(갑 제14호증 수사결과 통지서).

따라서, 피고들의 반소 청구는 마땅히 기각되어야 합니다.

이번 한국국토정보공사의 측량감정에서도 피고들이 주장하는 지장물이 경계를 침범하지 아니하였음이 밝혀졌습니다. 다만, 소나무 3그루가 ■■동 225-5 전의 좁다란 부분에 식재된 것이 확인되었는데, 설령 피고들이 그와 같은 내용으로 반소 청구취지를 변경하더라도 이미 오래전에 사용수익권을 포기한 채 토지를 방치한 피고 측으로서는 아무런 실익이 없고, 어떠한 손해도 발생할 여지가 없으므로, 인용될 수 없다고 할 것입니다.

**3. 결론**

# 준 비 서 면

사　　건　　2021가단130524(본소)　통행권확인 등

　　　　　　　2022가단115775(반소)　토지인도

원　　고　　주식회사 하이█

피　　고　　허윤█ 외 3명

위 사건에 관하여 피고들의 소송대리인은 다음과 같이 변론을 준비합니다.

## 다　　　　　음

1. 원고는 피고들의 소유인 █ 동 225-2 전 및 동 225-3 도로 2필지를 통행할 수 있게끔 이 사건 소를 제기하였습니다. 이는 원고 편의에 따른 일방적인 요구입니다. 만일 통행권 주장이 용인된다고 하여도 피고들의 재산상 피해를 줄이기 위하여 █ █ 동 225-2 전을 제외한 위 █ 동 225-3 도로만으로 통행을 할 수 있게 하여야 할 것입니다.

2022.　　10.　　.

위 피고들의 소송대리인

변호사 金珍█

**대구지방법원**　　　　　　　　　　　　　　　　　　　　　　**귀 중**

# 반소 청구취지 및 청구원인 변경신청

사       건     2021가단130524 통행권확인 등       [담당재판부:제21민사단독]

원       고     주식회사 하이■

피       고     허윤■ 외 3명

위 사건에 관하여 위 피고(반소원고)들의 소송대리인은 다음과 같이 청구취지 및 원인을
변경합니다.

## 변경된 청구취지

[주위적 청구취지]

1. 원고(반소피고)는 피고(반소원고)들에게

가. 별지 부동산목록 제1항 기재 토지 중 별지 감정도(1/2) 표시 3, 4, 5, 6, 7, 31, 30, 29,
28, 27, 26, 10, 11, 25, 24, 23, 22, 3의 각 점을 순차로 연결한 선내 (ㄴ)부분 19㎡ 및 별지
부동산목록 제2항 기재 토지 중 별지 감정도(1/2) 표시 1, 2, 3, 22, 21, 20, 19, 18, 17, 1
의 각 점을 순차로 연결한 선내 (ㄱ)부분 22㎡ 내에 있는 별지 지상물내역 제1 내지 2항
기재 각 지장물을 수거한 후, (ㄴ)부분 19㎡ 및 위 (ㄱ)부분 22㎡을 각 인도하고,

나. 별지 부동산목록 제3항 기재 토지 중 별지 감정도(2/2) 표시 1, 2, 3, 4, 5, 6, 1의 각
점을 순차로 연결한 선내 107㎡ 내에 있는 소나무들을 수거하고,

다. 1,401,790원 및 2022. 10. 27.부터 위 가.항 기재 (ㄴ)부분 19㎡ 및 (ㄱ)부분 22㎡의 인도
완료일까지 월 74,420원의 비율로 계산한 돈을 지급하라.

2. 소송비용은 본소 및 반소를 통틀어 원고(반소피고)의 부담으로 한다.

3. 위 제1항은 가집행할 수 있다.

라는 판결을 구합니다.

[예비적 청구취지]

1. 원고(반소피고)는 피고(반소원고)들에게

가. 별지 부동산목록 제1항 기재 토지 중 별지 감정도(1/2) 표시 3, 4, 5, 6, 7, 31, 30, 29, 28, 27, 26, 10, 11, 25, 24, 23, 22, 3의 각 점을 순차로 연결한 선내 (ㄴ)부분 19㎡에서 별지 감정도 표시 3, 4, 5, 10, 11, 21, 20, 19, 18, 3의 각 점을 순차로 연결한 선내 (ㄴ)부분 8㎡를 제외한 11㎡ 및 별지 부동산목록 제2항 기재 토지 중 별지 감정도(1/2) 표시 1, 2, 3, 22, 21, 20, 19, 18, 17, 1의 각 점을 순차로 연결한 선내 (ㄱ)부분 22㎡에서 별지 감정도 표시 2, 3, 18, 17, 2를 연결한 선내 (ㄱ)부분 3㎡를 제외한 19㎡ 내에 있는 별지 지장물내역 제1 내지 2항 기재 각 지장물을 수거한 후, 위 11㎡ 부분 토지 및 19㎡ 부분 토지를 각 인도하고,

나. 별지 부동산목록 제3항 기재 토지 중 별지 감정도(2/2) 표시 1, 2, 3, 4, 5, 6, 1의 각 점을 순차로 연결한 선내 107㎡ 내에 있는 소나무들을 수거하고,

다. 별지 부동산목록 제1항 기재 토지 중 별지 감정도 표시 3, 4, 5, 10, 11, 21, 20, 19, 18, 3의 각 점을 순차로 연결한 선내 (ㄴ)부분의 면적 8㎡, 별지 목록 제2항 기재 토지 중 별지 감정도 표시 2, 3, 18, 17, 2의 각 점을 순차로 연결한 선내 (ㄱ)부분의 면적 3㎡에 해당하는 토지의 반소피고(본소원고)의 통행권에 대한 통행료 376,090원 및 2022. 10. 27.부터 위 가.항 기재 11㎡ 부분 토지 및 19㎡ 부분 토지의 인도완료일까지 월 19,966원의 비율로 계산한 돈을 지급하고,

라. 1,025,700원 및 2022. 10. 27.부터 위 가.항 기재 토지의 인도완료일까지 월 54,454원의 비율로 계산한 돈을 지급하라.

2. 소송비용은 본소 및 반소를 통틀어 원고(반소피고)의 부담으로 한다.

3. 위 제1항은 가집행할 수 있다.

라는 판결을 구합니다.

### 변경된 반소 청구원인

## 1. 당사자 관계에 관하여

가. 피고(반소원고 이하 '피고' 라고만 합니다)들은 대구시 수성구 ■■동 225-2, 동 225-3, 동 225-5 토지를 2021. 3. 8.자 매매를 원인으로 피고들 명의로 소유권이전 등기를 마친 소유자들입니다.

나. 원고(반소피고 이하 '원고' 라고만 합니다)는 이 사건 토지에 인접한 같은 동 225-1 대 1332㎡ 및 위 지상 벽돌조 세멘기와지붕 단층 일반음식점의 소유자입니다.

## 2. 원고의 불법 점유에 관하여

원고는 아무런 권원없이 피고 소유인 대구 수성구 ■■동 225-2 전 30㎡ 중 19㎡, 동 225-3 도 55㎡ 중 22㎡에 해당하는 토지(이하 '이 사건 토지들' 이라고 합니다)를 경계를 침범하여 사용 중이고 이 사건 토지 내에 별지 지장물내역 기재 지장물들을 설치하였습니다(을 제5호증의 1. 2. 사진(225-3에 있는 축대) 참조].

또한 원고는 피고 소유인 대구광역시 수성구 ■■동 225-5 전 107㎡의 토지 내에 소나무 3그루를 무단으로 심었습니다.

따라서 원고는 위 지장물들을 모두 수거하고, 불법점유하고 있는 토지들을 피고들에게 인도하여야 마땅합니다.

## 3. 원고가 불법 점유한 토지에 대한 부당이득에 관하여

원고는 피고들에게 피고 소유인 대구 수성구 ▨▨동 225-2 전 30㎡ 중 19㎡, 동 225-3 도 55㎡ 중 22㎡에 해당하는 토지를 무단 점유하여 임료 상당의 부당이득을 하고 있는 것이므로 2021. 3. 8.부터 2022. 10. 27.까지의 월 임료 상당 부당이득 합계액 1,401,790원 및 2022. 10. 27.부터 인도 완료일까지 매월 74,420원을 지급하여야 할 것입니다.

## 4. 원고가 주장하는 통행권에 관하여

민법 제219조 제1항은 '어느 토지와 공로 사이에 그 토지의 용도에 필요한 통로가 없는 경우에 그 토지소유자는 주위의 토지를 통행 또는 통로로 하지 아니하면 공로에 출입할 수 없거나 과다한 비용을 요하는 때에는 그 주위의 토지를 통행할 수 있고 필요한 경우에는 통로를 개설할 수 있다'고 규정하고 있습니다.

Part 01
도로에 의한 소송
(주위토지통행권 등)

Part 02
특수 경매에 의한
특별한 소송 사례

민법 제219조에 규정된 주위토지통행권은 공로와의 사이에 그 용도에 필요한 통로가 없는 토지의 이용을 위하여 주위토지의 이용을 허용하는 것이므로 그 통행권의 범위는 통행권을 가진 자에게 필요할 뿐만 아니라 이로 인한 주위토지소유자의 손해가 가장 적은 장소와 방법의 범위 내에서 인정되어야 하며, 어느 정도를 필요한 범위로 볼 것인가는 구체적인 사안에서 사회통념에 따라 쌍방 토지의 지형적·위치적 형상 및 이용관계, 부근의 지리상황, 상린지 이용자의 이해득실 기타 제반 사정을 기초로 인정되어야 합니다.

원고는 '대구광역시 수성구 ██동 225-1'에서 공로로 가기 위해서는 이 사건 토지를 지나지 않고는 통행이 불가능하다고 주장하나 원고 소유의 부동산 '██동 225-1'과 연결된 소외 대구광역시 소유 부동산 '대구광역시 수성구 ██동 225-4'를 통하면 충분히 통행이 가능합니다(을 제6호증 경계복원성과도 참조).

### 5. 예비적 청구취지에 관하여

가. 가사 원고의 주장대로 통행권이 인정된다고 하더라도 그 부분에 대하여는 원고가 피고들에게 통행료를 지급하여야 하고, 통행권이 인정되는 부분을 제외한 이 사건 토지에 대하여는 불법점유하고 있다고 할 것이므로 그 부분에 있는 지장물들을 수거하고 점유하고 있는 부분에 대하여는 임료 상당의 부당이득을 반환하여야 마땅합니다.

나. 원고는 피고들에게 피고 소유인 대구광역시 수성구 ▩동 225-2 전 30㎡ 중 8㎡,
   동소 225-3 도 55㎡ 중 3㎡에 해당하는 토지의 원고의 통행권에 대한 2021. 3. 8.
   부터 2022. 10. 27.까지의 통행료 합계액 376,090원(1,401,790원 ÷ 41㎡ × 11㎡) 및
   2022. 10. 27.부터 인도 완료일까지 매월 19,966원(74,420원 ÷ 41㎡ × 11㎡)의 통행료
   를 지급하여야 할 것입니다.

나. 또 대구 수성구 ▩동 225-2 전 30㎡ 중 11㎡(19㎡ - 8㎡), 동 225-3 도 55㎡ 중
   19㎡(22㎡ - 3㎡)에 해당하는 토지에 대한 2021. 3. 8.부터 2022. 10. 27.까지의 월임
   료 상당의 부당이득 합계액 1,025,700원(1,401,790원 - 376,090원) 및 2022. 10. 27.부터
   인도 완료일까지 매월 54,454원(74,420원 - 19,966원)을 지급하여야 할 것입니다.

## 6. 결 어

따라서 원고는 이 사건 토지 소유권자인 피고들에게 별지 지상물내역 기재 지장물을
수거한 후 피고들에게 이 사건 토지들을 인도하고, 이 사건 토지 중 원고가 불법 점
유한 면적에 대한 월임료 상당 부당이득을 반환할 의무가 있다 할 것이고, 따라서
원고의 피고들에 대한 본소청구는 이유 없어 이는 모두 기각되어야 할 것입니다.

# 준 비 서 면

<table>
<tr><td>사   건</td><td>2021가단130524(본소)   통행권확인 등</td></tr>
<tr><td></td><td>2022가단115775(반소)   토지인도</td></tr>
<tr><td>원   고</td><td>주식회사 하이■■</td></tr>
<tr><td>피   고</td><td>허윤█ 외 3명</td></tr>
</table>

위 사건에 관하여 원고의 소송대리인은 다음과 같이 변론을 준비합니다.

## 다   음

## 1. 본소에 대하여

2022. 8. 16.자 한국국토정보공사의 측량감정 결과에 따르면, 피고들 소유의 토지 중 보도로 사용되는 부분을 제외하고 온전히 원고 소유의 대구 수성구 ■■동 225-1 대 1,332㎡의 통행로로 사용되는 부분의 위치·면적은 ■■동 225-2 전 30㎡ 중 감정도 표시 3, 4, 5, 10, 11, 21, 20, 19, 18, 3을 순차적으로 연결한 선내 'ㄴ' 부분 8㎡와 ■■동 225-3 도로 55㎡ 중 감정도 표시 2, 3, 18, 17, 2의 각 점을 순차적으로 연결한 선내 'ㄱ' 부분 3㎡입니다.

의 ▨동 225-2 토지 일부를 거처 대략 폭 4m쯤으로 보이는 출입로(차도·보도를 통과)로 차량 및 사람이 수성구 ▨동 225-1 토지에 출입할 수 있고 (2022. 6. 7. 현장검증결과 참조), 위 측량감정 결과를 통해 ▨동 225-3 토지 중 3㎡도 출입로에 포함된 사실이 확인되었습니다.

피고들은 여전히 원고 소유의 ▨동 225-1 토지와 연결된 ▨동 225-4 하천부지를 통하면 차량 통행이 가능하다는 취지로 주장하나, 현장검증조서에 첨부된 사진 영상과 같이 위 길은 자치단체에서 '▨수천' 제방을 이용하는 사람들이 걸어서 다니거나 자전거를 이용할 수 있도록 보행로 내지 산책로로 조성한 것이지 차량이 왕래할 수 있도록 만든 도로가 아닙니다(사진 6 내지 9). 더구나 반대쪽 끝 지점에 차량출입 저지 기둥이 지상으로 약 4개가 박혀있어 차량이 통행할 수도 없습니다(사진 10). 실제로 차량이 통행하지 아니할 뿐만 아니라 만약 강제로 차량이 진입하기 위해서는 교량을 지나 진행 방향 우측 인도에 경계석이 설치되어 있어 원고의 출입로 지점까지 진행한 뒤 유턴에 가깝게 차를 돌려야 하는데 그러한 공간도 존재하지 않고(사진 6), 따라서 차량이 통행할 수 없는 곳입니다.

즉, 원고가 주장하는 진입로가 공로에 출입하는 유일한 통로이며, 따라서 원고의 본소청구는 마땅히 인정되어야 할 것입니다.

**2. 피고들의 2022. 11. 30.자 반소 청구취지 및 청구원인 변경신청에 대하여**

Part 01
도로에 의한 소송
(주위토지통행권 등)

Part 02
특수 경매에 의한
특별한 소송 사례

피고들은 한국국토정보공사의 측량감정 결과를 토대로, 원고가 ▨동 225-2 전 30㎡ 중 19㎡, 같은 동 22-3 도로 55㎡ 중 22㎡에 해당하는 토지의 경계를 침범하여 지장물을 설치하는 등 사용 중이라고 주장하나 위 감정서는 피고들이 일방적으로 제시한 위치·면적을 도면으로 표시한 것에 불과하고, 원고는 해당 부분을 점유·사용하고 있지 아니합니다.

▨동 225-2와 ▨동 225-3 토지 중 원고가 점유·사용하는 부분은 본소를 통해 통행권확인을 구하는 출입로가 전부입니다.

원고가 설치한 조경수와 조경석 일부가 경계를 침범하였던 것은 사실이지만 피고들의 민원 제기로 원고가 2022. 초에 원상복구를 완료하였고(갑 제12호증의 1 내지 6 각 사진), 이는 누구보다 피고들이 잘 알고 있습니다.

2022. 6. 7. 현장검증 및 2022. 8. 8. 측량감정 당시에도 ▨동 225-2와 ▨동 225-3 지상에 지장물이 존재하지 아니하고 공터로 비어 있었습니다. 그럼에도 피고들은 공터 부분을 원고가 점유하는 것을 전제로 감정인에게 도면 작성을 요구한 것입니다. 피고들이 측량감정 당시 지장물의 위치·수량·면적 등을 도면에 표시해달라고 신청하였음에도 불구하고 2022. 8. 16.자 한국국토정보공사의 측량감정 결과에 지장물의 표시가 없는 것은 실제 지장물이 존재하지 않기 때문입니다.

더구나, ▨동 225-2와 ▨동 225-3 토지는 피고측이 이미 오래전에 배타적인 사용수익권을 포기하였을 뿐만 아니라 피고들의 반소청구가 권리남용 에 해당함은 종전 주장과 같습니다.

따라서, 피고들의 반소 청구는 마땅히 기각되어야 할 것입니다.

## 3. 결론

위와 같이 변론을 준비합니다.

2022.　　12.

위 원고의 소송대리인

변호사　박　헌

**대구지방법원 제21민사단독 귀중**

# 사실조회신청서

사     건     2021가단130524 통행권확인 등     [담당재판부:제21민사단독]

원     고     주식회사 하이█

피     고     허윤█ 외 3명

위 사건에 관하여 주장사실을 입증하기 위하여 반소원고(피고)의 소송대리인은 다음과 같이 사실조회를 신청합니다.

## 사실조회촉탁의 목적

반소원고(피고)의 주장의 중 지장물에 대한 사실을 입증하기 위함입니다.

## 사실조회기관의 명칭 및 주소

명칭 : 한국국토정보공사 대구경북지역본부 대구동부지사

주소 : (42115) 대구 수성구 달구벌대로 2348, 제10층 (수성동3가, 수협G타워)

## 사실조회사항

대구지방법원 2021가단130524 토지인도 청구의 소에 대한 2022. 8. 16. 감정서(피고)에 기재 된 내용 중 부동산 '대구광역시 수성구 █████동 225-2 전 30㎡', 동소 225-3 도로 55 ㎡'에 대하여,

가. 위 부동산 내 지장물의 유무.

나. 위 부동산 내 지장물이 있는 경우,

(1) 그 종류와 개수 및 위치,

(2) 지장물의 소유자가 원고인지,

다. 위 조회할 내용에 대하여 자세하게 설명하여 주시고, 관련 자료 일체를 제출하여 주
시기 바랍니다.

## 첨 부 서 류

1.  별지
2.  2022. 08. 16.자 감정서(피고) 중 감정결과

2023.02.06

피고 소송대리인
변호사 김진

대구지방법원 귀중

# 준 비 서 면

사　　건　　2021가단130524(본소)　통행권확인 등

　　　　　　2022가단115775(반소)　토지인도

원　　고　　주식회사 하이██

피　　고　　허윤█ 외 3명

위 사건에 관하여 원고의 소송대리인은 다음과 같이 변론을 준비합니다.

# 다　　음

**1. 피고들의 2023. 5. 10.자 반소 청구취지 및 청구원인 변경신청에 대하여**

가. ██동 225-2 전 30㎡에 대하여

2023. 4. 10.자 한국국토정보공사 대구동부지사의 측량감정 결과에 따르면, 원고 소유의 ██동 225-1 토지에 식재된 소나무 1그루가 피고들 소유의 ██ ██동 225-2 토지와의 경계에 접해 있을 뿐 어떠한 지장물도 ██동 225-2 지상에 존재하지 아니합니다.

위 소나무는 감정도 상에 ██동 225-2 토지와의 경계에 맞물려 식재되어

있고, 확대도를 통해서만 소나무 외곽 테두리 극히 일부가 경계를 침범한 것으로 확인됩니다.

즉, 원고는 경계를 침범한 사실이 없거나, 있더라도 극히 미미한 정도에 불과합니다.

설령 경계 부분에 공동으로 담을 설치하더라도 그와 같은 정도의 침범은 불가피하고, 위 소나무로 인해 피고들에게 어떠한 손해가 발생한 사실도 없습니다.

소나무도 엄연히 생명체인데, 외곽 테두리 극히 일부가 경계를 침범하였다고 하여 이를 제거하라는 것은 부당합니다. 침범 부분을 제거하더라도 피고 측으로는 아무런 실익이 없으므로, 그 자체로 권리남용에 해당합니다.

따라서, 원고는 출입로 부분을 제외하고 경계를 침범하여 피고들 소유의 ▒▒동 225-2 토지를 점유하거나 사용하고 있지 아니하므로 이를 전제로 한 피고들의 반소청구는 이유 없습니다.

나. ▒▒동 225-3 도로 55㎡에 대하여

마찬가지로, 피고들 소유의 ▒▒동 225-3 토지에는 어떠한 지장물도 지상에 존재하지 아니합니다. 피고들이 신청한 2022. 8. 16.자 한국국토정보공사 대구동부지사의 측량감정 결과에 지장물의 표시가 없는 것은 실제 지장물이 존재하지 않기 때문입니다.

따라서, 원고가 출입로 부분을 제외하고 피고들 소유의 ███동 225-3 토지를 사용하고 있음을 전제로 한 피고들의 청구는 이유 없습니다.

다. ███동 225-5 전 107㎡ 지상 소나무

2022. 8. 16.자 한국국토정보공사 대구동부지사의 측량감정 결과[감정도(2/2)]에 따르면, 원고 소유의 ███동 225-1 토지와 피고들 소유의 ███동 225-5 토지의 경계 부근에 소나무 3그루가 식재된 것이 확인되는데, ███동 225-5 토지 또한 ███동 225-2, 225-3 토지와 마찬가지로 피고측이 이미 오래전에 배타적인 사용수익권을 포기하였을 뿐만 아니라 피고들의 청구가 권리남용에 해당함은 종전 주장과 같습니다.

따라서, 이에 대한 피고들의 반소청구 또한 마땅히 기각되어야 할 것입니다.

**2. 결론**

위와 같이 변론을 준비합니다.

# 대 구 지 방 법 원

## 판 결

| | |
|---|---|
| 사 건 | 2021가단130524(본소) 통행권확인 등 |
| | 2022가단115775(반소) 토지인도 |
| 원고(반소피고) | 주식회사 하이▨▨ |
| | 대구 수성구 ▨▨▨▨▨▨▨동) |
| | 대표이사 이준▨ |
| | 소송대리인 변호사 박헌▨ |
| 피고(반소원고) | 1. 허윤▨ |
| | 2. 김숙▨ |
| | 피고 1, 2의 주소  대구 달서구 조암남로32길 13, ▨▨▨3호 |
| | (유천동, ▨▨▨▨▨▨아파트) |
| | 3. 서상▨ |
| | 4. 채복▨ |
| | 피고 3, 4의 주소  대구 수성구 옥수천로 133, ▨▨▨009호 |
| | (▨▨동, ▨▨▨▨▨타운) |
| | 피고들 소송대리인 변호사 김진▨ |
| 변 론 종 결 | 2023. 5. 12. |
| 판 결 선 고 | 2023. 7. 7. |

Part 01
도로에 의한 소송
(주위토지통행권 등)

Part 02
특수 경매에 의한
특별한 소송 사례

주    문

1. 피고(반소원고)들은 원고(반소피고)에게 별지1 부동산목록 제2항 기재 토지 중 별지
   2 감정도 표시 2, 3, 18, 17, 2의 각 점을 순차로 연결한 선내 (ㄱ)부분 3㎡와 별지1
   부동산목록 제1항 기재 토지 중 별지2 감정도 표시 3, 4, 5, 10, 11, 21, 20, 19, 18,
   3의 각 점을 순차로 연결한 선내 (ㄴ)부분 8㎡에 관한 통행권이 있음을 확인한다.
   피고(반소원고)들은 위 각 토지 부분에 대한 원고(반소피고)의 통행을 방해하는 일
   체의 행위를 하여서는 아니 된다.

2. 원고(반소피고)는 피고(반소원고)들에게

   가. 별지1 부동산목록 제1항 기재 토지 중 별지3 감정도(1/2) 표시 3, 4, 5, 6, 7, 31,
      30, 29, 28, 27, 26, 10, 11, 25, 24, 23, 22, 3의 각 점을 순차로 연결한 선내
      (ㄴ)부분 19㎡에서 별지2 감정도 표시 3, 4, 5, 10, 11, 21, 20, 19, 18, 3의 각
      점을 순차로 연결한 선내 (ㄴ)부분 8㎡를 제외한 11㎡를 인도하고,

   나. 별지1 부동산목록 제2항 기재 토지 중 별지3 감정도(1/2) 표시 1, 2, 3, 22, 21,
      20, 19, 18, 17, 1의 각 점을 순차로 연결한 선내 (ㄱ)부분 22㎡에서 별지2 감정
      도 표시 2, 3, 18, 17, 2의 각 점을 순차로 연결한 선내 (ㄱ)부분 3㎡를 제외한
      19㎡를 인도하고,

   다. 별지1 부동산목록 제3항 기재 토지 중 별지4 감정도(2/2) 표시 ㄱ, ㄴ, ㄷ 지점
      소나무 3그루1)를 수거하고

   라. 1,401,790원을 지급하고,

---

1) 피고들은 '별지5 감정도(1/2) 표시 1, 2, 3, 4, 5, 6, 1의 각 점을 순차로 연결한 선내 107㎡ 내에 있는 소나무 3그루'로 표시

마. 2022. 10. 28.부터 원고(반소피고)의 제1항 기재 토지 부분 사용종료일 또는 피고 (반소원고)들의 소유권 상실일까지 월 19,966원의 비율로 계산한 돈을 지급하고,

바. 2022. 10. 28.부터 위 가, 나항 기재 토지를 인도할 때까지 월 54,454원의 비율 로 계산한 돈을 지급하라.

3. 피고(반소원고)들의 나머지 반소 청구를 기각한다.

4. 소송비용은 본소와 반소를 통틀어 30%는 원고(반소피고)가, 나머지는 피고(반소원 고)들이 부담한다.

5. 제2항은 가집행할 수 있다.

## 청 구 취 지

본소 : 주문 제1항과 같다.

반소 : 원고(반소피고, 이하 '원고'라 한다)는 피고(반소원고, 이하 '피고'라 한다)들에게,

1. 별지1 부동산목록 제1항 기재 토지 중 별지5 감정도 표시 10, 11, 12, 13, 14, 15, 16, 17, 18, 19, 10의 각 점을 순차로 연결한 선내 (ㄱ)부분에 식재되어 있는 소나무 1그루를 수거한다.

2. 주문 제2의 다항과 같다.

3. 주위적으로,

가. 별지1 부동산목록 제1항 기재 토지 중 별지3 감정도(1/2) 표시 3, 4, 5, 6, 7, 31, 30, 29, 28, 27, 26, 10, 11, 25, 24, 23, 22, 3의 각 점을 순차로 연결한 선내 (ㄴ)부분 19㎡을 인도하고,

나. 별지1 부동산목록 제2항 기재 토지 중 별지3 감정도(1/2) 표시 1, 2, 3, 22, 21,

Part 01
도로에 의한 소송
(주위토지통행권 등)

Part 02
특수 경매에 의한
특별한 소송 사례

20, 19, 18, 17, 1의 각 점을 순차로 연결한 선내 (ㄱ)부분 22㎡를 인도하고,

다. 1,401,790원과 2022. 10. 28.부터 위 가항의 선내 (ㄴ)부분 19㎡과 위 나항의 (ㄱ)부분 22㎡의 인도 완료일까지 월 74,420원의 비율로 계산한 돈을 지급하라.

4. 예비적으로, 주문 제2의 가, 나, 라, 마, 바항과 같다.

이    유

본소와 반소를 함께 본다.

1. 기초 사실

가. 원고는 2016. 9. 6. 대구 수성구 ▨▨동 225-1 대 1,332㎡(이하 '원고 토지'라 한다)와 지상건물 중 19/20 지분에 관하여 2016. 8. 19. 매매를 원인으로 한 소유권이전등기를 마쳤다.

나. 피고들은 2021. 3. 8. 별지1 부동산목록 기재 각 부동산(이하 각 순번에 따라 '이 사건 ○토지'라 한다) 중 각 1/4 지분에 관하여 2021. 2. 6. 매매를 원인으로 한 소유권이전등기를 마쳤다.

다. 원고 토지는 공로에 접하지 않는 토지이다. 현재 원고는 원고 토지와 건물에서 공로로 출입하기 위해서 이 사건 2토지 중 별지2 감정도 표시 2, 3, 18, 17, 2의 각 점을 순차로 연결한 선내 (ㄱ)부분 3㎡와 이 사건 1토지 중 별지2 감정도 표시 3, 4, 5, 10, 11, 21, 20, 19, 18, 3의 각 점을 순차로 연결한 선내 (ㄴ)부분 8㎡를 이용하고 있다. 위 (ㄱ), (ㄴ)부분 11㎡(이하 '이 사건 통행로'라 한다)는 아래 사진에 있는 야자매트와 자갈 부분이고, 사진은 원고 토지에서 공로 방향으로 촬영한 것이다.

[인정 근거] 다툼 없는 사실, 갑 제1호증의 기재, 한국국토정보공사에 대한 2022. 8. 16.자 감정 촉탁 결과(접수시간 17:19), 이 법원의 현장검증 결과, 변론 전체의 취지

## 2. 본소 청구에 관한 판단

민법 제219조에 의한 주위토지통행권은 어느 토지가 타인 소유의 토지에 둘러싸여 공로에 통할 수 없는 경우뿐만 아니라 이미 기존의 통로가 있다고 하더라도 그것이 당해 토지의 이용에 부적합하여 실제로 통로로서의 충분한 기능을 하지 못하거나 토지의 용도에 필요한 통로를 개설하는 데에 과다한 비용을 요하는 때에도 인정할 수 있다(대법원 2003. 8. 19. 선고 2002다53469 판결 등 참조). 주위토지통행권자는 통행을 방해하는 피통행지의 소유자나 제3자를 상대로 주위토지통행권에 기하여 방해행위의 금지를 구할 수도 있다(대법원 2005. 7. 14. 선고 2003다18661 판결 등 참조). 주위토지통행권의 범위는 통행권을 가진 자에게 필요할 뿐 아니라 이로 인한 주위토지 소유자의

손해가 가장 적은 장소와 방법의 범위 내에서 인정되어야 하며, 그 범위는 결국 사회 통념에 비추어 쌍방 토지의 지형적, 위치적 형상 및 이용관계, 부근의 지리상황, 상린지 이용자의 이해득실 기타 제반 사정을 참작한 뒤 구체적 사례에 응하여 판단하여야 한다(대법원 2002. 5. 31. 선고 2002다9202 판결 등 참조).

앞서 든 증거, 을 제4-7, 9-13호증, 을 제1호증의 기재나 영상과 변론 전체의 취지에 의해 인정되는 다음과 같은 사정들, 즉 ① 이 사건 통행로가 원고 토지와 공로를 오가는 최단경로이고, 현재 출입을 위해 사용되고 있는 점, ② 이 사건 통행로는 자동차가 편도로 통행할 수 있는 정도의 너비로 통행에 필요한 최소한의 범위로 판단되는 점, ③ 이 사건 통행로 외에 이 사건 1, 2토지를 통과하지 않고 원고 토지와 공로를 연결하는 도로 개설이 불가능하거나 상당한 비용이 필요할 것으로 보이는 점, ④ 이 사건 통행로는 피고들이 이 사건 1, 2토지의 소유권을 취득하기 전부터 있었던 점, ⑤ 원고와 이 사건 1, 2토지의 전 소유자 김태■(남편 채찬■)가 이 사건 1, 2토지에 대한 매매에 관하여 협의하던 중 김태■, 채찬■과 친인척 관계에 있는 피고들은 원고에게 김태■, 채찬■과 합의된 매매대금보다 높은 대금으로 매도할 목적으로 김태■로부터 이 사건 1, 2토지를 매수한 점, ⑥ 피고들이 이 사건 1, 2토지를 이용하지 않고 있고 (앞서 본 것과 같이 이용할 목적으로 매수한 것도 아니다), 이 사건 1, 2토지의 위치와 면적 등을 고려하면, 피고들이 이 사건 1, 2토지를 독자적으로 사용하는 것은 어려울 것으로 보이고, 피고들이 이 사건 통행로를 사용하지 못하여 입게 되는 손해는 금전적으로 배상할 수 있는 점 등을 종합적으로 고려하면, 맹지인 원고 토지에서 공로로 출입하기 위하여 원고에게 이 사건 통행로 부분에 대한 주위토지통행권이 인정되어야 한다. 피고들이 원고의 통행권을 부인하고 있으므로, 원고는 피고들을 상대로 통행권의 존재에 대한 확인을 구할 이익이 있고, 피고들은 원고의 이 사건 통행로를 통한 통행을 방해하는 일체의 행위를 하지 않을 의무가 있다.

### 3. 반소 청구에 관한 판단

#### 가. 토지인도와 부당이득반환 청구에 관하여

##### 1) 피고들의 주장

주위적으로, 원고는 피고들 소유인 이 사건 1토지 중 별지3 감정도(1/2) 표시 3, 4, 5, 6, 7, 31, 30, 29, 28, 27, 26, 10, 11, 25, 24, 23, 22, 3의 각 점을 순차로 연결한 선내 (ㄴ)부분 19㎡과 이 사건 2토지 중 별지3 감정도(1/2) 표시 1, 2, 3, 22, 21, 20, 19, 18, 17, 1의 각 점을 순차로 연결한 선내 (ㄱ)부분 22㎡을 점유하고 있으므로, 원고는 피고들에게 위 점유 부분을 인도하고, 해당 부분에 대한 부당이득을 반환할 의무가 있다. 만일 이 사건 통행로 부분에 대한 원고의 주위토지통행권이 인정된다면 예비적으로, 위 (ㄱ), (ㄴ)부분에서 이 사건 통행로 부분을 제외한 나머지 부분 토지를 인도하고 해당 부분에 대한 부당이득을 반환할 의무가 있다.

##### 2) 판단

###### 가) 토지 인도 청구에 관하여

앞서 든 증거, 한국국토정보공사에 대한 2022. 8. 16.자 감정촉탁 결과(접수시간 17:24)와 변론 전체의 취지에 의하면, 원고가 이 사건 1토지 중 별지3 감정도(1/2) 표시 3, 4, 5, 6, 7, 31, 30, 29, 28, 27, 26, 10, 11, 25, 24, 23, 22, 3의 각 점을 순차로 연결한 선내 (ㄴ)부분 19㎡과 이 사건 2토지 중 별지3 감정도(1/2) 표시 1, 2, 3, 22, 21, 20, 19, 18, 17, 1의 각 점을 순차로 연결한 선내 (ㄱ)부분 22㎡[이하 (ㄱ), (ㄴ) 토지 부분을 '이 사건 원고 점유 부분'이라 한다]를 점유하고 있는 사실을 인정할 수 있다.

그러나 앞서 본 바와 같이 이 사건 원고 점유 부분 중 이 사건 통행로 부분에 대하여 원고의 주위토지통행권이 인정되므로, 원고는 피고들에게 이 사건 통행로에서 이 사건 원고 점유 부분을 뺀 나머지 토지를 인도할 의무가 있다. 따라서 피고들의 주위적 청구는 이유 없고, 예비적 청구는 이유 있다. 아래 부당이득반환청구에 관한 판단 부분에도 피고들의 주위적 청구에 관하여는 판단하지 아니한다.

나) 부당이득반환청구에 관하여

감정인 안능 에 대한 감정 촉탁 결과와 변론 전체의 취지에 의하면, 이 사건 원고 점유 부분에 관한 2021. 3. 8.부터 2022. 10. 27.까지의 실질임료는 1,401,790원, 2022. 10. 28.부터의 월 임료는 74,420원인 사실을 인정할 수 있다(이 사건 1, 2토지는 인접해있고, 2022. 10. 28.부터의 월 임료가 이 사건 1토지 중 19㎡의 경우 34,490원, 이 사건 2토지 중 22㎡의 경우 39,930원로, 이 사건 1, 2토지의 1㎡ 당 월 임료는 원 미만을 버릴 경우 1,815원으로 같다)

위 인정 사실에 의하면, 원고는 피고들에게 부당이득으로 ① 피고들이 이 사건 1, 2토지에 관한 소유권을 취득한 날인 2021. 3. 8.부터 2022. 10. 27.까지 이 사건 원고 점유 부분에 대한 임료 1,401,790원 ② 2022. 10. 28.부터 원고의 이 사건 통행로 사용종료일 또는 피고들의 이 사건 1, 2토지에 관한 소유권 상실일까지 이 사건 통행로 부분에 대한 월 임료 19,966원(이 사건 원고 점유 부분에 대한 월 임료 74,420원 ÷ 41㎡ × 이 사건 통행로 부분 면적 11㎡, 원 미만 버림), ③ 2022. 10. 28.부터 원고가 이 사건 원고 점유 부분 중 이 사건 통행로 부분을 제외한 나머지 토지를 인도할 때까지 월 임료 54,454원(이 사건 원고 점유 부분에 대한 월 임료 74,420원 - 이 사건 통행로 부분에 대한 월 임료 19,966원)을 지급할 의무가 있다.

나. 소나무 수거 청구에 관하여

1) 피고들의 주장

원고는 피고들 소유의 이 사건 1토지 중 별지5 감정도 표시 10, 11, 12, 13, 14, 15, 16, 17, 18, 19, 10의 각 점을 순차로 연결한 선내 (ㄱ)부분에 식재되어 있는 소나무 1그루, 이 사건 3토지 중 별지4 감정도(2/2)에 표시된 소나무 3그루를 소유하고 있다. 따라서 원고는 위 소나무 4그루를 수거하여야 한다.

2) 판단

가) 이 사건 1토지 지상 소나무에 관하여

원고가 이 사건 1토지 지상에 소나무를 소유하고 있다고 인정할 증거가 없다. 한국국토정보공사에 대한 2023. 4. 10.자 감정촉탁 결과에 따르면, 별지5 감정도에 표시된 소나무 1그루는 이 사건 1토지가 아니라 원고 토지 지상에 식재되어 있다.

별지5 감정도 표시 중 15, 16, 17을 연결한 소나무 부분은 원고가 그 부분만을 분리하여 수거하는 것이 매우 곤란하다. 일부 제거가 가능하다고 하더라도 그 침범 범위도 극히 미미하기 때문에 해당 부분의 제거로 피고들이 얻을 이익은 거의 없다. 따라서 피고들이 원고에게 위 소나무 중 해당 부분만의 수거를 구하는 것은 권리남용에 해당한다.

나) 이 사건 3토지 지상 소나무에 관하여

한국국토정보공사에 대한 2022. 8. 16.자 감정촉탁 결과(접수시간 17:24)와 변론 전체의 취지에 의하면, 원고가 이 사건 3토지 중 별지4 감정도(2/2)에 표시된 소나무 3그루를 소유하고 있는 사실을 인정할 수 있다. 따라서 원고는 소유권에 따른 방해배제를 청구하는 피고들에게 위 소나무 3그루를 수거할 의무가 있다.

4. 결론

원고의 본소 청구는 이유 있어 이를 인용하고, 피고들의 반소 청구는 위 인정 범위 내에서 이유 있어 이를 인용하고, 나머지 청구는 이유 없어 이를 기각하기로 하여 주문과 같이 판결한다.

판사    전명■■   전명■■ 印

# 06

# 사건 개요

**사용 승인을 받은 진입도로를 타인에게 매도하자 도로대장에 기록해줄 것을 요구한 소송**

하나의 필지를 셋으로 나누어 건축 후 동시에 사용하는 도로를 한 필지의 주인에게 매도했다. 건축허가 신청 시 도로사용승인을 받아 건축했으나 도로로 사용승인을 받은 토지가 건축법에 의한 도로대장에 기록되지 않았으며, 지목도 '대'로 되어 있어 나중에 문제를 예방하고자 도로대장에 기재해줄 것을 요구한 소송이다.

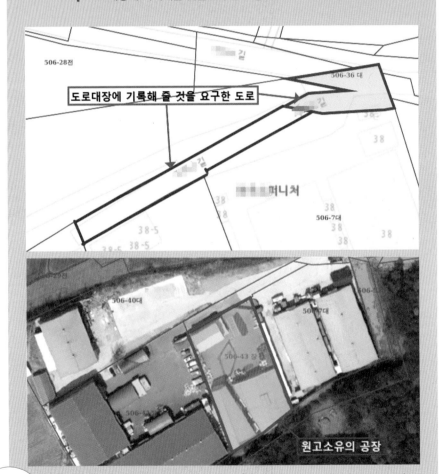

# 건축물현황도

| %6038025-1-05060043 | | 명칭 | |
| --- | --- | --- | --- |
| | | | 공장(박명█) |
| █리 | 지번 | 도로명주소 | |
| | 506-43 | | 전라남 |

**15m 도로**

506-28전

기부체납도로
418.91M2

506-40대

506-43대

벽화조 41

사무동 공측

506-7대

A동

공측공측

기존구분
(창고)

506-41대

구거에 연결

506-8전

산60-51구

502-답전

**배 치 도**

SCALE:1/600(A3)

# 건축물현황도

| 4686038025-1-05060007 | | 명칭 |
|---|---|---|
| :면 ▮▮리 | 지번 506-7 | 도로명주소 |

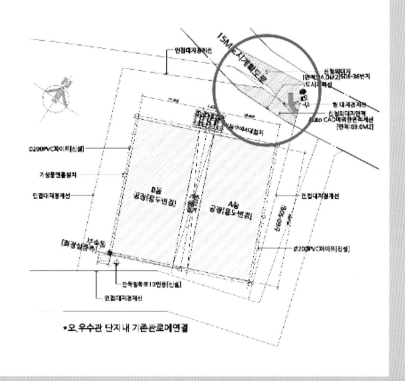

이것이 진짜
부동산 소송이다 Ⅱ

■ 건축물대장의 기재 및 관리 등에 관한 규칙 [별지 제1호서식] <개정 2018. 12. 4. >

# 일반건축물대장(갑)

(2쪽 중 제1쪽)

| 고유번호 | 4686038025-1-05060043 | | 명칭 | 공장(박명■) 2동 | 호수/가구수/세대수 | 0호/0가구/0세대 |
|---|---|---|---|---|---|---|
| 대지위치 | 전라남도 함평군 월야면 ■■리 | 지번 | 506-43 | 도로명주소 | 전라남도 함평군 월야면 ■■길 38-5 | |
| ※대지면적 | 0 ㎡ | 연면적 | 436.08 ㎡ | ※지역 | | ※지구 | ※구역 |

| 건축면적 | 333.25 ㎡ | 용적률 산정용 연면적 | 436.08 ㎡ | 주구조 | 일반철골구조 | 주용도 | 공장 | 층수 | 지하 층, 지상 2층 |
|---|---|---|---|---|---|---|---|---|---|
| ※건폐율 | 0 % | ※용적률 | 0 % | 높이 | 8.78 m | 지붕 | 판넬 | 부속건축물 | 동 ㎡ |
| ※조경면적 ㎡ | | ※공개 공지·공간 면적 ㎡ | | ※건축선 후퇴면적 ㎡ | | ※건축선후퇴 거리 m | | | |

| | | 건축물 현황 | | | 소유자 현황 | | | |
|---|---|---|---|---|---|---|---|---|
| 구분 | 층별 | 구조 | 용도 | 면적(㎡) | 성명(명칭) 주민(법인)등록번호 (부동산등기용등록번호) | 주소 | 소유권 지분 | 변동일 변동원인 |
| 부1 | 1층 | 일반철골구조 | 기타공장 | 333.25 | 박정■ | 전라남도 함평군 월야면 ■■■길 38-5 | 1/1 | 2021.3.30. 소유권이전 |
| 부1 | 2층 | 일반철골구조 | 기타공장 | 102.83 | 771028-1***** | | | |
| | | - 이하여백 - | | | | - 이하여백 - | | |
| | | | | | ※ 이 건축물대장은 현소유자만 표시한 것입니다. | | | |

이 등(초)본은 건축물대장의 원본내용과 틀림없음을 증명합니다.

함평군수

발급일자: 2023년 7월 12일
담당자:
전 화:

※ 표시 항목은 총괄표제부가 있는 경우에는 적지 않을 수 있습니다.

---

■ 건축물대장의 기재 및 관리 등에 관한 규칙 [별지 제1호서식]

(2쪽 중 제2쪽)

| 고유번호 | 4686038025-1-05060043 | | 명칭 | 공장(박명■) 2동 | 호수/가구수/세대수 | 0호/0가구/0세대 |
|---|---|---|---|---|---|---|
| 대지위치 | 전라남도 함평군 월야면 ■■리 | 지번 | 506-43 | 도로명주소 | 전라남도 함평군 월야면 ■■길 38-5 | |

| 구분 | 성명 또는 명칭 | 면허(등록)번호 | | ※주차장 | | | | 승강기 | | 허가일 | 2013.1.21 |
|---|---|---|---|---|---|---|---|---|---|---|---|
| 건축주 | 박명■ | 740103-1***** | 구분 | 옥내 | 옥외 | 인근 | 면제 | 승용 대 | 비상용 대 | 착공일 | 2013.1.24 |
| 설계자 | 김영■건축사사무소 | 광주광역시·건축사사무소 | 자주식 | 대 ㎡ | 4 대 ㎡ | 대 ㎡ | | ※하수처리시설 | | 사용승인일 | 2013.6.5. |
| 공사감리자 | 김영■주식회사 ■■건축사사무 | 나주시·건축사사무■ | 기계식 | 대 ㎡ | 대 ㎡ | 대 ㎡ | | 형식 | | 관련 주소 | |
| 공사시공자 (현장관리인) | 김병■ (주)■■종합건설 | 화순군·건축공사업■ | | | | | | 용량 | | 지번 | |

| ※제로에너지건축물 인증 | | ※건축물 에너지효율등급 인증 | | ※에너지성능지표 (EPI) 점수 | ※녹색건축 인증 | | ※지능형건축물 인증 | |
|---|---|---|---|---|---|---|---|---|
| 등급 | | 등급 | | 점 | 등급 | | 등급 | |
| 에너지자립률 | 0 % | 1차에너지 소요량 (또는 에너지절감률) | 0 kWh/㎡(%) | ※에너지소비총량 0 MWh/㎡ | 인증점수 | 점 | 인증점수 | 점 |
| 유효기간: . . . ~ . . . | | 유효기간: . . . ~ . . . | | | 유효기간: . . . ~ . . . | | | 도로명 |

| 내진설계 적용 여부 | | 내진능력 | | 특수구조 건축물 | 특수구조 건축물 유형 | |
|---|---|---|---|---|---|---|
| 지하수위 | G.L m | 기초형식 | | 설계지내력(지내력기초인 경우) t/㎡ | 구조설계 해석법 | |

| | | 변동사항 | | | |
|---|---|---|---|---|---|
| 변동일 | 변동내용 및 원인 | 변동일 | 변동내용 및 원인 | | 그 밖의 기재사항 |
| 2013.6.5. | 민원봉사과-24863호(2013.06.05)사용승인 436.08㎡ 증축 신규작성 - 이하여백 - | | | | |

※ 표시 항목은 총괄표제부가 있는 경우에는 적지 않을 수 있습니다.

# 건축법
[시행 2023. 6. 11.] [법률 제18935호, 2022. 6. 10., 일부개정]

## 제45조 도로의 지정·폐지 또는 변경
허가권자는 제2조 제1항 제11호 나목에 따라 도로의 위치를 지정·공고하려면 국토교통부령으로 정하는 바에 따라 그 도로에 대한 이해관계인의 동의를 받아야 한다. 다만, 다음 각호의 어느 하나에 해당하면 이해관계인의 동의를 받지 아니하고 건축위원회의 심의를 거쳐 도로를 지정할 수 있다.
1. 허가권자가 이해관계인이 해외에 거주하는 등의 사유로 이해관계인의 동의를 받기가 곤란하다고 인정하는 경우
2. 주민이 오랫동안 통행로로 이용하고 있는 사실상의 통로로서 해당 지방자치단체의 조례로 정하는 것인 경우
허가권자는 제1항에 따라 지정한 도로를 폐지하거나 변경하려면 그 도로에 대한 이해관계인의 동의를 받아야 한다. 그 도로에 편입된 토지의 소유자, 건축주 등이 허가권자에게 제1항에 따라 지정된 도로의 폐지나 변경을 신청하는 경우에도 또한 같다.
허가권자는 제1항과 제2항에 따라 도로를 지정하거나 변경하면 국토교통부령으로 정하는 바에 따라 도로 관리대장에 이를 적어서 관리하여야 한다. <개정 2011. 5. 30., 2013. 3. 23.>

Part 01
도로에 의한 소송
(주위토지통행권 등)

Part 02
특수 경매에 의한
특별한 소송 사례

"국민의 나라 정의로운 대한민국"

# 함 평 군

함평군

수신  국민신문고민원인 귀하 (우57124 전라남도 함평군 ▉▉면 가마소길 38-5)
(경유)

**제목  국민신문고 민원에 대한 회신 【1AA-2201-0275632】**

1. 안녕하십니까? 귀하께서 국민신문고를 통해 신청하신 민원(1AA-2201-0275632)에 대한
   검토결과를 아래와 같이 알려드립니다.

2. 귀하께서 제기한 민원내용에 대한 검토한 결과는 다음과 같습니다.
   가. 월아면 ▉▉리 506-45번지 도로 공고 여부
      ○ 도로 공고가 되어있지 않음.
   나. 기부체납 관련 절차
      ○ 기부체납과 관련한 내용은 미래전략실 답변을 참고하시기 바람.

3. 답변내용에 대한 추가설명이 필요한 경우 함평군청 민원봉사실 이화▉(☎ 061-320-▉▉▉)
   에게 연락주시면 상세히 안내해 드리겠습니다.  끝.

함  평  군  수

주무관    이화▉      건축허가팀장 이종▉      민원봉사실장    전결 2022. 1. 17.
                                              장정▉
협조자

# 토지 사용 승낙서

승낙자는 아래의 토지소유자로서 아래의 사용자에게 공장진입로로 토지 사용을 승낙합니다.

| 승낙<br>토지<br>내역 | 토지소재지 | 지번 | 지목 | 면적 | 기타사항 |
|---|---|---|---|---|---|
| | 전남 함평군 월야면 ▨▨리 | 506-41 | 대 | 418.91㎡ | |
| | 합계 | | | 418.91㎡ | |

2012년 11월    일

첨부서류 : 인감증명서(승낙자) 1통

사용자   주      소 : 광주광역시 광산구 ▨▨동 686-5번지
　　　　 사업자등록번호 :
　　　　 상      호 : 로스차일드스크랩
　　　　 대      표 : 박 ▨▨

승락자   주      소 : 전남 함평군 월야면 ▨▨리 506-7번지
　　　　 사업자등록번호 :
　　　　 상      호 : (주)젤
　　　　 대      표 : 김 ▨▨

## 함평군수 귀하

갑 제6호증

# 토지 사용 승낙서

승낙자는 <u>아래의 토지 지상권자로서</u> 아래의 사용자에게 공장용지로 토지사용
을 승낙합니다.

| 승낙<br>토지<br>내역 | 토지소재지 | 지번 | 지목 | 면적 | 기타사항 |
|---|---|---|---|---|---|
| | 전남 함평군 월야면 ▮▮리 | 506-41 | 대지 | 2.326㎡ | |
| | 합계 | | | 2,326㎡ | |

2012년 12월 14일

첨부서류 : 인감증명서(승낙자) 1통

사용자  주　　소 : 광주광역시 광산구 ▮▮동 686-5번지
　　　　사업자등록번호 :
　　　　상　　호 : 로스차일드스크랩
　　　　내　　표 : 박 ▮ ▮

승락사  주　　소 : 서울특별시 중구 을지로 2가 ▮▮번지
　　　　법인등록번호 :
　　　　대　　표 : 중소기업은행
　　　　　광산지점장 인 김▮▮

함평군수 귀하

# 소 장

원 고 　　박███
　　　　　전남 함평군 월야면 ███ 길 38-5 (███리)
　　　　　원고 소송대리인
　　　　　　법무법인 창천
　　　　　　서울 강남구 논현로28길 16, 6층(도곡동)
　　　　　　담당변호사: 윤제██, 정재██
　　　　　　( 전화: 02-3476-7070 　휴대전화: 010-7522-****
　　　　　　　팩스: 02-3476-7071 　이메일: lawcc@lawcc.co.kr )

피 고 　　전라남도 함평군수
　　　　　대표자 ███

부작위위법확인

## 청 구 취 지

1. 피고가 전라남도 함평군 월야면 ███리 506-45 대 387.6㎡ 토지, 함평군 월야면 ███리 506-3
6 대 244.1㎡ 토지를 도로관리대장에 적어서 관리하지 아니한 부작위는 위법임을 확인한다.
2. 소송비용은 피고가 부담한다.
라는 판결을 구합니다.

**230**

Part 01
도로에 의한 소송
(주위토지통행권 등)

Part 02
특수 경매에 의한
특별한 소송 사례

# 청 구 원 인

## 1. 기초 사실관계

소외 '주식회사 젤1)' 은 전라남도 함평군 월야면 ▨▨리 506-7(분할 전 지번) 토지 및 진입로 부분 토지인 506-36 토지를 소유하고 있었고, 그러한 토지를 3개 필지로 나누어 건축이 가능하도록 개발하기 위하여, 506-7 토지는 2010.8.25.자로 ▨▨리 506-41 로 분할하고, 다시 그러한 ▨▨리 506-41 토지는 2013.2.7. 506-45, 506-43으로 각 분할 하였습니다(갑 제1호증의1-5 등기부등본, 갑 제2호증 분할측량 성과도, 갑 제3호증 지적편집도).

위 토지 분할 현황을 지적도상으로 표시하면 아래와 같습니다(갑 제3호증 지적편집도).

---

1) 2013.6.17.자로 '주식회사 젤글로벌' 로 상호변경되었습니다.

서울 강남구 논현로28길 16,
3~6층 우 : 06302

蒼天 법 무 법 인 | 창 천

TEL : 02-3476-7070
FAX : 02-3476-7071

231

| 건축부지 지번 | 소유권 변동 |
|---|---|
| ███리 506-41 | 주식회사 █ → 주식회사 ███ 퍼니처 → 주식회사 ███ 퍼니처 |
| ███리 506-43 | 주식회사 █ → 박명█ → 박정█(원고) |
| ███리 506-7 | 주식회사 █ → 주식회사 ███ 퍼니처 → 한진█ |

| 진입로 지번 | 소유권 변동 |
|---|---|
| ███리 506-45 | 주식회사 █ → 주식회사 ███ 퍼니처 → 주식회사 ███ 퍼니처 |
| ███리 506-36 | 주식회사 █ → 주식회사 ███ 퍼니처 → 한진█ |

## 2. 진입로로 지정된 ███리 506-45, 506-36에 대한 도로지정

위와 같이 토지분할이 이루어진 즉시, 각 토지들 지상에 각각의 건축물들이 지어졌고 (갑 제4호증의1-7 건물 등기부등본들), 각각의 토지와 건물에 대하여 소유권변동이 일 어나며 현재에 이르고 있는 상태입니다만,

문제는 위와 같은 토지개발 당시 분명히 "진입도로"로 지정되어 도로포장 공사 후 사용되고 있는 ███리 506-45, ███리 506-36 토지들에 대하여, 당시 담당공무원의 실 수로 "도로관리대장"에 도로 등재가 되어 있지 않고 있다는 점입니다(갑 제5호증 함 평군청 민원 회신).

███리 506-45 · 506-36 토지들이 ███리 506-41 · 506-43 · 506-7 토지들에 대한 진입도 로라는 점에 대하여는 각 토지소유자들도 다툼이 없는 상황이고,

███리 506-43 토지 소유자였던 박명█이 그 지상 건물들을 신축할 당시, 토지사용승 낙도 받아 피고 함평군청에 제출한 바 있었습니다(갑 제6호증 토지사용승낙서).

서울 강남구 논현로28길 16,
3~6층  우 : 06302

蒼天 법무법인 | 창천

TEL : 02-3476-7070
FAX : 02-3476-7071

Part 01
도로에 의한 소송
(주위토지통행권등)

Part 02
특수 경매에 의한
특별한 소송 사례

건축법 제45조에서는 아래와 같이, "이해관계인의 동의를 받아 도로로 지정한 경우 도로관리대장에 이를 적어서 관리하여야 한다" 라 규정하고 있고,

> 건축법 제45조(도로의 지정·폐지 또는 변경)
>
> ① 허가권자는제2조 제1항 제11호 나목에 따라 도로의 위치를 지정·공고하려면 국토교통부령으로 정하는 바에 따라 그 도로에 대한 이해관계인의 동의를 받아야 한다. 다만, 다음 각 호의 어느 하나에 해당하면 이해관계인의 동의를 받지 아니하고 건축위원회의 심의를 거쳐 도로를 지정할 수 있다.<개정 2013. 3. 23.>
>
> 1. 허가권자가 이해관계인이 해외에 거주하는 등의 사유로 이해관계인의 동의를 받기가 곤란하다고 인정하는 경우
>
> 2. 주민이 오랫 동안 통행로로 이용하고 있는 사실상의 통로로서 해당 지방자치단체의조례로 정하는 것인 경우
>
> ② 허가권자는 제1항에 따라 지정한 도로를 폐지하거나 변경하려면 그 도로에 대한 이해관계인의 동의를 받아야 한다. 그 도로에 편입된 토지의 소유자, 건축주 등이 허가권자에게 제1항에 따라 지정된 도로의 폐지나 변경을 신청하는 경우에도 또한 같다.
>
> ③ **허가권자는 제1항과 제2항에 따라 도로를 지정하거나 변경하면 국토교통부령으로 정하는 바에 따라 도로관리대장에 이를 적어서 관리하여야 한다.**<개정 2011. 5. 30., 2013. 3. 23.>

**위 건축법 제45조 제3항에 따라, ██리 506-45·506-36 토지들은 진작에 피고 함평군청에서 "도로관리대장에 이를 적어서 관리" 해야 했던 것입니다.**

해당 토지가 이해관계인 동의를 받아 도로 지정된 경우 도로관리대장에 이를 적어서 관리해야하는 것은 건축법 제45조 제3항 문언 그대로 "의무사항" 에 해당하며 2013년 당시 담당공무원의 실수로 도로관리대장에 기재되지 않은 것은 시급히 시정되어야 할 사항입니다.

통상 행정청에서 관리하는 "도로관리대장" 은 일반 국민이 언제든지 알 수 있는 공개

서울 강남구 논현로28길 16,
3~6층  우 : 06302

蒼天 법무법인 | 창천

TEL : 02-3476-7070
FAX : 02-3476-7071

된 자료가 아니고, 오직 정보공개신청을 통하여만 알 수 있습니다. 그래서 최초 이 사건 토지들 개발을 주도했던 그 당시 토지 소유자 '주식회사 ▓'과 그 이후 토지 소유권을 취득한 원고 및 다른 소유자들은 당연히 ▓▓리 506-45 · 506-36 토지들이 도로관리대장에 등재되었을 것이라 생각하며 현재에 이르렀는데,

최근 원고가 정보공개신청을 통하여 확인해보니 위 ▓▓리 506-45 · 506-36 토지들이 도로관리대장에 등재되어 있지 않은 현황을 확인하게 되었고(갑 제5호증) 이를 시정하기 위해 본 소제기에 이른 것입니다.

만약 현재 상태 그대로라면 원고 소유 토지는 "맹지"에 해당하며(주식회사 ▓▓퍼니처 소유의 506-41 토지 역시 마찬가지입니다), 이는 해당 토지 가치에 지대한 영향을 미치게 되고, 2013년 건축허가 당시 담당공무원의 실수 때문에 각 토지들의 향후 이용 및 가치가 완전히 달라지는 불합리한 결과가 발생하게 되는 것입니다(향후 토지 및 건물 소유자가 변동될 경우 더더욱 진입로 관련 분쟁이 발생하게 될 가능성이 높아지고, 향후 기존건물을 철거하고 다시 신축하게 될 때 그러한 건물신축이 위 진입로 문제로 아예 불가능해질 수도 있습니다).

판례는, "행정소송법 제4조 제3호 소정의 부작위위법확인소송은 행정청이 국민의 법규상 또는 조리상 권리에 기한 신청에 대하여 상당한 기간 내에 그 신청을 인용하는 적극적 처분을 하거나 또는 각하 내지 기각하는 등의 소극적 처분을 하여야 할 법률상의 응답의무가 있음에도 불구하고 이를 하지 아니하는 경우 판결 시를 기준으로 그 부작위의 위법함을 확인함으로써 행정청의 응답을 신속하게 하여 부작위 내지 무응답이라고 하는 소극적인 위법상태를 제거하는 것을 목적으로 하는 것이고, 나아가 당해 판결의 구속력에 의하여 행정청에게 처분 등을 하게 하고, 다시 당해 처분 등에 대하여 불복이 있는 때에는 그 처분 등을 다투게 함으로써 최종적으로는 국민의 권리이익을

서울 강남구 논현로28길 16,
3~6층 우 : 06302

倉天 법무법인 | 창천

TEL : 02-3476-7070
FAX : 02-3476-7071

보호하려는 제도이다(대법원 1992. 7. 28. 선고 91누7631 판결 등 참조)." 는 취지를 설시한 바 있고,

원고는 위와 같이 건축법 제45조 제3항에 따라 당연히 도로관리대장에 등재되어야 할 토지들에 대하여 관할 행정청에서 이를 정상화시킬 수 있도록 본 소제기에 이르게 되었습니다.

### 4. 결어

상기한 바와 같은 이유로 청구취지와 같은 판결을 선고하여 주실 것을 요청드립니다.

서울 강남구 논현로28길 16,
3~6층  우 : 06302

蒼天 법무법인 | 창천

TEL : 02-3476-7070
FAX : 02-3476-7071

## 소송수행자 지정서(행정소송)

다음 소송에 있어서 「국가를 당사자로 하는 소송에 관한 법률」 제5조에
의하여 「함평군 민원봉사실 장정▨, 이종▨, 이화▨」을 소송수행자로
지정 신청합니다.

1. 법원 및 사건번호 : 광주지방법원 2022구합10382

2. 사 건 명 : 부작위위법확인

3. 당 사 자

　ㅇ **원 고** : 박▨▨

　ㅇ **피 고** : **함평군수**

　　　　전남 함평군 함평읍 중앙길 200 함평군청 민원봉사실

　　　　우편번호 : 57149, 전화번호 : 061-320-▨▨▨ 팩스 : 061-320-3456

2022.　　.　　.

함 평 군 수 (인)

광주지방법원 귀중

Part 01
도로에 의한 소송
(주위토지통행권 등)

Part 02
특수 경매에 의한
특별한 소송 사례

함평군청의 **준 비 서 면**

사　　건　　2022구합10382 부작위위법확인

원　　고　　박 ███

피　　고　　함평군수

위 사건에 관하여, 피고는 다음과 같이 준비서면을 제출합니다.

다　　　　음

## 1. 원고의 주장요지

원고는 2013. 1. 21. 전남 함평군 월야면 ██리 506-41번지(분할 후 506-43번지) 상에 공장건축물에 대한 건축허가 당시 동소 506-36, 506-45번지 토지들을 도로로 지정하여 분할하였으며, 현재까지 공장 3개소(동소 506-7, 506-43, 506-41번지 소재 공장)의 진입도로로 사용되고 있으므로,

피고가 이 사건 진입도로에 대하여 당연히 도로관리대장에 등재하여 관리하여야 한다는 취지로 주장합니다.

## 2. 지적공부 등록사항 변동에 따른 입증자료 제출

### 가. 전남 함평군 월야면 ███리 506-36번지 변동사항

| 2013. 1. 21.<br>(건축허가 시점) | | 2018. 4. 25.<br>(지적재조사 완료) | | 2019. 9. 20. 합병 이후<br>~ 현재 | |
|---|---|---|---|---|---|
| 지 번 | 면적(㎡) | 지 번 | 면적(㎡) | 지 번 | 면적(㎡) |
| 5필지 | 310 | 5필지 | 272.8 | | |
| 506-36번지 | 94 | 506-36번지 | 122.2 | | |
| 506-39번지 | 12 | 506-39번지 | 40.7 | | |
| 506-42번지 | 34 | 506-42번지 | 19.8 | 506-36번지 | 244.1 |
| 506-44번지 | 133 | 506-44번지 | 49.4 | | |
| 506-46번지 | 37 | 506-46번지 | 40.7 | | |

위 사실을 입증하기 위하여 동소 506-36, 506-39, 506-42, 506-44, 506-46 번지에 대한 토지이동 정리 결의서(을 제1호증) 및 지적도등본(을 제2호증), 토지 대장(을 제3호증)을 제출합니다.

### 나. 전남 함평군 월야면 ███리 506-45번지 변동사항

| 2013. 1. 21.<br>(건축허가 시점, 분할전) | | 2013. 2. 5.<br>(토지 분할) | | 2018. 4. 25. 지적재조사<br>~ 현재 | |
|---|---|---|---|---|---|
| 지 번 | 면적(㎡) | 지 번 | 면적(㎡) | 지 번 | 면적(㎡) |
| 506-41번지 | 8,761 | 506-45번지 | 381 | 506-45번지 | 387.6 |

위 사실을 입증하기 위하여 동소 506-45번지에 대한 토지대장(을 제4호증)을 제출합니다.

Part 01
도로에 의한 소송
(주위토지통행권 등)

Part 02
특수 경매에 의한
특별한 소송 사례

**다.** 이 사건의 진입도로는 전남 함평군 월야면 █████리 506-36. 506-45번지로 위와 같이 건축허가 이후 지적재조사, 지적합병 등의 변동사항이 발생하였기에 건축허가 시점을 기준으로 동소 506-36번지는 대지는 94제곱미터, 동소 506-45번지는 대지 8,761제곱미터로 특정하여 준비서면을 제출합니다.

## 3. 건축허가에 따른 진입도로 관련 민원신청 내용 및 처리경위

**가.** 피고는 2013. 1. 21. 함평군 월야면 █████리 506-41번지(분할 후 506-43번지) 상에 공장 등 2개동 660.88제곱미터(공장 436.08, 사무실 224.8)에 대하여 건축허가를 처리 하였으며, 2013. 6. 5. 건축물 사용승인을 처리 한 사실이 있습니다.

**나.** 원고가 2012. 12. 17. 제출한 '건축허가 신청서'에는 진입도로 개설을 위하여 사도개설 면적 419제곱미터(동소 506-41번지 8,761제곱미터 중 384제곱미터, 동소 506-7번지 35제곱미터)에 대하여 일괄처리사항(복합민원)으로 사도개설허가'를 신청하였으니, (을 제5호증의 1)

피고는 2013. 1. 3. 관계부서(건설재난관리과) 협의결과 사도법 제3조의 사도개설 허가 대상이 아님'으로 회신되어 이 내용을 보완 요청 하였습니다. (을 제5호증의 2)

**다.** 이에 원고는 2013. 1. 8. 건축허가를 위하여 진입도로를 418.91㎡(동소 506-41번지 8,761㎡ 중 376.84㎡, 동소 506-7번지 42.07㎡)로 변경하고, '토지 사용승락 면적'을 '기부채납 도로'로 설계도면을 수정·보완하여 신청하였으며. (을 제6호증의 1)

피고는 2013. 1. 21. 관계부서(전략경영과) 협의결과 '진입로 부지 기부 채납 가능'으로 회신을 받은 사실이 있습니다. (을 제6호증의 2)

**라.** 위와 같이 진입도로에 대한 부서협의가 완료되어 계획 도면에 토지 사용 승락된 418.91㎡에 대해 도로 개설공사 완료 후 함평군에 기부하여 주시기 바랍니다' 라는 도로 개설에 대한 협의 의견을 부여하여 2013. 1. 21. 건축 허가를 처리 하였습니다. (을 제7호증)

**마.** 또한, 원고는 건축허가서를 근거로 2013. 2. 5. 진입도로(동소 506-7, 506-41번지)에 대한 기부체납을 목적으로 피고에게 토지분할 신청서를 접수 하였으며, 각각 동소 506-42번지 34제곱미터, 동소 506-45번지 381제곱미터 로 분할까지 완료 하였습니다. (을 제8호증)

**바.** 그러나, 원고는 2013. 5. 13. 건축물 사용승인 신청서를 접수하면서 '기부 채납 대상 도로'에 대한 준공사진을 첨부하여 제출하였으며 (을 제9호증) 이에 피고는 건축물 사용승인 업무대행자(타 건축사)의 현장조사를 거쳐 2013. 6. 5. 건축물 사용승인 처리한 것입니다. (을 제10호증)

Part 01
도로에 의한 소송
(주위토지통행권 등)

Part 02
특수 경매에 의한
특별한 소송 사례

원고가 건축물 사용승인 신청서를 피고에게 제출하면서 진입도로에 대한 기부채납한 사실을 허위로 작성하여 건축물 사용승인을 받았다면 관계부서와 협의하여 조속한 시일 내에 기부채납을 이행하여야 할 것입니다.

4. 도시·군 계획시설 결정 도로(동소 506-36번지)는 건축허가 당시 건축법에서 정한 도로에 해당되므로 도로관리대장 등재 대상이 아닙니다

가. 원고는 동소 506-36번지가 도로관리대장 등재 대상이라고 주장하지만, 2012. 12. 17. 건축허가 신청서 접수 당시에도 전체면적 94제곱미터에 대하여 1980. 2. 19.(전남고시 제15호)부터 도시·군 계획시설인 중로2-901호선(폭 15미터, 연장 647미터)로 최초 결정되어 도로로 관리되고 있었습니다.

나. 그러나, 「국토계획법」 제48조제1항 및 같은 법 시행령 제42조(도시·군 계획시설 결정의 실효 등)에 따라 도시·군계획시설 결정의 실효(일몰제, 2020. 7. 1. 시행)에 대비한 20년이 지난 시설에 해당되어 현황도로 폭으로 조정대상에 해당되어 2020. 5. 20.에 소로 3-74호선으로 변경(도로폭 15미터에서 7미터로 축소)되면서 이 사건 진입도로인 동소 506-36번지 94제곱미터가 도시·군 계획시설에서 제척되어 현재는 도로에 해당되지 않는 것입니다.
(을 제 11호증)

다. 위와 같이 「국토계획법」에 따라 도시·군 계획시설로 지정된 도로에 대하여는 「건축법」 제2조제1항제11호에서 '「국토의 계획 및 이용에 관한 법률」에

따라 신설 또는 변경에 관한 고시가 된 도로'에 해당되는 경우에는 도로로 인정하고 있습니다.

「건축법」 제2조(정의)
① 이 법에서 사용하는 용어의 뜻은 다음과 같다.
11. "도로" 란 보행과 자동차 통행이 가능한 너비 4미터 이상의 도로(지형적으로 자동차 통행이 불가능한 경우와 막다른 도로의 경우에는 대통령령으로 정하는 구조와 너비의 도로)로서 다음 각 목의 어느 하나에 해당하는 도로나 그 예정도로를 말한다.

　가. 「국토의 계획 및 이용에 관한 법률」, 「도로법」, 「사도법」, 그 밖의 관계 법령에 따라 신설 또는 변경에 관한 고시가 된 도로

　나. 건축허가 또는 신고 시에 특별시장·광역시장·특별자치시장·도지사·특별자치도지사(이하 "시·도지사"라 한다) 또는 시장·군수·구청장(자치구의 구청장을 말한다. 이하 같다)이 위치를 지정하여 공고한 도로

라. 그러므로, 이 사건 진입도로로 사용하는 동소 506-36번지가 현재는 도시·군 계획시설로 지정된 도로가 아니지만, 건축허가 신청서 접수 당시(2012. 12. 17.)에는 도시·군 계획시설로 지정된 도로이므로 당시에는 별도로 도로로 지정하여 관리하여야 되는 대상이 아닌 것입니다.

5. 건축허가 조건으로 부여한 진입도로(동소 506-45번지)에 대한 기부채납 의무 불이행으로 도로로 지정이 안 된 것은 원고의 귀책사유입니다.

가. 위에서 언급한 바와 같이 원고는 2013. 12. 17. 건축허가 신청서를 접수하면서 동소 506-45번지에 진입도로를 개설한다고 복합민원으로 접수하여

Part 01
도로에 의한 소송
(주위토지통행권 등)

Part 02
특수 경매에 의한
특별한 소송 사례

아래와 같이 관계부서 협의를 거쳐 기부채납 조건으로 건축허가를 승인한 것
입니다.

- 2013.  1.  3. : 사도개설허가 신청 (허가대상 아님으로 협의)

- 2013.  1.  8. : 기부채납 신청 (기부채납 가능 의견으로 협의)

- 2013.  1. 21. : 건축허가 처리 (도로개설공사 완료 후 기부채납 조건 부여)

**나.** 만약. 원고가 건축허가 당시 기부채납 조건을 이행하여 도로개설이 완료된
진입도로를 건축물 사용승인 신청 전 . 또는 이후라도 「국유재산법」 제13조 및
같은 법 시행령 제8조에 따라 기부채납 관련서류를 피고에게 제출 하였다면.
피고는 도로로 지정 관리했을 것이므로 아무런 문제가 없었을 것이나 기부
채납 조건을 이행하지 않은 원고의 귀책사유로 도로로 지정이 안 된 것입니다.

---

**국유재산법 제13조(기부채납)**
① 총괄청이나 중앙관서의 장은 제5조제1항 각 호의 재산을 지방자치단체에 기부
하려는 자가 있으면 대통령령으로 정하는 바에 따라 받을 수 있다.

**국유재산법 시행령 제8조(기부채납)**
① 총괄청이나 중앙관서의 장은 법 제13조제1항에 따라 기부를 받으려면 다음
각 호의 사항을 적은 기부서를 받아야 한다.
1. 기부할 재산의 표시
2. 기부자의 성명 및 주소
3. 기부의 목적
4. 기부할 재산의 가격
5. 소유권을 증명할 수 있는 서류
6. 「공간정보의 구축 및 관리 등에 관한 법률」 제2조제19호에 따른 공유지연명부.
대지권등록부. 경계점좌표등록부
7. 그 밖에 기부할 재산의 건축물현황도 등 필요한 도면

---

**6.** 원고는 이 사건 진입도로에 대하여 피고에게 도로로 지정 신청을 하거나 도로 지정을 위한 관련자료를 제출한 사실이 없습니다.

**가.** 원고는 이 사건 진입도로에 대하여 당연히 도로관리대장에 등재하여 관리하여야 한다는 취지로 주장하지만,

「건축법」 제2조제1항제11호 나목에서 정한 "도로"란 보행과 자동차 통행이 가능한 너비 4미터 이상의 도로로서 건축허가 시에 군수가 위치를 지정하여 공고한 도로'에 해당되어야 하며,

**나.** 「건축법」 제45조제1항에서는 '허가권자는 제2조제1항제11호 나목에 따라 도로의 위치를 지정·공고하려면 국토교통부령으로 정하는 바에 따라 도로를 지정하기 위해서는 그 도로에 대한 이해관계인의 동의를 받아야 한다'고 되어 있고, 동조 제3항에서는 '허가권자가 ①항에 따라 도로를 지정하면 도로관리대장에 적어서 관리하여야 한다'고 규정하고 있습니다.

**다.** 그러나, 이 사건 진입도로로 사용되는 동소 506-36번지는 건축허가 신청 당시 「건축법」 제2조제1항제11호 가목에 해당하는 도로에 해당되므로 추가적으로 도로를 지정·고시하여야 하는 대상이 아니며,

동소 506-45번지는 지목상 "대지"로 「건축법」 제2조제1항제11호 본문에서 정하는 "도로"(보행과 자동차 통행이 가능한 너비 4미터 이상의 도로)에 해당되지 않을 뿐만 아니라, 원고가 건축허가를 신청하면서 도로 지정을 신청하는 서류를 제출한 사실이 없습니다.

Part 01
도로에 의한 소송
(주위토지통행권 등)

Part 02
특수 경매에 의한
특별한 소송 사례

라. 참고적으로, 동소 506-45번지에 대하여 원고가 「건축법」 제45조에 따라 도로로 지정 받고자 하였다면, 건축허가 신청 당시 사도개설허가나 기부채납 도로가 아닌 「국토계획법」 제56조에 따라 진입도로 목적으로 '개발행위허가' 신청을 하여야 하며 「건축법」 제45조에 따른 도로로 지정함을 동의하는 이해관계인의 동의서(갑 제 6호증, 토지 사용 승락서는 토지소유자가 원고에게 진입 도로로 사용할 것을 승락한 서류로 도로 지정을 위한 동의서가 아님)를 제출했어야 할 것입니다.

---

**건축법 제45조 (도로의 지정·폐지 또는 변경)**
① 허가권자는 제2조제1항제11호나목에 따라 도로의 위치를 지정·공고하려면 국토교통부령으로 정하는 바에 따라 그 도로에 대한 이해관계인의 동의를 받아야 한다. 다만, 다음 각 호의 어느 하나에 해당하면 이해관계인의 동의를 받지 아니 하고 건축위원회의 심의를 거쳐 도로를 지정할 수 있다. <개정 2013. 3. 23.>
1. 허가권자가 이해관계인이 해외에 거주하는 등의 사유로 이해관계인의 동의를 받기가 곤란하다고 인정하는 경우
2. 주민이 오랜 동안 통행로로 이용하고 있는 사실상의 통로로서 해당 지방자치 단체의 조례로 정하는 것인 경우
② 허가권자는 제1항에 따라 지정한 도로를 폐지하거나 변경하려면 그 도로에 대한 이해관계인의 동의를 받아야 한다. 그 도로에 편입된 토지의 소유자, 건축주 등이 허가권자에게 제1항에 따라 지정된 도로의 폐지나 변경을 신청하는 경우에도 또한 같다.
③ 허가권자는 제1항과 제2항에 따라 도로를 지정하거나 변경하면 국토교통부령 으로 정하는 바에 따라 도로관리대장에 이를 적어서 관리하여야 한다.

**건축법 시행규칙 제26조의4 (도로관리대장 등)**
법 제45조 제2항 및 제3항에 따른 도로의 폐지·변경신청서 및 도로관리대장은 각 각 별지 제26호서식 및 별지 제27호서식과 같다.

---

## 6. 결 론

이 사건 진입도로로 사용하고 있는 월야면 ███리 506-36번지는 건축허가 신청 당시에 도시·군계획시설인 도로로 지정되어 있었으며, 동소 506-45번지는 원고의 신청에 의하여 기부채납을 조건으로 건축허가 처리된 사항으로 건축법에 따라 도로관리대장에 등재하여 관리하여야 하는 대상이 아니므로 원고의 청구를 기각하여 주시기 바랍니다.

## 입 증 방 법


을 제 1호증      토지이동 정리 결의서 1부.

을 제 2호증      지적도등본 1부.

을 제 3호증      토지대장(506-36. 39. 42. 44. 46번지) 각 1부.

을 제 4호증      토지대장(506-45번지) 1부.

을 제 5호증 1    사도개설허가 신청서 1부.

　　제 5호증 2    관계부서 회신 결과 1부.

을 제 6호증 1    기부채납 도로 확인용 설계도서 1부.

　　제 6호증 2    관계부서 회신 결과 1부.

을 제 7호증      건축허가 처리 공문 1부.

을 제 8호증      토지분할 신청서 1부.

을 제 9호증      기부채납 대상 도로 준공사진 1부.

함평군청 답변에의한 **준 비 서 면**

사　　건　2022구합10382 부작위위법확인
원　　고　박████
피　　고　함평군수

위 사건에 관하여 원고의 소송대리인은 다음과 같이 준비서면을 제출합니다.

## 다　음

### 1. 피고 주장의 요지

피고 소송수행자는 2022.6.2.자 준비서면에서 "① ████리 506-36번지는 건축허가 당시 도시·군 계획시설로 지정된 도로이었으므로 별도로 도로로 지정하여 관리하여야 하는 대상이 아니었고, ② ████리 506-45번지는 건축허가 조건으로 기부채납할 것을 협의한 대상인데, 이를 불이행한 원고의 귀책사유로 인하여 도로로 지정되지 않았기 때문에 피고는 이에 대한 도로관리대장을 작성·관리할 의무가 없다" 는 취지로 주장합니다.

그러나 위 주장은 사실과 다를 뿐만 아니라 법리적으로도 타당하지 않으며, 더욱이 행정작용은 법률에 위반되어서는 아니 되며 국민의 권리를 제한하거나 의무를 부과하는 경우에는 법률에 근거하여야 한다는 법치행정의 원칙에도 위반되는 것입니다.

### 2. ████리 506-36번지에 관하여

피고 소송수행자는 '████리 506-36번지는 건축허가 당시 도시·군 계획시설로 지정된

서울 강남구 논현로28길 16,
3~6층　우 : 06302
蒼天 법무법인 | 창천
TEL : 02-3476-7070
FAX : 02-3476-7071

도로이어서 별도로 도로로 지정하여 관리하여야 하는 대상이 아니었고, 현재는 도시·군 계획시설에서 제척되어 현재는 도로에 해당하지 않으므로, 피고가 도로관리대장을 작성·관리할 의무가 없다'는 취지로 주장합니다.

그러나 설령 건축허가 당시에는 ███리 506-36번지가 도시·군 계획시설에 해당하여 별도로 도로로 지정하여 관리하여야 하는 대상이 아니었다고 할지라도, **███ 리 506-36 번지가 도시·군 계획시설에서 제척된 이후에는 피고가 변경된 사항에 관하여 도로관 리대장을 작성하여 관리하여야 합니다.**

구체적으로, ███리 506-36번지는 건축허가 신청서 접수 당시인 2012.12.17.에는 도시·군 계획시설인 중로2-901호선으로 최초 결정되어 도로로 관리되어 오다가, 2020.5.20. 소로 3-74호선으로 변경되었습니다.

변경 후 지형도면 고시문(피고 소송수행자는 을 제11호증이라 기재하였지만, 이는 을 제20호증을 지칭하는 것으로 보입니다)을 보면, ███리 506-36번지 중 일부분은 여전히 소로 3-74호선에 포함되어 있고, 일부분은 제척되어 있는 것을 확인할 수 있습니다.

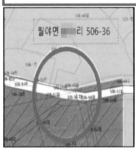

〈을 제20호증 참조〉

〈갑 제7호증 ███리 506-36번지 지도〉

서울 강남구 논현로28길 16,
3~6층   우 : 06302

蒼天 법무법인 | 창천

TEL : 02-3476-7070
FAX : 02-3476-7071

Part 01
도로에 의한 소송
(주위토지통행권 등)

Part 02
특수 경매에 의한
특별한 소송 사례

그렇다면, ██리 506-36번지 중 소로 3-74호선에 포함된 일부분에 대하여는 여전히 건축법 제2조 제1항 제11호 가목[1]에 해당하여 여전히 도로관리대장 등재 대상이 아닐지 **라도, 도시·군 계획시설에서 제척된 나머지 부분에 대하여는 피고가 도로관리대장을 작성하여 관리하여야 하는 것입니다.**

① 피고가 건축허가 시에 별도의 도로 지정행위를 하지 않았던 것은 위 건축법 규정 및 ██리 506-36번지가 도시·군 계획시설에서 지정되어 있었던 사정을 고려한 것인 점.

② 국토교통부 유권해석(국토교통부 도시정책팀-2673, 2004.5.20.)은 '허가권자가 이미 동 도로에 의하여 주택을 **적법하게 건축허가 하였다면 건축법령에 의한 도로관리대장에 등재되어 있지 아니하다 하더라도 사실상 도로의 지정행위가 있었던 것**'으로 보는 점.

③ 건축법 제45조 제3항은 '도로를 변경하는 경우'에도 도로관리대장의 작성·관리 의무를 부과하고 있는 점 등을 종합적으로 고려한다면,

**피고가 공장건축물에 대한 건축허가를 할 때부터 ██리 506-36번지에 대한 사실상의 도로 지정행위가 있었지만, 당시에는 ██리 506-36번지가 도시·군 계획시설에 포함되어 있기 때문에 별도의 도로 지정행위를 할 필요가 없었던 것이고,**

---

1) **건축법 제2조(정의)** ① 이 법에서 사용하는 용어의 뜻은 다음과 같다.

11. "도로"란 보행과 자동차 통행이 가능한 너비 4미터 이상의 도로(지형적으로 자동차 통행이 불가능한 경우와 막다른 도로의 경우에는 대통령령으로 정하는 구조와 너비의 도로)로서 다음 각 목의 어느 하나에 해당하는 도로나 그 예정도로를 말한다.

가. 「국토의 계획 및 이용에 관한 법률」, 「도로법」, 「사도법」, 그 밖의 관계 법령에 따라 신설 또는 변경에 관한 고시가 된 도로

나. 건축허가 또는 신고 시에 특별시장·광역시장·특별자치시장·도지사·특별자치도지사(이하 "시·도지사"라 한다) 또는 시장·군수·구청장(자치구의 구청장을 말한다. 이하 같다)이 위치를 지정하여 공고한 도로

서울 강남구 논현로28길 16,
3~6층  우 : 06302

蒼天 법무법인 | 창천

TEL : 02-3476-7070
FAX : 02-3476-7071

그 후 █████리 506-36번지가 도시·군 계획시설에 포함되지 않은 것으로 도로가 변경되었으므로, 피고는 건축법 제45조 제3항에 의해 도로관리대장을 작성·관리하여야 합니다.

### 3. █████리 506-45번지에 관하여

피고 소송수행자는 '█████리 506-45번지는 건축허가 조건으로 기부채납할 것을 협의하였는데 원고가 이를 불이행한 귀책사유로 인하여 도로로 지정되지 않은 것이다' 는 취지로 주장합니다.

### 가. 기부채납은 조건이 아니라 부담에 해당합니다.

행정행위의 부관이란 주된 행정행위에 부가된 종된 규율을 의미하고, 부관의 종류에는 조건, 기한, 부담, 철회권의 유보 등이 있습니다(행정기본법 제17조 제1항2)). 그 중 '조건' 이란 행정행위의 효력을 장래의 불확실한 사실에 의존시키는 부관을 말하고, '부담' 이란 행정행위의 상대방에게 부가적인 의무를 부과하는 것을 의미합니다.

허가권자 등 행정청에게 재산의 소유권을 무상으로 이전하는 기부채납의 경우에는 주된 행정행위에 대한 종된 규율로 부가되는 경우가 대부분이고, 이에 대하여 우리 법원은 '기부채납의 조건은 행정행위의 부관 중 부담에 해당한다' 고 판시하여 그 법적 성질을 분명하게 정한 바 있습니다(대법원 1996.1.23. 선고 95다3541 판결).

따라서 피고가 █████리 506-41번지 지상 공장건축물에 대한 건축허가를 하면서 █████리 506-45번지의 기부채납 조건을 부여한 것은 부담부 행정행위로 보는 것이 타당합니다.

---

2) **행정기본법 제17조(부관)** ① 행정청은 처분에 재량이 있는 경우에는 부관(조건, 기한, 부담, 철회권의 유보 등을 말한다. 이하 이 조에서 같다)을 붙일 수 있다.

서울 강남구 논현로28길 16,
3~6층  우 : 06302

蒼天 법무법인 | 창천

TEL : 02-3476-7070
FAX : 02-3476-7071

250

이것이 진짜
부동산 소송이다 Ⅱ

**나. 설령 원고의 귀책사유로 기부채납을 불이행하였더라도, 주된 행정행위인 건축허가는 당연히 실효되는 것이 아니라 피고에게 철회권이 발생할 뿐입니다.**

나아가, 부담부 행정처분에 있어서 처분의 상대방이 부담(의무)을 이행하지 아니한 경우에 처분행정청으로서는 이를 들어 당해 처분을 취소(철회)할 수 있는 것이지(대법원 1989.10.24. 선고 89누2431 판결), 당연히 처분의 효력이 상실되는 것이라 볼 수는 없습니다.

따라서 설령 피고의 주장대로 원고가 ▒▒리 506-45번지의 기부채납 조건을 이행하지 아니하였다고 할지라도, 처분행정청인 피고로서는 이를 이유로 한 철회권이 발생하였을 뿐이지, 이로 인한 법적 상태의 변동이 발생한 것은 아니라 할 것입니다.

**다. 기부채납의 이행 여부와 관계 없이, 적법하게 건축허가를 한 피고는 도로 지정행위에 따른 도로관리대장 관리·작성 의무를 부담합니다.**

위에서 살펴본 바와 같이, 원고가 ▒▒▒리 506-45번지의 기부채납 조건을 이행하지 아니하였다고 할지라도 피고의 ▒▒리 506-41번지 지상 공장건축물 건축허가는 유효하고,

국토교통부 유권해석(국토교통부 도시정책팀-2673, 2004.5.20.)에 따라, 허가권자가 이미 동 도로에 의하여 주택을 **적법하게 건축허가 하였다면 건축법령에 의한 도로관리대장에 등재되어 있지 아니하다 하더라도 사실상 도로의 지정행위가 있었던 것**으로 보아야 합니다.

따라서 **피고는 ▒▒▒리 506-41번지 지상 공장건축물에 대한 건축허가를 함으로써 사실상 도로 지정행위를 한 것이고, 그 건축허가는 원고의 기부채납 의무 불이행에도 여전히 유효하므로, 건축법 제45조 제3항에 따라 도로관리대장의 작성·관리의무를 부담하는 것**으로 보아야 합니다.

---

서울 강남구 논현로28길 16,
3~6층 우 : 06302

蒼天 법무법인 | 창 천

TEL : 02-3476-7070
FAX : 02-3476-7071

## 4. 결론

상기한 바와 같은 이유로 원고에게 청구취지와 같은 판결을 선고하여 주실 것을 요청드립니다.

## 입 증 방 법

1. 갑 제7호증　　　　　　■■리 506-36번지 지도

2022.　7.　　.

원고　　　박정■■
소송대리인　　　**법무법인 창천**
변호사 윤재■
변호사 정재■

## 광주지방법원 제1행정부 귀중

---

서울 강남구 논현로28길 16,
3~6층　우 : 06302

蒼天　법무법인|창천

TEL : 02-3476-7070
FAX : 02-3476-7071

# 광 주 지 방 법 원

## 제 1 행 정 부

### 석명준비명령

사　　　건　　2022구합10382 부작위위법확인

　　　　　　　　[원고 박■■ / 피고 함평군수]

피고　함평군수 대표자 이상■■ (귀하)

소송관계를 명료하게 하기 위하여 다음 사항에 대한 보완을 명합니다. 이에 대한 답변을 적은 준비서면과 필요한 증거를 **2022. 9. 21.까지** 제출하시기 바랍니다. 이 명령에 따르지 아니하는 경우에는 주장이나 증거신청이 각하되는 등 불이익을 받을 수 있습니다(행정소송법 제8조 제2항, 민사소송법 제149조 제2항 참조).

### 석명준비사항

1. 위성사진에 이 사건 각 토지 등을 표시하여 제출하기 바랍니다.

2. 별도의 위성사진에 ■■리 506-36 중 중로 2-901 해당 부분, 소로 3-74 해당 부분을 표시하여 제출하기 바랍니다.

3. 506-45 관련 피고는 원고가 기부채납의 후속절차를 하지 않았다는 취지의 주장을 하는바, 원고가 기부채납 후 어떠한 절차를 거쳐야 도로로 지정되어 관리대장에 등재될 수 있는지 설명하기 바랍니다.

4. 506-45의 폭이 어느 정도인지 밝히기 바랍니다.

2022. 9. 16.

# 준 비 서 면

사　건　2022구합10382　부작위위법확인

원　고　박정█

피　고　함평군수

위 사건에 관하여 피고 소송수행자는 다음과 같이 준비서면을 제출합니다.

## 1. 석명준비명령에 대한 답변

### 가. 위성사진에 이 사건 각 토지 등을 표시한 자료 제출

위성사진에 █리 506-36, 45, 43, 7번지를 표기하여 제출합니다.

(을 제16호증)

### 나. █리 506-36 중 중로 2-901, 소로 3-74 해당 부분을 표시한 자료 제출

위성사진에 중로 2-901, 소로 3-74 를 표기하여 제출합니다.

(을 제17호증)

**다. 기부채납 후 어떠한 절차를 거쳐야 도로로 지정되어 관리대장에 등재 될 수 있는지에 대한 설명**

1) 동소 506-45번지가 도로로 지정되어 관리대장에 등재가 되기 위해서는 「건축법」 제45조에 따라 건축허가 시 이해관계인의 동의를 받아 제출하였어야 하는데, 원고는 해당 절차를 이행하지 않고 기부채납으로 건축허가를 신청 하였기에 현재 도로관리대장으로 등재 될 수 없습니다.

2) 원고가 「국유재산법」 제13조에 따라 기부채납을 하기 위해서는 같은 법 시행령 제8조 각 호의 사항을 적은 기부서를 제출하여야 합니다. 기부서 양식으로는 ① **토지사용 승낙서** ② **위임장** ③ **증여계약서** ④ **등기신청승낙서** ⑤ **인감증명서** ⑥ **초본1통**을 구비하여 피고에게 제출하여야하며, 제출 된 기부서는 법무사를 통해 소유권 등기이전 신청을 합니다.(을 제18호증)

이후, 광주지방법원 함평등기소에 제출되며 함평군으로 소유권이 이전됩니다.

3) 동소 506-45번지는 2013. 2. 7. 기부채납의 사유로 토지분할이 되었으며, 원고가 위의 절차를 이행하여 함평군으로 토지가 이전된다면, '도로'의 목적으로 기부채납이 된 필지는 함평군 도로부서에서 공유재산 관리를 하게 되며, 지목 상 '도로'로 변경하기 위해 「공간정보관리법」 제81조(지목변경 신청)에 따라 '토지 지목변경신청서'를 작성하며, 같은 법 시행규칙 제84조 각 호의 어느 하나에 해당하는 서류인 ① **토지이동신청서** ② **토지분할 신청서**을 제8호증 참조)를 구비하여 지적소관청에 제출하게 되며 지목 상 '도로'로 변경되고 이는 도로로 지정할 필요가 없는 **사실상의 도로**라 할 것입니다.

라. 동소 506-45번지 폭을 표시한 자료 제출

동소 506-45번지 폭은 약 5m로 위성사진에 현황을 표시하여 제출합니다.
(을 제19호증)

## 2. 결론

따라서 원고의 청구는 이유 없다 할 것이므로 원고의 청구를 기각하여 주시기 바랍니다.

**입 증 방 법**

을 제16호증　　　　　위성사진(506-36, 45, 43, 7번지) 1부.

을 제17호증　　　　　위성사진(중로 2-901, 소로 3-74) 1부.

을 제18호증　　　　　기부서 양식 각 1부.

을 제19호증　　　　　위성사진(506-45 폭) 1부.


2022. 9.

**피고 함평군수**

소송수행자　이종█

이화█

**광주지방법원 제1행정부 귀중**

Part 01
도로에 의한 소송
(주위토지 통행권 등)

Part 02
특수 경매에 의한
특별한 소송 사례

## 위 치 도

함평군청의 2차 **준 비 서 면**

사 건 2022구합10382 부작위위법확인

원 고 박 ■■■

피 고 함평군수

위 사건에 관하여, 피고는 다음과 같이 준비서면을 제출합니다.

다 음

## 1. 원고 주장의 요지

원고는 2022. 8. 1. 준비서면에서 ❶ **월야면 ■■■리 506-36번지**가 건축허가 당시에는 도시·군 계획시설에 포함되어 있어 별도의 도로 지정행위 필요가 없었으나, 이후 도시·군 계획시설이 변경되어 되었으므로 제척된 면적에 대하여 피고가 도로관리대장의 작성하여 관리하여야 하며, ❷ **동소 506-45번지**는 기부채납의 이행 여부와 관계없이 피고가 공장건축물을 적법하게 건축 허가를 하였기에 도로 지정행위에 따른 도로관리대장 관리·작성 의무를 부담한다는 취지로 주장합니다.

## 2. 월야면 ■■리 506-36번지 관련 원고 주장에 대한 반론

**가.** 원고는 동소 506-36번지가 도시·군 계획시설에 포함되지 않은 것으로 변경되었으므로 피고는 건축법 제45조제3항에 의해 도로관리대장을 작성·관리하여야 한다는 취지로 주장하지만,

**나.** 「국토계획법」 제28조 및 같은법 시행령 제22조 및 「토지이용규제 기본법」 제8조에 따라 주민의견을 청취하고자 열람 공고(신문사, 군 홈페이지, 도보) 후 2020. 5. 20. 소로 3-74호선으로 도시·군 계획시설을 변경 결정하는 과정에서 원고는 열람기간 내 어떠한 의견도 제출한 사실이 없습니다.
(을 제12호증)

**다.** 또한, ㉯ 도시·군 계획시설로 지정된 동소 506-36번지(면적 244.1제곱미터)는 "「건축법」 제2조(정의) 제1항11호 가목에 해당되는 「국토계획법」에서 경하는 도로"에 해당되며, 위 조항 나목에 따라 별도로 도로를 지정 공고하고 도로관리대장을 작성 관리해야 하는 대상이 아닙니다.

> **「건축법」 제2조(정의)**
> ① 이 법에서 사용하는 용어의 뜻은 다음과 같다.
> 11. "도로"란 보행과 자동차 통행이 가능한 너비 4미터 이상의 도로(지형적으로 자동차 통행이 불가능한 경우와 막다른 도로의 경우에는 대통령령으로 정하는 구조와 너비의 도로)로서 다음 각 목의 어느 하나에 해당하는 도로나 그 예정도로를 말한다.
>   가. 「국토의 계획 및 이용에 관한 법률」, 「도로법」, 「사도법」, 그 밖의 관계 법령에 따라 신설 또는 변경에 관한 고시가 된 도로
>   나. 건축허가 또는 신고 시에 특별시장·광역시장·특별자치시장·도지사·특별자치도지사(이하 "시·도지사"라 한다) 또는 시장·군수·구청장(자치구의 구청장을 말한다. 이하 같다)이 위치를 지정하여 공고한 도로

**라. ㉯ 도시·군 계획시설에서 제척된 부분**는 공부상 지목이 대지로 **이해관계인 (토지소유자)의 동의 없이 피고가 임의대로 「건축법」 제45조에 따라 도로대장을 작성하여 같은법 제2조 제1항11호 나목의 도로로 지정.공고할 수 없는 것**입니다.

1) 허가권자는 「건축법」 제45조제1항에 따라 도로의 위치를 지정·공고할 때는 당해 도로에 대한 이해관계인의 동의를 얻어야 하고, 이해관계인의 동의를 얻은 후 같은 법 제45조제3항에 따라 도로관리대장에 적어 관리하여야 하나,

2) 건축허가 당시 동소 506-36번지는 「건축법」 제2조제1항제11호 가목의 도로에 해당하여, 나목에 따라 도로를 지정·고시 하여야 하는 대상이 아니었습니다.

3) 원고는 도시·군 계획시설에서 제척된 이후 피고가 변경된 사항에 관하여 도로관리대장을 작성하여 관리하여야 한다고 주장하지만, 이해관계인의 동의 없이 제척된 필지에 관하여 도로관리대장을 작성 할 법적인 근거는 없습니다.

## 3. 월야면 ▓▓▓리 506-45번지 관련 원고 주장에 대한 반론

**가.** 원고는 동소 506-45번지에 대한 기부채납 조건을 이행하지 아니하여도 피고는 이를 이유로 한 철회권이 발생하였을 뿐이지, 이로 인한 법적 상태의 변동이 발생한 것은 아니라 주장하고 있지만,

**나.** 건축물의 대지는 4미터이상의 폭과 2미터이상의 도로가 대지에 접해있는 요건을 충족하여야 건축허가 가능하지만, 이 사건 부지는 법적 도로 기준에 부적합하여 건축허가가 불가능한 부지로 원고가 진입도로를 개설 후 기부채납하는 내용으로 건축허가를 신청 하였기에 피고가 건축허가를 승인한 것입니다.

**다. 관련판례**

> 기부채납할 것을 조건으로 주택건설사업계획의 승인을 하였다 하더라도 그 역시 형평의 원칙 등에 위배되는 위법한 부관이라고 할 수는 없다 할 것이다. 주택법의 사용승인처분은 재량행위이고, 기존도로의 대체 도로 기부채납 조건부 허가할 수 있다 [대법원 96누16698]

**라.** 또한, 원고는 국토교통부 유권해석과 ▨▨▨리 506-41번지 상의 공장건축물이 건축허가 되었으므로 사실상 도로로 지정행위를 한 것이므로 원고의 기부채납 의무 불이행과 관계없이 도로관리대장을 작성·관리하여야 한다고 주장하나,

**마.** 동소 506-41번지 상의 공장건축물은 최초 건축허가시(1997. 9. 4.) 단독주택으로 승인 되었으며(을 제13호증), 건축부지는 동소 506-4(현재 506-7, 41, 43, 44, 45, 46번지로 분할)(을 제14호증) 1필지로 신청하였고, 도로인 동소 506-36번지 (도시·군 계획시설 결정도로)에 접해 있어 건축허가 승인된 것입니다. (을 제15호증)

또한, 동소 506-43번지 공장건축물(원고 소유)은 2013. 1. 21. 건축허가 하였으며, 이후 동소 506-41번지(진성퍼니처 소유)에 2013. 5. 30. 공장건축물을

건축허가 받은 사항으로, **이 사건 진입도로인 동소 506-45번지를 사실상 도로로 인정(최초 건축허가 당시는 건축부지임)** 하였다는 원고의 주장은 사실이 아닙니다.

**바.** 국토교통부 유권해석(국토교통부 도시정책팀-2673, 2004. 5. 20.)은 "허가권자가 이미 동 도로에 의하여 주택을 적법하게 건축허가를 하였다면 사실상 도로의 지정행위가 있었던 것으로 보는 것이" 타당하다는 의견으로, 아래의 설명자료와 같은 경우에 해당하나, **동소 506-45번지는 건축허가를 하면서 기부채납을 전제로 도로로 인정하여 건축허가한 사항이지, 별도의 도로 지정을 신청하거나 승인한 사실이 없습니다.**

---

**국토교통부 유권해석(국토교통부 도시정책팀-2673 설명자료**

예시로 설명하자면, 그림1의 ⓓ 도로로 의하여 ⓐ 대지에 적법하게 건축허가를 하였다면 건축법령 등에 의한 도로관리대장에 등재되어 있지 아니하다 하더라도 사실상 도로의 지정행위가 있었던 것으로 판단하여, ⓓ 도로에 접하고 있는 ⓑ대지에 건축허가가 가능 하다고 판단한 질의회신입니다.

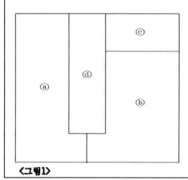

〈그림1〉

---

**사.** 위와 같이 피고는 동소 506-45번지를 사실상 도로로 인정하는 어떠한 건축 허가를 승인한 사실이 없고, 원고는 건축허가 신청 당시 원고 스스로 기부채납을 신청하여 **'기부채납 조건'**으로 건축허가 승인을 받았으므로, 이를 이행하지 않은 원고에게 도로 개설 및 관리의 책임이 있다 할 것입니다.

## 5. 결 론

상기한 바와 같은 이유로 원고의 부작위 위법 확인 청구를 기각하여 주시기 바랍니다.

**법무법인 창천**

(06302) 서울 강남구 논현로▮▮길 ▮▮ 3~6층 전화 : 02-3476▮▮▮

발　　신 : **법무법인 창천** [담당변호사 정재▮, 윤제▮]

　　　　　서울 강남구 논현로▮길 ▮ 1, 3-6층

수　　신 : 주식회사 ▮▮▮퍼니처

　　　　　전라남도 함평군 월야면 ▮▮리 506-41 (우)57124

제　　목 : 함평군 월야면 ▮▮▮리 506-45, 506-36 토지 진입로 관련 소송진행상황

　　　　　공유 및 의견전달

---

1. 발신인 '법무법인 창천'은 '알씨 스크랩 대표자 박정▮'의 위임을 받아 귀하께 본 의견서를 발송하게 되었습니다.

2. 주지하시다시피, 귀하께서는 함평군 월야면 ▮▮리 506-41 토지를 매입하여 공장으로 사용하고 있고 알씨스크랩 박정▮은 바로 인접 토지인 ▮▮리 506-4, 주식회사 인토스퍼니처(한진▮)은 그 인접 토지인 ▮▮리 506-7에 공장을 소유하고 있습니다.

위 토지의 연혁에 대하여 간략히 말씀드리자면, '주식회사 젤1)' 이라는 곳이 과거 전라남도 함평군 월야면 ▮▮리 506-7(분할 전 지번) 토지 및 진입로 부분 토지인 506-36 토지를 소유하고 있었고, 그러한 토지를 3개 필지로 나누어 건축이 가능하도록 개발하기 위하여, 506-7 토지는 2010.8.25.자로 ▮▮리 506-41로 분할하고, 다시 그러한 ▮▮리 506-41 토지는 2013.2.7. 506-45, 506-43으로 각 분할하였으며 그러한 토지 분할 현황을 지적도상으로 표시하면 아래와 같습니다.

1) 2013.6.17.자로 '주식회사 젤글로벌' 로 상호변경되었습니다.

Part 01
도로에 의한 소송
(주위토지통행권 등)

Part 02
특수 경매에 의한
특별한 소송 사례

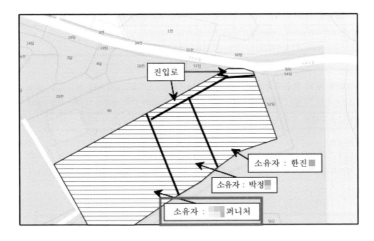

주식회사 ██'이 상기한 바와 같이 크게 3필지로 건축이 가능하도록 토지분할을 하면서, ██리 506-41, 506-45, 506-43 토지는 건물을 신축할 수 있는 대지로 분할하였고, ██리 506-45, 506-36은 위 506-41, 506-45, 506-43 각 대지로 진입할 수 있는 도로로 지정하여 분할했던 것입니다. 위와 같이 토지가 크게 3개 필지로 분할된 후, 각 토지는 아래표와 같이 소유권 변동이 이루어졌고, '주식회사 젤'이 토지 분할을 한 시점부터 현재에 이르기까지 ██리 506-45, 506-36 토지는 위 각 3개 필지로 진입할 수 있는 통행도로로 사용되고 있습니다.

| 건축부지 지번 | 소유권 변동 |
|---|---|
| ██리 506-41 | 주식회사 ██ → 주식회사 ██퍼니처 → 주식회사성일퍼니처 |
| ██리 506-43 | 주식회사 ██ → 박명██ → 박정██(원고) |
| ██리 506-7 | 주식회사 ██ → 주식회사 ██퍼니처 → 한진██ |

| 진입로 지번 | 소유권 변동 |
|---|---|
| ▓▓리 506-45 | 주식회사 ▓▓ → 주식회사 ▓▓퍼니처 → 주식회사▓▓퍼니처 |
| ▓▓리 506-36 | 주식회사 ▓▓ → 주식회시 ▓▓ 퍼니처 → 한진▓ |

그런데 위와 같은 토지개발 당시 분명히 "진입도로"로 지정되어 도로포장 공사 후 사용되고 있는 ▓▓리 506-45, ▓▓리 506-36 토지들에 대하여, 공장 건축 당시 담당공무원의 실수로 "도로관리대장"에 도로 등재가 되어 있지 않고 있었고,

현재 박정▓은 위와 같은 행정상 오류들 시정하기 위해 함평군수를 상대로 소송을 제기하였고 광주지방법원 제1행정부(나) 2022구합10382 사건으로 계류중에 있습니다.

물론 현재 위 진입도로를 이용하고 있는 주식회사성일퍼니처, 알씨스크랩 박정▓, 주식회사▓▓ 퍼니처(한진▓) 간에 통행에 아무런 불편이 없는 상황인 것은 맞습니다.

**그러나 행정서류상으로는 주식회사 성일퍼니처와 박정▓ 입장에서는 주식회사인토 스퍼니처(한진 ▓) 소유의 ▓▓리 506-36 대 244.1㎡ 토지를 통하지 않고서는 공로인 ▓▓▓▓길에 통할 수가 없게 되어있고, 그러한 ▓▓리 506-36 대 244.1㎡ 토지가 도 로대장에 등재되어야 주식회사 성일퍼니처 소유 토지 ▓▓리 506-41는 "공부상 맹 지"가 아닌 행정상 도로가 통해있는 토지가 되는 것입니다.**

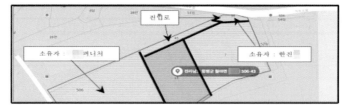

현재 현재 위 진입도로를 이용하고 있는 주식회사성일퍼너처, 알씨스크랩 박정█, 주식회사인토스퍼니처(한진█) 간에 통행에 아무런 불편이 없는 상황이라도 먼 미래에 토지 소유권이 전전양도되거나 했을 때.

█ █리 506-36 대 244.1㎡ 토지가 현재와 같이 도로대장에 등재되지 않은 상황이라면, 주식회사 성일퍼너처와 박정█ 소유 토지는 "행정상 맹지"가 되어 제대로 된 가치를 평가받지 못할 수 있고 이러한 과거 사정을 모르는 자가 █ █리 506-36 토지 소유자가 되었을 경우 불필요한 분쟁을 하게될 수도 있습니다.

사정이 위와 같기 때문에, 광주지방법원 제1행정부(나) 2022구합10382 사건의 2022.9.22.자 변론기일에서 재판장님께서는 현재 진입도로 소유자인 한진█과 성일퍼니처와 협력하여 해당 도로들을 도로대장에 등재하도록 신청을 하여 문제를 해결해볼 수 있다면 그렇게 처리해 볼 수 있겠냐 질의하셨고, 피고 함평군 담당자 이종█·이화█ 주무관은 인접 토지 소유자들의 의사에 따라 도로대장 등재를 할 수 있다고 답변한 상태입니다.

상기한 바와 같은 사정으로 2022.9.22. 박정█은 주식회사 성일퍼니처에 유선연락을 하게 된 것이었고, 현재 █ █ 길로 통하는 초입 진입로 토지인 █ █리 506-36 소유자인 한진█은 주식회사 성일퍼니처가 본인과 마찬가지의 입장이라면 흔쾌히 본인 소유 토지의 도로대장 등재에 동의하겠다는 답변을 한 상태입니다.

**3.** 위와 같은 내용에 따라 박정█은 귀하와 박정█ 모두 각 소유한 공장에 대하여 행정상으로 완전한 진입로 등재를 위해 첨부한 바와 같이 "█ █리 506-45 대 387.6㎡ 토지 도로관리대장 등재 사용승낙서"를 보내드리옵고.

주식회사 성일퍼니처에서 █ █리 506-36 소유자인 한진█과 같은 입장을 취해주시어. 주식회사 ██파트너처 역시 '공부상 맹지'를 함께 벗어날 수 있도록 첨부서류에 날인하여 송부해 주시기를 고대합니다.

4. 위 내용에 대하여 문의가 있으시다면 광주지방법원 제1행정부(나) 2022구합10382 사건을 수행중인 발신인 법무법인 창천 정재윤 변호사(010-4905-5033)으로 연락주시면 상세히 안내드리도록 하겠습니다.

2022. 9. 27.

**법무법인 창천**

담당변호사 정재██, ██████

# 사 실 조 회 신 청 서

| 사 건 | 2022구합10382 부작위위법확인 | [담당재판부:제1행정부] |
| --- | --- | --- |
| 원 고 | 빅 ▒▒▒ | |
| 피 고 | 함평군수 | |

위 사건에 관하여 원고의 소송대리인은 주장사실을 입증하기 위하여 다음과 같이 사실
조회를 신청합니다.

## 사실조회촉탁의 목적

원고는 2022.9.22.자 변론기일 이후, 전라남도 함평군 월야면 ▒▒리 506-45, 같은리
506-36, 같은리 506-7 각 토지에 대하여, 각 토지들 소유자와 협의하여 도로관리대장 등
재신청을 하였습니다.

따라서 원고는 위 신청에 따른 도로관리대장 등재가 무사히 완료되었다는 점만 확인되
면, 곧바로 본 소송을 취하하고자 하며 그러한 소송계속여부 결정을 위하여 본 사실조회
신청에 이르게 되었습니다.

## 사실조회기관의 명칭 및 주소

명칭 : 전라남도 함평군청 민원봉사과 건축허가팀
주소 : (57149) 전남 함평군 함평읍 중앙길 200 (함평리, 함평군청)

## 사실조회사항

전라남도 함평군 월야면 ████리 506-45 대 387.6㎡, 같은리 506-36 대 244.1㎡, 같은리 506-7 대 3163.9㎡ 중 34㎡ 각 토지가 도로관리대장에 등재되었는지 여부(도로관리대장 등재 처리완료 여부를 "등재됨" 또는 "등재되지 않음"으로 명확히 회신해주시기 바랍니다)

2023.02.02

원고 소송대리인
법무법인 창천
담당변호사 정재██

광주지방법원 귀중

이것이 진짜
부동산 소송이다 Ⅱ

국민의 나라 정의로운 대한민국

# 함 평 군

수신 광주지방법원 민사합의과 제1행정부 귀중

(경유)

제목  **사실조회 신청에 따른 회신(2022구합10382)**

1. 귀 기관의 무궁한 발전을 기원합니다.

2. 2022구합10382(부작위위법확인) 관련 사실조회 요청에 대한 결과를 아래와 같이
   회신합니다.

   가. 사실조회 사항
   ○ 전라남도 함평군 월야면 ▊▊ 리 506-45(대지, 387.6㎡), ▊▊ 리 506-36(대지,
     244.1㎡), ▊▊리 506-7(대지, 3163.9㎡ 중 34㎡) 각 토지가 도로관리대장에
     등재되었는지 여부

   나. 사실조회 회신내용
   ○ 해당필지는 지정번호 2022-16번으로 도로관리대장에 등재됨. 끝.

우편제출 접수
No.

2023 .02. 15

광주지방법원
종합민원실

I651     함 평 군 수

주무관    **차현**▊    건축허가팀장 **이종**▊    민원봉사과장  전결 2023. 2. 9.
                                      **정상**▊
협조자

시행  민원봉사과-5509      (2023. 2. 9.)      접수

우 57149    전라남도 함평군 함평읍 중앙길 200    / https://www.hampyeong.go.kr/

전화번호 061320▊▊▊    팩스번호 0613203838    ▊▊▊▊@korea.kr    / 비공개(6,7)

# 07

# 사건 개요 현황도로로 되어 있지만 도로법에 의해 등재되지 않았기에 부작위 위법 확인 소송

제주도 한경면 농지가 경매로 진행되었는데, 현황도로는 있으나 지적도 상 임야로 되어 있으며, 토지주는 제주특별자치도다. 수원국토지리정보원에서 항공사진을 확인하니 1979년부터 도로로 만들어져 있음이 확인되었으나, 지목이 도로가 아니라는 이유로 건축허가 접수도 불가능했다. 따라서 제주시를 상대로 부작위 위법 확인 소송을 하게 되었다.

이 사건은 현재 소송이 진행 중이기에 아직 결과가 나오지는 않았다. 필자는 여러 경험을 한 결과, 토지주가 지방자치단체이며 지목 여하에도 불구하고 현황이 도로 되어 있는 경우, 건축허가를 내주는 것이 일반화되어 있다. 그러나 제주도에서는 도로법에 의한 도로만 건축허가를 내어주고 건축법상 도로를 인정하지 않음을 알게 되었다. 즉, 현황 도로로 되어 있어도 도로법에 의한 도로로 등재되지 않으면 건축허가를 내주지 않기에 부작위 위법의 소송에 의해 도로법에 의한 도로대장에 기록해줄 것을 요구한 소송한 사례다. 후편에서 판결 결과를 독자 여러분들에게 알려드릴 것을 약속한다.

| 소재지 | 제주특별자치도 제주시 한림읍 ████리 423번지 | | |
|---|---|---|---|
| 지목 | 임야 ⓘ | 면적 | 2,909 ㎡ |
| 개별공시지가(㎡당) | 16,800원 (2023/01) 연도별보기 | | |
| 지역지구등 지정여부 | 「국토의 계획 및 이용에 관한 법률」에 따른 지역 · 지구등 | 자연녹지지역 | |
| | 다른 법령 등에 따른 지역 · 지구등 | 가축사육제한구역(일부제한구역)<가축분뇨의 관리 및 이용에 관한 법률>, 건축계획심의대상구역(건축계획심의대상구역)(저촉)<제주특별자치도 설치 및 국제자유도시 조성을 위한 특별법> | |
| 「토지이용규제 기본법 시행령」 제9조 제4항 각 호에 해당되는 사항 | | | |

확인도면

범례
□ 건축계획심의대상구역
■ 절대보전지역
■ 자연녹지지역
□ 법정동

□ 작은글씨확대  축척 1 / 1200 ▾  변경  도면크게보기

**[토지] 제주특별자치도 제주시 한림읍 ████리 423**

【 표 제 부 】 ( 토지의 표시 )

| 표시번호 | 접 수 | 소 재 지 번 | 지 목 | 면 적 | 등기원인 및 기타사항 |
|---|---|---|---|---|---|
| ~~1~~ (전 2) | ~~1999년10월4일~~ | ~~제주도 북제주군 한림읍 ████리 423~~ | 임야 | 2909㎡ | |
| | | | | | 부동산등기법 제177조의 6 제1항의 규정에 의하여 2000년 12월 01일 전산이기 |
| 2 | | 제주특별자치도 제주시 한림읍 ████리 423 | 임야 | 2909㎡ | 2006년7월1일 행정구역명칭변경으로 인하여 2006년7월5일 등기 |

【 갑 구 】 ( 소유권에 관한 사항 )

| 순위번호 | 등 기 목 적 | 접 수 | 등 기 원 인 | 권리자 및 기타사항 |
|---|---|---|---|---|
| 1 (전 1) | 소유권이전 | 1965년2월15일 제4201호 | 1961년9월1일 법률 제707호권리귀속 | 소유자 북제주군 |
| | | | | 부동산등기법 제177조의 6 제1항의 규정에 의하여 2000년 12월 01일 전산이기 |
| 2 | 소유권이전 | 2006년11월2일 ~~제78480호~~ | 2006년7월1일 권리승계 | 소유자 제주특별자치도 439 |

273

| 2020 타경 7707 (임의) | | 매각기일 : 2022-04-26 10:00~ (화) | | 경매2계 064-729- ▉ | |
|---|---|---|---|---|---|
| 소재지 | 제주특별자치도 제주시 한림읍 ▉▉리 426 | | | | |
| 용도 | 전 | 채권자 | 김OO | 감정가 | 703,380,000원 |
| 토지면적 | 3702㎡ (1119.85평) | 채무자 | 농0000 | 최저가 | (49%) 344,656,000원 |
| 건물면적 | | 소유자 | 농000000 | 보증금 | (10%) 34,465,600원 |
| 제시외 | | 매각대상 | 토지매각 | 청구금액 | 500,000,000원 |
| 입찰방법 | 기일입찰 | 배당종기일 | 2020-11-24 | 개시결정 | 2020-08-21 |

### 기일현황 　✔간략보기▼

| 회차 | 매각기일 | 최저매각금액 | 결과 |
|---|---|---|---|
| 신건 | 2021-10-12 | 716,880,000원 | 유찰 |
| 2차 | 2021-11-15 | 501,816,000원 | 유찰 |
| | 2021-12-20 | 351,271,000원 | 변경 |
| 신건 | 2022-02-08 | 703,380,000원 | 유찰 |
| 2차 | 2022-03-22 | 492,366,000원 | 유찰 |
| 3차 | 2022-04-26 | 344,656,000원 | 매각 |
| | 낙찰416,900,000원(59%) | | |
| | 2022-05-03 | 매각결정기일 | 변경 |
| 3차 | 2022-07-12 | 매각결정기일 | 허가 |
| | 2022-08-19 | 대금지급기한 납부 (2022.08.18) | 납부 |

---

### 🏠 물건현황/토지이용계획

협재사거리 남동측 원거리에 위치

주위는 전, 과수원, 단독주택 등이 소재

본건 인근까지 차량접근 가능하며 인근에 대중교통노선 및 지방도가 소재하는 등 제반교통사정 양호함

인접토지 대비 등고 평탄한 부정형지

지적공부상 맹지이나 남서측으로 폭 약 3미터 콘크리트포장된 도유지(협재리 423번지. 지목: 임야)를 통하여 진입 가능함

자연녹지지역(▉▉리 426)

※-참조-처음경매진행은 제시외수목 포함으로 진행하였으나, 사건이 변경되면서 제시외수목은 제외되어 진행하지 않습니다.

🗒 토지/임야대장

🗒 개정농지법　🗒 부동산 통합정보 이음

🗒 감정평가서

### 📋 감정평가현황 (주) ▉ 감정

가격시점 　　2020-09-03

### 📐 면적(단위:㎡)

【토지】

▉▉리 426 전
자연녹지지역
3702㎡ (1119.85평)

【제시외】

▉▉리 426
(ㄱ) 조경수 제외
와싱토니아야자,차자나무 등

### 👤 임차인/대항력여부

배당종기일: 2020-11-24

- 매각물건명세서상 조사된 임차내역이 없습니다

🗒 매각물건명세서

🗒 예상배당표

### 📄 등기사항/소멸여부

| 소유권(일부)<br>1981-10-21<br>강OOO<br>매매 | 이전<br>토지 |
|---|---|
| (근)저당<br>2018-06-21<br>금0000<br>460,000,000원 | 토지소멸기준<br>토지 |
| 지상권<br>2018-06-21<br>금0000 | 소멸<br>토지 |
| (근)저당<br>2018-06-22<br>김O<br>700,000,000원 | 소멸<br>토지 |
| 소유권<br>2019-02-25<br>농0000<br>(거래가 3건) 1,900,000,<br>000원<br>매매 | 이전<br>토지 |
| 임의경매<br>2020-08-24<br>김O<br>청구 : 500,000,000원 | 소멸<br>토지 |

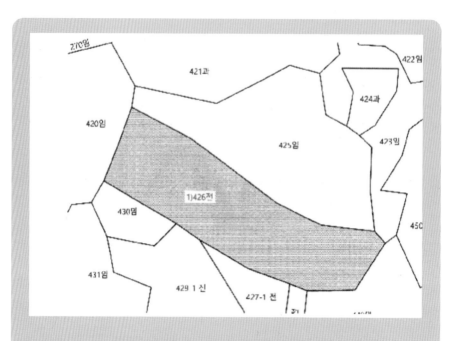

현황도로는 있으나 지목이 임야이며 토지주는 제주도

빌래굴

이왓굴

## 소 장

<table>
<tr><td>원 고</td><td>1. 농업회사법인주식회사상단<br>제주특별자치도 제주시 애월읍 ███ 88<br>대표자 사내이사 이종실</td></tr>
</table>

2. 이성█ 1959. 5. 20. 생)
제주특별자치도 제수시 한경면 일주서로


위 원고들의 소송대리인

**법무법인 창천** 담당변호사 윤재█, 정재█
서울 강남구 논현로28길16 3-6층
전화 02-3476-7070, 팩스 02-3476-7071


피 고     제주특별자치도지사


**부작위위법확인**

## 청 구 취 지

1. 피고가 제주시 한림읍 █리 423 임야 2,909㎡ 토지를 도로관리대장에 적어서 관리하지 아니한 부작위는 위법임을 확인한다.
2. 소송비용은 피고가 부담한다.
라는 판결을 구합니다.

---

서울 강남구 논현로28길 16,
3~6층  우 : 06302

蒼天 법무법인 | 창천

TEL : 02-3476-7070
FAX : 02-3476-7071

청 구 원 인

## 1. 이 사건 소 제기의 경위

원고 농업회사법인주식회사상단 · 이성█(이하 **'원고들'** 이라 합니다)는 2022. 8. 18. 제주시 한림읍 ███리 426 전 3,702㎡(이하 **'██리 426 토지'** 라 합니다)토지 각 1/2 지분을 매수한 공유자입니다(갑 제1호증의1 토지 등기부등본(██리 426 토지)).

> 위 토지에는 "██성월로" 라는 시멘트 포장도로가 인접해있고 그러한 도로 맞은편에는 "██수풀 타운하우스" 라는 이름으로 수십채의 주택단지가 인접해있습니다(갑 제5호증 네이버 위성지도).

〈갑 제5호증 네이버 위성지도〉

사정이 위와 같기 때문에, 원고들은 당연히 "██성월로" 라는 시멘트 포장도로가 공공에 제공되는 도로일 것이라 인지했었는데, 최근 건축사무소로부터 "██리 426 토지와 접해있는 제주시 한림읍 ███리 423 임야 2,909㎡(이하 **'██리 423 토지'** 라 합니

서울 강남구 논현로28길 16,
3~6층   우 : 06302

蒼天 법무법인 | 창천

TEL : 02-3476-7070
FAX : 02-3476-7071

다)의 소유자가 제주특별자치도인 것도 맞고 제주특별자치도에서 오랜 기간 포장도로로 관리해온 것도 맞지만 현재 제주도에서 관리하는 도로관리대장에 등재되어 있지 않으므로 건축허가가 발급되지 않을 것 이라는 안내를 받았습니다.

이에 원고들은 제3자 개인의 소유도 아니고 분명 제주특별자치도 소유로 도로의 형상을 띄고 있는 ███리 423 토지가 도대체 왜 인접한 다른 토지들과 달리 '도로관리대장' 에 등재되어 있지 않은지 의문이었고 그렇다면 어떻게 하면 ███리 423 토지가가 그 물리적 형상 그대로 '도로관리대장' 에 등재될 수 있는 것인지 알아보았으나, 그러한 도로관리대장은 관할 행정청 내부에서 관리되는 문서에 해당하여 일반 주민에 의한 등록신청 절차가 마련되어 있지 않다는 사실을 알게 되었습니다.

즉, ❶피고는 ███리 423 토지의 '소유자' 로서, 먼 과거에 자체적으로 도로 포장을 마친 후 현재까지 계속 관리를 이어가고 있으며(갑 제1호증의2 토지 등기부등본(███리 423 토지)), ❷ ███리 423 토지는 오랜 기간 '도로' 로서 공중에게 이용되고 있고, 도로관리대장에 등재된 인근의 제주시 한림읍 ███리 265-2 도로(이하 '███리 265-2 인근 도로' 라 합니다)와도 특별한 차이가 없음에도, 여전히 이 토지만 도로관리대장상의 도로가 아닌 상태로 남아있는 것입니다.

**즉, '███리 423 토지' 는 본래 도로관리대장에 등재됐어야 했음에도 불구하고, 위 피고들이 등재하지 아니한 부작위로 인하여, 원고들은 마땅한 절차를 거치지도 못한 채 기약 없는 손해만 입고 있습니다. 이러한 위법한 부작위 상태의 종국적 해결을 위하여 원고들은 이 사건 소 제기에 이른 것입니다.**

**2. 피고의 부작위의 위법성**

**가. 토지 현황**

서울 강남구 논현로28길 16,
3~6층  우 : 06302

蒼天 법무법인ㅣ창천

TEL : 02-3476-7070
FAX : 02-3476-7071

Part 01
도로에 의한 소송
(주위토지통행권 등)

Part 02
특수 경매에 의한
특별한 소송 사례

아래 위성사진에 표시된 바와 같이, 이 사건에서 문제되는 '███리 423 토지' 는 원고가 매수한 '███리 426 토지' 의 유일한 진입로입니다.

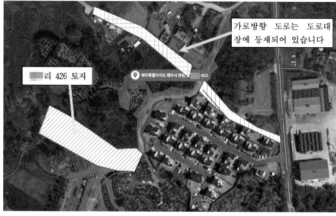

〈갑 제5호증 네이버 위성지도〉

그런데 도무지 납득할 수 없는 것은, 위 ███리 423을 가로 방향으로 가로지르는 도로는 '도로관리대장' 에 버젓이 등재가 되어있다는 것입니다.

구체적으로 말씀드리자면, '███리 265-2 인근도로(위 위성사진 중 가로방향 도로)' 는 지목 및 도로관리대장상의 도로에 해당하나, ███리 426 토지에 인접해있는 '███리 423 토지' 의 지목은 임야이며, 도로관리대장상의 도로에 해당하지 않습니다.

그러나 위 위성사진에 뻔히 나타나듯이 '███리 265-2 인근도로' 와 '███리 423 토지' 는 모두 주민들의 편의를 위해 공중에 제공되는 도로이며, 도로해당 여부를 달리 결정할 만큼의 차이를 보이지는 않는다는 것을 알 수 있습니다. 그럼에도, '██리 423 토지'만 도로관리대장에 등재되지 않았다는 것은 언뜻 이해하기 어렵습니다.

## 나. 피고의 법적 지위(도로관리대장 등재 관련 절차)

건물 신축을 위한 건축물의 대지는 2미터 이상이 '도로'와 접하여야 합니다(이른바 '접도의무', 건축법 제44조 제1항 본문).[1] 이때의 '도로'란 "보행과 자동차 통행이 가능한 너비 4미터 이상의 도로로서 건축허가 또는 신고 시에 특별시장·광역시장·특별자치시장·도지사·특별자치도지사 또는 시장·군수·구청장(이하 '특별자치도지사 등'이라 합니다)이 위치를 지정하여 공고한 도로로서 도로관리대장에 등재된 도로"를 의미합니다(동법 제2조 제11호 나목, 제45조 제3항).[2] 따라서 건축허가를 목적으로 위 특별자치도지사 등의 도로 위치의 지정·공고(동시에 해당 도로를 도로관리대장에 등재)를 하기 위해서는, 당해 도로의 이해관계인(토지 소유자 등)의 동의(혹은 사용 승낙)를 받아야 합니다(동법 제45조 제1항 본문).[3]

위 내용을 표로 정리하여 보면 아래와 같습니다.

---

[1] **건축법 제44조(대지와 도로의 관계)** ① 건축물의 대지는 2미터 이상이 도로(자동차만의 통행에 사용되는 도로는 제외한다)에 접하여야 한다.
[2] **건축법 제2조(정의)** ① 이 법에서 사용하는 용어의 뜻은 다음과 같다.
11. "도로"란 보행과 자동차 통행이 가능한 너비 4미터 이상의 도로(지형적으로 자동차 통행이 불가능한 경우와 막다른 도로의 경우에는 대통령령으로 정하는 구조와 너비의 도로)로서 다음 각 목의 어느 하나에 해당하는 도로나 그 예정도로를 말한다.
나. 건축허가 또는 신고 시에 특별시장·광역시장·특별자치시장·도지사·특별자치도지사(이하 "시·도지사"라 한다) 또는 시장·군수·구청장(자치구의 구청장을 말한다. 이하 같다)이 위치를 지정하여 공고한 도로
**건축법 제45조(도로의 지정·폐지 또는 변경)** ③ 허가권자는 제1항과 제2항에 따라 도로를 지정하거나 변경하면 국토교통부령으로 정하는 바에 따라 도로관리대장에 이를 적어서 관리하여야 한다.
[3] **제45조(도로의 지정·폐지 또는 변경)** ① 허가권자는 제2조제1항제11호나목에 따라 도로의 위치를 지정·공고하려면 국토교통부령으로 정하는 바에 따라 그 도로에 대한 이해관계인의 동의를 받아야 한다.

Part 01
도로에 의한 소송
(주위토지통행권 등)

Part 02
특수 경매에 의한
특별한 소송 사례

| 법리 | 이해관계인의 동의 | ⇒ | 특별자치도지사 등의 지정·공고 및 도로관리대장 등재 | ⇒ | 건축물의 대지가 '도로'와 2미터 이상 접하게 됨(접도의무 준수) | ⇒ | 건물신축 |
|---|---|---|---|---|---|---|---|
| 사안의 경우 | ⇒ '이해관계인(토지소유자)'이자 '특별자치도지사 등'에 해당하는 피고는 온전히 자신의 의사에 따라 등재 여부를 결정할 수 있는 지위에 있음. | | | | | | |

도로관리대장상의 '도로'의 등재와 건축허가 관련 절차

즉, 피고는 이 사건 ▨▨리 423 토지의 소유자로서 도로 지정에 대한 동의의 주체인 '이해관계인'이자, 도로 지정의 주체인 '특별자치도지사 등'의 관할 행정청입니다. 따라서 피고는 오로지 본인의 의사만으로 이 사건을 간명하게 해결할 수 있는 지위에 있는 것입니다.

다. 도로관리대장 등재의 필요성

(1) ▨▨리 423 토지는 약 50년 전부터 '도로'로서 인식되어 사용되어 왔습니다.

앞서 언급한 바와 같이, ▨▨리 423 토지는 지방자치단체인 피고가 포장·관리하여 인근 주민들이 자유롭게 사용하는 피고 소유의 도로로서, 최소 약 50년이 넘는 기간 동안 현재까지 자유롭게 사용되어 왔습니다(갑 제3호증의1 항공사진(1979. 10. 15. 촬영) 등).

<갑 제3호증의1 항공사진(1979. 10. 15. 촬영), 갑 제3호증의5 항공사진(2022. 5. 3. 촬영) 비교>

또한, 현재 ██리 423 토지에는 '██월성로' 라는 도로명주소도 부여되어 있고, 주민들이 진입로에 **특정 시설의 안내 표지를 설치하고 있다는 점**은 위 토지가 사실상 '도로' 로서 인식되어 왔음을 방증합니다(갑 제2호증의2 지적편집도 및 갑 제4호증의1 거리사진(██리 423 토지) 등).

<갑 제4호증의1 거리사진1(██리 423 토지) / 갑 제4호증의2 거리사진2(██리 423 토지)>

**(2) ██리 265-2 인근도로(도로관리대장상 도로)와 외형상 아무런 차이가 없습니다.**

이 사건 ▒▒리 423 토지는 제주특별자치도의 동의를 제외한 도로법상의 요건을 모두 구비한 것은 물론, 인접 도로와 넓이, 포장 및 관리 상태 등 외형상 아무런 차이가 없습니다. 그럼에도, ▒▒리 423 토지는 합리적 이유 없이 ▒▒리 265-2 인근도로와는 달리 취급되고 있는 것입니다(갑 제4호증의3 거리사진3(▒▒리 265-2 인근도로), 갑 제4호증의4 거리사진4(▒▒리 423 토지)).

〈갑 제4호증의3 거리사진3(▒▒리 265-2 인근도로)(좌) / 갑 제4호증의4 거리사진4(▒▒리 423 토지)〉

### (3) 현 도로관리대장은 실체를 반영하지 못하고 있습니다.

건축법 제45조 제3항이 허가권자에게 도로관리대장의 기재 및 관리의무를 부여한 것은 행정상의 도로관리와 현재 도로의 사용 현황과의 괴리를 최소화하라는 것에 입법 취지가 있는 것으로 해석됩니다. 그러나, 앞서 살펴본 바와 같이 ▒▒리 423 토지가 사실상 몇십 년간 '도로'로 사용되고 인식되고 있음에도, 여전히 도로관리대장에 등재되지 않고 있는 등 도로관리 행정과 현실과의 괴리가 여전히 좁히지 못하고 있다는 점이 너무 명백합니다.

## 라. 피고의 부작위는 위법하므로 시정될 필요가 있습니다.

판례는, "행정소송법 제4조 제3호 소정의 부작위위법확인소송은 행정청이 국민의 법규상 또는 조리상 권리에 기한 신청에 대하여 상당한 기간 내에 그 신청을 인용하는 적극적 처분을 하거나 또는 각하 내지 기각하는 등의 소극적 처분을 하여야 할 법률상의 응답의무가 있음에도 불구하고 이를 하지 아니하는 경우 판결 시를 기준으로 그 부작위의 위법함을 확인함으로써 행정청의 응답을 신속하게 하여 부작위 내지 무응답이라고 하는 소극적인 위법상태를 제거하는 것을 목적으로 하는 것이고, 나아가 당해 판결의 구속력에 의하여 행정청에게 처분 등을 하게 하고, 다시 당해 처분 등에 대하여 불복이 있는 때에는 그 처분 등을 다투게 함으로써 최종적으로는 국민의 권리이익을 보호하려는 제도이다(대법원 1992. 7. 28. 선고 91누7631 판결 등 참조)." 라는 부작위위법확인소송의 취지를 설시한 바 있습니다.

앞서 본 바와 같이,

❶ 피고는 이 사건 ▒▒리 423 토지의 소유자로서, ▒▒리 423 토지의 도로관리대장 등재에 관한 사용 승낙(동의)의 주체면서, 동시에 도로를 지정·공고하여 도로관리대장에 등재할 수 있는 행정청에 해당합니다. 즉, 이해관계인(토지 소유자 등)이 다른 민간 사업자임에 따라 분쟁이 발생하는 보통의 경우와는 달리, 행정청인 피고 스스로 이 사건을 해결 가능한 법적 지위에 있습니다.

❷ 또한, 이미 ▒▒리 423 토지는 피고의 소유 하에 피고의 포장·관리가 이루어지고, 실질적으로 공중에 이용되고 있는 등 도로관리대장에 등재하지 않을 합리적인 이유가 있다고 볼 수 없습니다.

❸ 그럼에도, 아무런 조치를 취하지 않은 피고의 소극행정과 부작위로 인해, 원고는 건축허가 절차를 밟지 못하는 등 토지 소유권의 향유에 장애가 생겨 지속적으로 손해를 입고 있습니다.

따라서, 피고는 위와 같이 건축법 제45조 제3항에 따라 당연히 도로관리대장에 등재되어야 할 이 사건 ███리 423 토지에 대하여 정상화시킬 의무가 있습니다

## 3. 결어

원고들은 관할 행정청인 제주특별자치도에 "어떠한 권리"를 부여해 달라는 것이 아닙니다.

다만, 본인들 소유에 인접한 수십년간 도로로 사용되어온 제주특별자치도 소유 토지에 대하여 도로관리대장에 등재되게끔 "현황과 대장상 기재를 일치시켜 달라" 는 것입니다.

본 소장이 송달되었을 때 부디 제주특별자치도 측에서 "해당 토지 현황을 확인해보니 도로가 맞고 착오가 있어 관리대장에 누락되었던 듯하다" 라는 답변으로 이 사건이 종결되기를 기원할 따름입니다. 상기한 바와 같은 이유로 원고는 피고에 대하여 청구취지 기재와 같은 판결을 구하오니 원고의 청구를 인용하여 주시기 바랍니다.

## 입 증 방 법

1. 갑 제1호증의1    토지 등기부등본(███리 426 토지)
1. 갑 제1호증의2    토지 등기부등본(███리 423 토지)
1. 갑 제2호증의1    지적편집도(███리 426 토지)
1. 갑 제2호증의2    지적편집도(███리 423 토지)
1. 갑 제3호증의1    항공사진(1979. 10. 15. 촬영)

Part 02

# 특수 경매에 의한
# 특별한 소송 사례

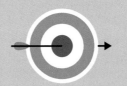

## 01

# 사건 개요 경기도 고양시 맹지에 지상 건축물의 주인을
상대로 지료 및 철거 소송

무변론으로 지료 판결 후 건축주가 본인의 토지와 건물을 타인에게 매
각하려고 계약했으나 압류 후 지료 판결에 의해 토지 건물이 경매로 진
행되자 건축주가 제삼자에게 매도했다. 제삼자가 매수하려는 물건이 강
제경매 진행 중이어서 경매를 취하하는 조건으로 제삼의 건축주와 합의
해 제삼 건축주에게 매도한 사건이다.

- 본건의 소재지, 지번, 지목, 면적 등은 귀 제시목록에 의거하였음.

- 본건 토지 지상에 후첨 "사진용지" 와 같이 제시외 건물이 소재하나 이에 구애됨이
  없이 토지만을 평가하였으며, 제시외 건물이 토지에 미치는 영향을 고려한 가격을 명
  세표 비고란에 병기하였으니, 경매 진행시 참고바람.

1. 부동산의 점유관계

| | |
|---|---|
| 소재지 | 1. 경기도 고양시 덕양구 ▓▓동 179-1 |
| 점유관계 | 미상 |
| 기타 | 현장 방문시 아무도 만나지 못하였고, 덧붙인 전입세대열람 내역 과 같이 등재자가 없으므로 점유관계 등은 별도의 확인 요망. |

2. 부동산의 현황

인접 도로에서 접근할 수 없는 맹지로 휴경지 및 잡종지 상태로 보이나 인접 토지 및 도로등과의 경계를 목측으로는 알 수 없으므로 정확한 측량을 해야 알 수 있을 것임

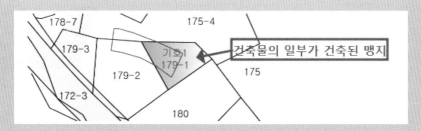

178-7    175-4

179-3    기호1
179-1    → 건축물의 일부가 건축된 맹지

179-2    175

172-3

180

| 2018 타경 14546 (임의) | | 매각기일 : 2020-02-18 10:00~ (화) | | 경매11계 031-920-■■■■ | |
|---|---|---|---|---|---|
| 소재지 | 경기도 고양시 덕양구 ■■동 179-1 | | | | |
| 용도 | 대지 | 채권자 | 이OO | 감정가 | 107,690,000원 |
| 토지면적 | 89㎡ (26.92평) | 채무자 | 홍O | 최저가 | (24%) 25,857,000원 |
| 건물면적 | | 소유자 | 홍O | 보증금 | (20%)5,171,400원 |
| 제시외 | | 매각대상 | 토지매각 | 청구금액 | 28,024,657원 |
| 입찰방법 | 기일입찰 | 배당종기일 | 2019-03-29 | 개시결정 | 2018-12-05 |

**기일현황** ▼간략보기

| 회차 | 매각기일 | 최저매각금액 | 결과 |
|---|---|---|---|
| 신건 | 2019-07-16 | 107,690,000원 | 유찰 |
| 2차 | 2019-08-20 | 75,383,000원 | 유찰 |
| 3차 | 2019-09-24 | 52,768,000원 | 유찰 |
| 4차 | 2019-10-29 | 36,938,000원 | 매각 |
| 이OO/입찰1명/낙찰42,789,000원(40%) | | | |
| | 2019-11-05 | 매각결정기일 | 허가 |
| | 2019-12-06 | 대금지급기한 | 미납 |
| 4차 | 2020-01-14 | 36,938,000원 | 유찰 |
| 5차 | 2020-02-18 | 25,857,000원 | 매각 |
| 이OO/입찰19명/낙찰39,999,999원(37%) | | | |
| 2등 입찰가 : 38,555,000원 | | | |
| | 2020-02-25 | 매각결정기일 | 허가 |
| | 2020-03-26 | 대금지급기한 납부 (2020.03.25) | 납부 |
| | 2020-04-21 | 배당기일 | 완료 |

**ⓘ 물건현황/토지이용계획**

주위는 공동주택 및 단독주택, 농경지, 임야 등이 혼재

본건 인근까지 차량접근 가능하며, 인근에 버스정류장이 소재하는 등 대중교통 사정은 보통

사다리형의 토지로서, 건부지로 이용중임

지적도상 맹지임

제한보호구역

제1종일반주거지역(■■동 179-1)

※ 감정평가서상 제시외건물가격이 명시되어있지않음, 입찰시 확인요함.

🔍 **토지/임야대장**
🔍 **부동산 통합정보 이음**
🔍 **감정평가서**

**ⓘ 감정평가현황** (주)■■감정

| 가격시점 | 2019-01-21 | |
|---|---|---|
| 감정가 | 107,690,000원 | |
| 토지 | (100%) 107,690,000원 | |

**ⓘ 면적(단위:㎡)**

**[토지]**
■■동 179-1 대지
제1종일반주거지역
89㎡ (26.92평)

**[제시외]**
■■동 179-1
(ㄱ) 건물 제외
미상

**ⓘ 임차인/대항력여부**

배당종기일: 2019-03-29

- 매각물건명세서상 조사된 임차내역이 없습니다

📋 **매각물건명세서**
📋 **예상배당표**

**ⓘ 등기사항/소멸여부**

| 소유권 | 이전 |
|---|---|
| 1997-01-21 | 토지 |
| 주O | |
| 협의분할 상속 | |

| 소유권 | 이전 |
|---|---|
| 2013-10-21 | 토지 |
| 홍O | |
| 임의경매로 인한 매각 | |

| (근)저당 | 토지소멸기준 |
|---|---|
| 2017-12-27 | 토지 |
| 이O | |
| 37,500,000원 | |

| (근)저당 | 소멸 |
|---|---|
| 2018-01-12 | 토지 |
| 이O | |
| 37,500,000원 | |

| 가압류 | 소멸 |
|---|---|
| 2018-11-28 | 토지 |
| 이OO 14,740,980원 | |

| 임의경매 | 소멸 |
|---|---|
| 2019-01-02 | 토지 |
| 이O | |
| 청구 : 28,024,657원 | |

| 압류 | 소멸 |
|---|---|
| 2019-03-12 | 토지 |
| 국OOOO | |
| (징수팀-901060) | |

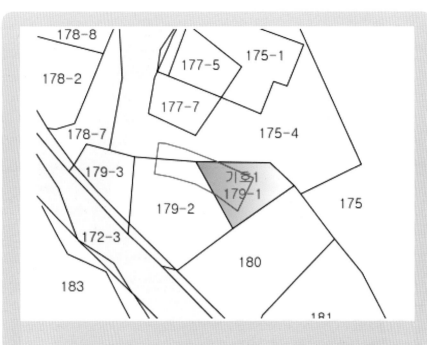

**293**

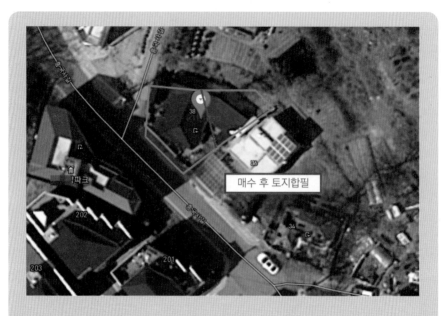

| 소재지 | 경기도 고양시 덕양구 ██████동 179-1번지 | | |
|---|---|---|---|
| 지목 | 대 ❓ | 면적 | 274 ㎡ |
| 개별공시지가(㎡당) | 1,367,000원 (2022/01) 연도별보기 | | |
| 지역지구등 지정여부 | 「국토의 계획 및 이용에 관한 법률」에 따른 지역·지구등 | 제1종일반주거지역 , 지구단위계획구역(절골취락) 소로2류(폭 8m~10m)(접합) | |
| | 다른 법령 등에 따른 지역·지구등 | 가축사육제한구역(2019-11-29)(도시지역[주거,상업,공업,녹지(자연취락지구)])<가축분뇨의 관리 및 이용에 관한 법률>, 과밀억제권역<수도권정비계획법>, (한강)폐기물매립시설 설치제한지역<한강수계 상수원수질개선 및 주민지원 등에 관한 법률> | |
| | 「토지이용규제 기본법 시행령」 제9조 제4항 각 호에 해당되는 사항 | | |

## ※ 매각 물건의 토지 등기부

[토지] 경기도 고양시 덕양구 ███동 179-1 대 89㎡

### 1. 소유지분현황 ( 갑구 )

| 등기명의인 | (주민)등록번호 | 최종지분 | 주 소 | 순위번호 |
|---|---|---|---|---|
| 홍성█ (소유자) | 870824-******* | 단독소유 | 경기도 고양시 덕양구 ██████ 37, 202호 (███동, ███밥 파크) | 12 |

### 2. 소유지분을 제외한 소유권에 관한 사항 ( 갑구 )

| 순위번호 | 등기목적 | 접수정보 | 주요등기사항 | 대상소유자 |
|---|---|---|---|---|
| 14 | 가압류 | 2018년11월28일 제140493호 | 청구금액 금14,740,980 원 채권자 ██캐피탈 주식회사 | 홍성█ |
| 15 | 임의경매개시결정 | 2019년1월2일 제910호 | 채권자 이명█ | 홍성█ |
| 16 | 압류 | 2019년3월12일 제27666호 | 권리자 국민건강보험공단 | 홍성█ |

### 3. (근)저당권 및 전세권 등 ( 을구 )

| 순위번호 | 등기목적 | 접수정보 | 주요등기사항 | 대상소유자 |
|---|---|---|---|---|
| 11 | 근저당권설정 | 2017년12월27일 제154876호 | 채권최고액 금37,500,000원 근저당권자 이명█ | 홍성█ |
| 12 | 근저당권설정 | 2018년1월12일 제4366호 | 채권최고액 금37,500,000원 근저당권자 이명█ | 홍성█ |

## ※ 매각 물건의 지상 건축물등기부

[건물] 경기도 고양시 덕양구 ███동 179-2

| 순위번호 | 등 기 목 적 | 접 수 | 등 기 원 인 | 권리자 및 기타사항 |
|---|---|---|---|---|
| 1-1 | 1번등기명의인표시 변경 | 2003년3월20일 제17963호 | 2002년7월3일 전거 | 김재█외 주소 서울특별시 서대문구 ██동 156-496 |
| 1-2 | 1번등기명의인표시 변경 | 2013년5월20일 제69805호 | 2005년8월23일 전거 | 김재█외 주소 경기도 고양시 덕양구 ██길 38 (███동) |
| 2 | 소유권이전 | 2016년1월18일 제6280호 | 2015년11월1일 협의분할에 의한 상속 | 소유자 이명█ 500413-******* 경기도 고양시 덕양구 ██길 38(███동) |

철거 및 지료 소송

Part 01
도로에 의한 소송
(주위토지통행권 등)

Part 02
특수 경매에 의한
특별한 소송 사례

소　　장

원　고　이경█(█17-██510)
　　　　청주시 서원구 1수██ █ █)호 (사창동)
　　　　송달장소 : 평택시 █로 1029, 203호 (█동)
　　　　송달영수인 : 법무사 유종█


피　고　이명██ █)413-*******)
　　　　고양시 덕양구 █ 38 (█동)


토지인도 등 청구의 소


청　구　취　지


1. 피고는 원고에게,

　　가. 경기도 고양시 덕양구 █동 179-1 대 89㎡ 지상의 별지 도면
　　　　표시 1, 2, 3, 4, 1의 각점을 차례로 연결한 선내 (가)부분 건물 약
　　　　60㎡를 철거하고,

　　나. 위 토지 약 60㎡를 인도하고,

　　다. 2020. 3. 25.부터 나항 기재 토지인도 완료일 또는 원고의 가항 기재
　　　　토지 소유권 상실일 중 먼저 도래하는 날까지 월 금484,000원의 비율
　　　　로 계산한 돈을 지급하라.

2. 소송비용은 피고가 부담한다.

3. 제1항은 가집행할 수 있다.

라는 판결을 구합니다.

# 청 구 원 인

### 1. 원고의 토지 소유

원고는 의정부지방법원 2018 타경 14546호 부동산임의경매사건에서 2020. 3. 25. 임의경매로 인한 매각을 원인으로 경기도 고양시 덕양구 ▓▓동 179-1 대 89㎡(이하 '이사건토지' 라 함)를 취득하였습니다(갑제1호증 토지등기사항증명서, 갑제2호증 토지대장 각 참조).

### 2. 피고의 건물 소유

피고는 이사건 토지와 연접한 ▓▓동 179-2번지 토지 지상 및 이사건 토지의 일부, 별지 도면 표시 1,2,3,4,1의 각점을 순차로 연결한 선내 (가)부분에 걸쳐서 건물(이하 '이사건건물' 이라함)을 소유하면서 원고의 이사건 토지(침범부분 약 60㎡) 소유권을 침해하고 있습니다(갑제3호증 건물등기사항증명서, 갑제4호증 지적도등본, 갑제5호증 지적도, 갑제6호증 사진용지, 갑제7호증 항공사진, 갑제8호증 지적측량결과부 각 참조).

### 3. 철거 및 지료상당 부당이득금반환 청구

피고는 위와 같이 이사건 건물을 소유하면서 원고의 이사건 토지 소유권을 침해하고 있다고 할 것이므로, 이사건 건물을 철거하여 이사건 토지를 원고에게 인도할 의무가 있습니다.

이사건 소송을 제기하기 전에 원고는 한국국토정보공사 고양지사를 통하여 피고 소유의 이사건 건물이 원고 소유의 이사건 토지를 침범한 부분을 특정하기 위하여 측량감정을 실시한 바 있습니다(갑제8호증 참조).

또한 피고는 원고에게 지료상당의 부당이득금을 반환할 의무가 있는 바, 원고는 우선 귀원의 경매사건에서의 이사건 토지 전체 89㎡에 대한 감정평가 금액인 금107,690,000원(갑제9호증 감정평가표 참조)에 대하여 인도목적 면적 60㎡로 환산(107,690,000 나누기 89 곱하기 60)한 금72,600,000원에 대하여 연 8%인 금5,808,000원을 다시 월할로 환산한 월 금484,000원을 청구합니다.

4. 결어

위와 같이 피고는 이사건 건물을 소유하면서 원고의 이사건 토지 소유권을 침해하여 불법행위를 구성하고 있으므로 이사건 건물을 철거하고, 이사건 토지를 인도하며, 원고가 이사건 토지의 소유권을 취득한 시점부터 토지인도 완료일 또는 원고의 이사건 토지 소유권 상실일 중 먼저 도래하는 날까지 지료상당의 부당이득금을 지급할 의무가 있다 할 것입니다.

<h2 style="text-align:center">입 증 방 법</h2>

| | |
|---|---|
| 1. 갑 제1호증 | 토지등기등기사항증명서 |
| 1. 갑 제2호증 | 토지대장 |
| 1. 갑 제3호증 | 건물등기사항증명서 |
| 1. 갑 제4호증 | 지적도등본 |
| 1. 갑 제5호증 | 지적도 |
| 1. 갑 제6호증 | 사진용지 |
| 1. 갑 제7호증 | 항공사진 |
| 1. 갑 제8호증 | 지적측량결과부 |

고양지원 2020가단5634 토지인도 등 2021.02.10 제출 원본과 상위 없음

사건 2020가단 5634 토지인도 등

# 감 정 서

사 건 : 2020가단 5634 토지인도 등
원 고 : 이 ▒▒▒
피 고 : 이 ▒▒▒

-위 사건에 관하여 감정 결과 아래 및 별지 감정도와 같음.

## 감 정 목 적 물

가. 경기도 고양시 덕양구 ▒▒동 179-1 대 89㎡ 지상 건물

## 감 정 지 시 사 항

가. 위 감정목적 토지 지상의 건물현황
나. 위 건물의 정확한 위치, 구조, 지붕, 용도, 면적
다. 지적 및 건물현황도 작성

Land1                    LX 한국국토정보공사

Part 01
도로에 의한 소송
(주위토지통행권 등)

Part 02
특수 경매에 의한
특별한 소송 사례

since 1938

사건 2020가단 5634 토지인도 등

# 감 정 결 과

### 1. 건물면적

가 감정도 번호 1,10,9,8,7,6,5,1을 순차적으로 연결한 ㄱ부분은 건물 외벽선으로 피고 측 건물임.

나. 구조: 조적도(시멘트 벽돌조).

다. 지붕: 양철 기와.

라 면적: 41㎡임.

단, 측량 수로조사 및 지적에 관한 법률시행령 60조(면적의 결정 및 측량계산의 끝수처리) 1항, 1호 토지의 면적에 1제곱미터 미만의 끝수가 있는 경우 0.5제곱미터 미만일 때는 버리고 0.5제곱미터를 초과하는 때에는 올리며, 0.5제곱미터일 때에는 구하려는 끝자리의 숫자가 0 또는 짝수이면 버리고 홀수이면 올린다. 다만, 1필지의 면적이 1제곱미터 미만일 때에는 1제 곱미터로 한다.

위와 같이 감정하였음.

2021년  02월  03일

감정인 주  소 : 일산동구 ▨▨▨로24 ▨▨빌딩3,4층
         소  속 : 한국국토정보공사 경기지역본부 고양지사
         성  명 : 지적기사    김 용 ▨▨

의정부지방법원 고양지원 민사8단독 귀중

Land1                                    LX 한국국토정보공사

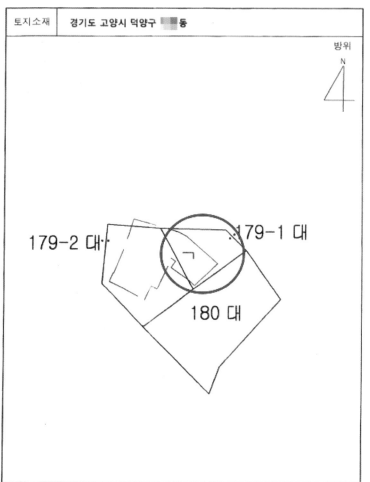

# 참 고 도

| 토지소재 | 경기도 고양시 덕양구 ██동 |
|---|---|

방위
N

179-2 대

179-1 대

180 대

## ( 임대료 )감정평가표

이 감정평가서는 감정평가에 관한 법규를 준수하고 감정평가이론에 따라 성실하고 공정하게 작성하였기에 서명날인합니다.

감정평가사
엄 정

**(주)리얼티뱅크감정평가법인 경기북부지사**　　지사장　엄 정 ■■■　(서명 또는 ■

| 감정평가액 | 구백육십오만삼천육십원정(₩9,653,060.-) | | |
|---|---|---|---|
| 의 뢰 인 | 의정부지방법원 고양지원 | 감정평가 목적 | 민사소송 |
| 채 무 자 | - | 제 출 처 | 의정부지방법원 고양지원 인사8단독 |
| 소 유 자<br>(대상업체명) | 이■■ | 기 준 가 치 | 시장가치 |
| | | 감정평가조건 | |
| 목록표시근거 | 귀 제시목록 | 기 준 시 점<br>2020. 03. 25.<br>외 | 조 사 기 간<br>2021. 03. 31. | 작 성 일<br>2021. 03. 31. |

### 감 정 평 가 내 용

| 공부(公簿)(의뢰) | | 사 정 | | 감 정 평 가 액 | |
|---|---|---|---|---|---|
| 종 류 | 면적(㎡) 또는 수량 | 종 류 | 면적(㎡) 또는 수량 | 단 가 | 금 액 |
| 임대료 | 89 | 임대료 | 89 | - | 9,653,06■ |
| | | 이 하 여 백 | | | |
| | | | | | |
| | | | | | |
| | | | | | |
| **합 계** | | | | | **₩9,653,060** |

| 심사확인 | 본인은 이 감정평가서에 제시된 자료를 기준으로 성실하고 공정하게 심사한 결과 이 감정평가 내용이 타당하다고 인정하므로 이에 서명날인합니다.<br><br>심사자 : 감정평가사<br>　　　　 이 효 ■    |
|---|---|

# [ 감 정 평 가 보 고 서 ]

나. 계산기간: ① 2020.3.25. ~ 감정일까지.

② 감정일 ~ 향후 1년

## II. 감정평가결과(감정일: 2021.03.31.)

| 기호 | 소재지 지번 | 연 임대료(원) | 월 평균 임대료(원) | 임대료 산정 기간 | 임대일수 |
|------|------------|------------|------------------|----------------|---------|
| 1 | 경기도 고양시 덕양구 ▨▨동 179-1 | 4,740,260 | 395,020 | 2020.03.25. ~ 2021.03.30. | 371/365 |
| | | 4,912,800 | 409,400 | 2021.03.31. ~ 2022.03.30. | 365/365 |
| | 임대료 총액 | 9,653,060 | – | – | – |

＊감정일 현재까지의 임대료와 향후 1년간의 임대료를 산정하기 위하여, 감정일(2021.03.31.) 현재에 임대료
산정기간이 종료하고, 새로 산정하는 것으로 기준시점을 정하였습니다.

＊월 평균 임대료는 연 임대료를 12개월로 나눈 임대료입니다.

# 감정평가액의 산출근거 및 결정 의견

## III. 대상물건 개요

### 1. 감정평가 목적

본건은 경기도 고양시 덕양구 ███동 소재 '고양 ███ 사 대방' 남동측 인근에 위치하는 부동산(토지)에 대한 임대료 산정을 위한 감정평가로서 '의정부지방법원 고양지원 2020가단 5634 토지인도 등' 사건에 대한 소송참고 목적의 감정평가입니다.

### 2. 감정평가 대상물건

#### 가. 대상물건 기본정보

| | 기호 | 소재지 | 공부면적 (㎡) | 용도지역 | 지목 | 이용상황 | 형상지세 | 2020년 개별지가 (원/㎡) |
|---|---|---|---|---|---|---|---|---|
| 토지 | 1 | 경기도 고양시 덕양구 ███동 179-1 | 89 | 1종일주 | 대 | 단독주택 | 사다리평지 | 1,057,000 |

### 3. 임대기간 및 기준시점 결정

본 감정평가는 귀 요청에 따라 임대기간은 2020년 03월 25일부터 2021년 03월 30일까지 및 2021년 03월 31일(감정일)부터 2022년 03월 30일까지이며, 임대료 감정시 기초가액의 기준시점은 임대기간별 초일(2020.03.25., 2021.03.31.(감정일))입니다.

## 의정부지방법원 고양지원

## 판 결

| | | |
|---|---|---|
| 사 건 | 2020가단5634 토지인도 등 | |

원 고 이○○

청주시 서○ ■■ ■■ ■■1호(■■동)

송달장소 평택시 ■로 1029, 203호(■■동)

피 고 이○○

최후주소 고양시 ■■■ ■■■ 38(■■동)

변 론 종 결 2021. 5. 12.

판 결 선 고 2021. 5. 26.

## 주 문

1. 피고는 원고에게,

가. 고양시 덕양구 ■■동 179-1 대 89㎡ 지상 별지 도면 표시 1, 10, 9, 8, 7, 6, 5,
   1의 각 점을 차례로 연결한 선내 (ㄱ) 부분 시멘트 벽돌조 양철 기와지붕 단층
   주택 41㎡를 철거하고 그 대지를 인도하고,

나. 2,183,715원 및 2021. 3. 31.부터 위 대지(41㎡)의 인도 완료일까지 월 188,600원
   의 비율로 계산한 돈을 각 지급하라.

2. 소송비용은 피고가 부담한다.

3. 제1항은 가집행할 수 있다.

## 청 구 취 지

주문과 같다<sup>1)</sup>.

## 이 유

1. 청구의 표시: 별지 청구원인 기재와 같다.

2. 공시송달에 의한 판결(민사소송법 제208조 제3항 제3호)

판사     박○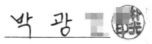

## 부동산강제경매신청

채 권 자   이경■ ■■■-2390610)

청주시 서■■■■■■ ■ ■호 (■■동)

송달장소 : 평택시 ■■로 1029, 203호 (■■동)

송달영수인 : 법무사 유종■

채무자겸   이면■ ■■■-2167513)
소유자
고양시 덕양구 ■■길 38 (■■동)

### 청 구 금 액

금3,881,115원 및 2021. 12. 31.부터 경기도 고양시 덕양구 ■■동 179-1 대 89㎡ 지상의 별지도면 표시 1, 10, 9, 8, 7, 6, 5, 1의 각 점을 차례로 연결한 선내 (ㄱ) 부분 시멘트 벽돌조 양철 기와지붕 단층 주택 41㎡를 철거하여 위 토지를 인도 하는 날까지 월 금188,600원의 비율로 계산한 금원

상세내역   ① 기발생분 : 금2,183,715원

② 금1,697,400원

(2021. 3. 31. ~ 2021. 12. 30. 9개월 x 월188,600원)

합계 : ① + ② = 총 금3,881,115원 + 향후발생분

### 경매할 부동산의 표시

별지 목록 기재와 같습니다.

## 집행권원의 표시

의정부지방법원 고양지원 2020 가단 5634 토지인도 사건의 집행력 있는 확정판결

## 신 청 취 지

위 청구금액의 변제에 충당하기 위하여 채무자 소유의 별지 목록 기재 부동산에 대하여 강제경매절차를 개시하고 채권자를 위하여 이를 압류한다. 라는 결정을 구합니다.

## 신 청 이 유

채권자는 채무자에 대하여 의정부지방법원 고양지원 2020 가단 5634 토지인도 청구 사건의 집행력 있는 판결정본에 의거한 지료상당 부당이득금 청구 채권을 가지고 있는 바 채무자가 위 채무를 자발적으로 이행하지 아니하므로 채권회수를 위해 별지목록 기재 부동산에 대하여 강제경매를 신청합니다.

## 소 명 자 료

1. 집행력 있는 판결정본          1통
1. 부동산등기사항증명서          2통

# 지료 판결에 의한 건물 토지 강제경매 진행

| 2022 타경 407 | 매각공고예상기간 : 2022-06 ~ 2022-09 | 담당계 : 경매13계 031-920-■■■■ |
|---|---|---|

| 소재지 | (105-80) 경기도 고양시 덕양구 ■■동 179-2<br>[도로명주소] 경기도 고양시 덕양구 ■■■길 38(■■동) | | | | |
|---|---|---|---|---|---|
| 물건종별 | 토지목록1건<br>건물목록1건 | 채권자 | 이OO | 개시/공고 | 2022-01-25 / 2022-02-03 |
| 종국결과 | 취하 | 채무자 | 이OO | 배당종기 | 2022-04-25 |
| 경매구분 | 부동산강제경매 | 소유자 | 이OO | 청구금액 | 3,881,115원 |

이미지 준비중입니다. / kakao / kakao

## 토지목록

| 목록번호 | 소재지 | 면적(m²) | 공시지가(원) | 목록구분 |
|---|---|---|---|---|
| 1 | 경기도 고양시 덕양구 ■■동 179-2 [토지이용계획] | | 자료 없음 | 토지 |

## 건물목록

| 목록번호 | 소재지 | 가격 | 목록구분 |
|---|---|---|---|
| 2 | 경기도 고양시 덕양구 ■■■길 38 [부동산종합열람] | | 건물 |

## 당사자내역

| 채무자겸소유자 | 이OO | 채권자 | 이OO |
|---|---|---|---|

## 건물 등기부내역   ▶ 건물열람일 : 2022-02-10    [등기부등본열람]

| 순위 | 접수일자 | 권리종류 | 권리자 | 권리금액 | 소멸여부 | 비고 |
|---|---|---|---|---|---|---|
| 갑1 | 1994-04-28 | 소유권 | 김OO | | 이전 | 매매 |
| 갑2 | 2016-01-18 | 소유권 | 이OO | | 이전 | 협의분할에 의한 상속 |
| 갑3 | 2022-01-25 | 강제경매 | 이OO | 청구: 3,881,115원 | 소멸기준 | |

## 토지 등기부내역   ▶ 토지열람일 : 2022-02-10    [등기부등본열람]

| 순위 | 접수일자 | 권리종류 | 권리자 | 권리금액 | 소멸여부 | 비고 |
|---|---|---|---|---|---|---|
| 갑1 | 1994-04-28 | 소유권 | 김OO | | 이전 | 매매 |
| 갑2 | 2016-01-18 | 소유권 | 이OO | | 이전 | 협의분할에 의한 상속 |
| 갑3 | 2022-01-25 | 강제경매 | 이OO | 청구: 3,881,115원 | 소멸기준 | |

# 사건 개요 건축물대장 없어도 매각에 포함하는 경우

**02**

이 물건은 건축물 관리대장이 없으며 다른 집의 마당(현황도로)을 통해 진입하고 있다. 저당권을 설정할 때 경매 진행 시 건물도 같이 매각에 포함한다는 각서하에 진행되어 무허가건물도 매각에 포함되어 낙찰받았다. 필자는 진입도로에 문제가 있지만, 무허가 건축물을 양성화하면 주위토지 통행권으로 도로를 확보해 감정가 정도로 매각이 가능한 것으로 판단해 입찰하게 되었으나 양성화를 위한 현황측량을 확인해본 결과, 경계를 침범해 양성화가 불가능하게 되었다.

| 감정평가 | 공부(公簿)(의뢰) | | 사 정 | | 감 정 평 가 액 | |
| --- | --- | --- | --- | --- | --- | --- |
| | 종 별 | 면적 또는 수량(㎡) | 종 별 | 면적 또는 수량(㎡) | 단 가 | 금 액 |
| | 토지 | 295 | 토지 | 295 | 451,000 | 133,045,000 |
| | 제시외건물 | (79) | 제시외건물 | 79 | – | 11,285,000 |
| | | 이 | 하 | 여 | 백 | 144,330,000원 |

**명세서 요약사항** ▶ 최선순위 설정일자 2005.6.9. 근저당권

| 소멸되지 않는 등기부권리 | 해당사항 없음 |
| --- | --- |
| 설정된 것으로 보는 지상권 | 해당사항 없음 |
| 주의사항 / 법원문건접수 요약 | 제시외건물포함(채무자겸소유자 김명ᆞ 작성 양도담보설정계약서 및 매각포함 확인서 제출) 제시외 건물 인접필지와 경계에 걸쳐 소재하는 것으로 보임(점유,사용권원 불명) |

| 2015 타경 14524 (임의) | | 매각기일 : 2016-05-31 10:00~ (화) | | 경매2계 041-620-■■■ | |
|---|---|---|---|---|---|
| 소재지 | (31458) 충청남도 아산시 탕정면 ■■리 219-23<br>[도로명] 충청남도 아산시 ■■■■길 14-4(■■면) | | | | |
| 용도 | 대지 | 채권자 | 아○○○○○ | 감정가 | 144,330,000원 |
| 토지면적 | 295㎡ (89.24평) | 채무자 | 김○ | 최저가 | (34%) 49,505,000원 |
| 건물면적 | | 소유자 | 김○ | 보증금 | (10%)4,950,500원 |
| 제시외 | 79㎡ (23.9평) | 매각대상 | 토지만매각 | 청구금액 | 65,692,739원 |
| 입찰방법 | 기일입찰 | 배당종기일 | 2015-12-28 | 개시결정 | 2015-10-19 |

### 기일현황 　□간략보기▼

| 회차 | 매각기일 | 최저매각금액 | 결과 |
|---|---|---|---|
| 신건 | 2016-02-16 | 144,330,000원 | 유찰 |
| 2차 | 2016-03-22 | 101,031,000원 | 유찰 |
| 3차 | 2016-04-26 | 70,722,000원 | 유찰 |
| 4차 | 2016-05-31 | 49,505,000원 | 매각 |

김○○/입찰2명/낙찰61,180,000원(42%)
2등 입찰가 : 57,800,000원

| | 2016-06-07 | 매각결정기일 | 허가 |
|---|---|---|---|
| | 2016-07-15 | 대금지급기한<br>납부 (2016.07.15) | 납부 |
| | 2016-08-19 | 배당기일 | 완료 |

---

### ❼ 물건현황/토지이용계획

구리미마을 내에 위치

주위환경은 지방도주변 농촌지대, 자연부
락, 농경지, 자연림(임야) 등이 혼재

본건 인근까지 차량 출입이 가능, 근거리에
노선버스 정류장이 소재, 대중교통사정은
무난

사다리형 환경사지대내 조성된 대체로 평
지, 제시외 건부지(주거용)

지적도상 맹지, 인접 토지를 경유하여 출입이
가능

계획관리지역( ■■리 219-23)

🔊 **토지/임야대장**

🔊 **부동산 통합정보 이음**

🔊 **감정평가서**

### ❼ 감정평가현황 　■■■감정㈜

| 가격시점 | 2015-10-26 | |
|---|---|---|
| 감정가 | | 144,330,000원 |
| 토지 | (92.18%) | 133,045,000원 |
| 제시외포함 | (7.82%) | 11,285,000원 |

### ❼ 면적(단위:㎡)

**【토지】**
■■리 219-23 대지
계획관리지역
295㎡ (89.24평)

**【제시외】**
■■리 219-23
단층 주택 포함
62㎡ (18.75평)
조적조및목조

■■리 219-23
단층 보일러실 포함
5㎡ (1.51평)
조적조

■■리 219-23
단층 창고 포함
12㎡ (3.63평)
조적조

### ❼ 임차인/대항력여부

배당종기일: 2015-12-28

- 매각물건명세서상 조사된
임차내역이 없습니다

🔊 **매각물건명세서**

🔊 **예상배당표**

### ❼ 등기사항/소멸여부

| 소유권 | 이전 |
|---|---|
| 1994-04-12 | 토지 |
| 김○ | |
| 매매 | |

| (근)저당 | 토지소멸기준 |
|---|---|
| 2005-06-09 | 토지 |
| 아○○○ | |
| 59,000,000원 | |

| 지상권 | 소멸 |
|---|---|
| 2005-06-09 | 토지 |
| 아○○○ | |

| (근)저당 | 소멸 |
|---|---|
| 2008-01-21 | 토지 |
| 아○○○ | |
| 28,000,000원 | |

| 압류 | 소멸 |
|---|---|
| 2011-03-23 | 토지 |
| 국○○○○ | |
| (징수팀-693) | |

| 압류 | 소멸 |
|---|---|
| 2011-06-17 | 토지 |
| 천○ | |
| (차량등록사업소-10026) | |

| 가압류 | 소멸 |
|---|---|
| 2011-12-26 | 토지 |
| 조○ 53,422,210원 | |

## 현황도로로 인정받기 위한 건축물 양성화 신청

낙찰 후 아산 시청 앞의 건축설계 사무실과 상담했더니 양성화는 현재 법규에 맞으면 가능하다고 했다. 건폐율과 용적률은 충분하니 현재 건축된 건축물이 경계선을 넘지 않았다면 양성화가 가능하다며 현황측량을 해서 측량 성과도와 정화조를 만들고 필증을 가져오면 양성화 신청을 해준다고 했다.

하지만 측량을 해보니 건물의 일부가 경계를 넘었다. 경계를 침범해 양성화가 불가능해서 다시 싼 가격에 매도하려고 해도 팔리지 않았다. 경매로 매도하기로 결정할 수밖에 없다. 시간이 오래 걸리고 금전적으로는 손해가 많은 편이었다. 감정평가사의 주의 사항을 유심히 살피지 못한 것이 실수의 시작이었다.

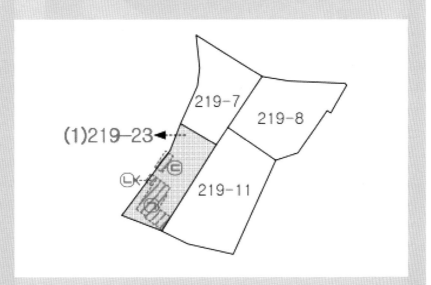

44200-2016-201600347326

# 지적현황측량 성과도

| 토지 소재 | 아산시 탕정면 ▨▨리 219-23번지 | | 축 척 | $\dfrac{1}{1200}$ |
|---|---|---|---|---|
| 측량자 | 2016년 7월 29일 | 측량성과도 작성자 | 2016년 7월 29일 | |
| | 지적기사 채동▨ (인) | | 지적산업기사 이지▨ (인) | |

현 황 표 시

| 범 례 | 명 칭 |
|---|---|
| ▭ | 건 물 |
| 아래빈칸 | |

면 적 표 시

| 지번 부호 | 면적(㎡) |
|---|---|
| 아래빈칸 | |
| | |
| | |
| | |
| | |
| | |
| | |
| | |

지적현황측량 결과도에 의하여 작성하였습니다.

2016년 7월 29일

한국국토정보공사 아산지사장

| 비 고 | 이 측량성과도는 측량에 사용할 수 없습니다. |
|---|---|

314

| 소재지 | 충청남도 아산시 탕정면 █ 리 219-23번지 | | |
|---|---|---|---|
| 지목 | 대 ? | 면적 | 295 m² |
| 개별공시지가(m²당) | 390,200원 (2023/01) 연도별보기 | | |
| 지역지구등 지정여부 | 「국토의 계획 및 이용에 관한 법률」에 따른 지역 · 지구등 | 계획관리지역 , 자연취락지구(동산1) , 성장관리계획구역(탕정03(주거형)) | |
| | 다른 법령 등에 따른 지역 · 지구등 | 가축사육제한구역(일부제한구역350및지방자치단체1500)<가축분뇨의 관리 및 이용에 관한 법률> | |
| 「토지이용규제 기본법 시행령」 제9조 제4항 각 호에 해당되는 사항 | <추가기재>경계중복에 따라 용도지역이 중복 발급될 수 있으니 관련실과에 확인바랍니다. | | |

확인도면

범례

- ☐ 준보전산지
- ☐ 도시지역
- ☐ 도시지역미지정
- ■ 계획관리지역
- ☐ 지구단위계획구역
- ☐ 성장관리계획구역
- ☐ 도시개발구역
- ☐ 가축사육제한구역
- ☐ 자연취락지구
- ☐ 법정동

☐ 작은글씨확대 축척 1 / 1000 ∨ 변경 도면크게보기

출입가능 현황도로

이것이 진짜
부동산 소송이다 II

건물 제외로 강제경매를 신청했으나 건물매각 제외로 진행되어 투자금 회수도 못 할 낮은 가격에 낙찰 후 잔금 미납되었으며, 5차까지 하락하자 강제경매를 취하했다.

③ 제1항 단서에도 불구하고 , 제11조의2 및 제19조는 제1항 단서에 따른 보증금액을 초과하는 임대차에 대해서도 적용한다. 〈 2022. 1. 4〉

| 2017 타경 6909 (강제) | | 매각기일 : 2019-01-15 10:00~ (화) | | | 경매6계 041-620-■■ | |
|---|---|---|---|---|---|---|
| 소재지 | (31458) 충청남도 아산시 탕정면 ■■리 219-23 [도로명] 충청남도 아산시 ■■로31번길 14-4(■면) | | | | | |
| 용도 | 대지 | 채권자 | 이ㅁㅁ | | 감정가 | 133,635,000원 |
| 토지면적 | 295㎡ (89.24평) | 채무자 | 김OO | | 최저가 | (24%) 32,086,000원 |
| 건물면적 | | 소유자 | 김OO | | 보증금 | (10%)3,208,600원 |
| 제시외 | 제외 : 79㎡ (23.9평) | 매각대상 | 토지만매각 | | 청구금액 | 5,000,000원 |
| 입찰방법 | 기일입찰 | 배당종기일 | 2017-09-14 | | 개시결정 | 2017-06-15 |

**기일현황**　▽간략보기

| 회차 | 매각기일 | 최저매각금액 | 결과 |
|---|---|---|---|
| 신건 | 2018-06-12 | 133,635,000원 | 유찰 |
| 2차 | 2018-07-17 | 93,545,000원 | 유찰 |
| 3차 | 2018-08-21 | 65,482,000원 | 유찰 |
| 4차 | 2018-10-02 | 45,837,000원 | 매각 |

강OO/입찰3명/낙찰55,130,000원(41%)
2등 입찰가 : 51,900,000원

| | 2018-10-10 | 매각결정기일 | 허가 |
|---|---|---|---|
| | 2018-11-09 | 대금지급기한 | 미납 |
| 4차 | 2018-12-11 | 45,837,000원 | 유찰 |
| 5차 | 2019-01-15 | 32,086,000원 | 취하 |

최종기일 결과 이후 취하한 사건입니다.

▶19-01-14 채권자 경매신청취하서 제출

**취하공고**　▸ 취하일자 : 2019-01-14

　**취하내용**　2019.01.14. 부동산강제경매 취하

📋 **물건현황/토지이용계획**

구리미마을 내에 위치

인근 농경지 및 임야, 주택 등이 소재하는 지방도주변농촌임

본건 인근까지 차량의 접근이 가능하며, 근거리에 대중교통수단인 버스정류소가 소재하며, 제반 교통여건은 보통

사다리형 완경사지대이며, 전 및 제시외건 부지로 이용중임

지적도상 맹지이나 인근 토지를 통해 출입이 가능함

계획관리지역(■■리 219-23)

🔲 토지/임야대장
🔲 부동산 통합정보 이용
🔲 감정평가서

📋 감정평가현황 (주)경일감정

📐 **면적(단위:㎡)**

**[토지]**
■■리 219-23 대지
계획관리지역
295㎡ (89.24평)

**[제시외]**
■■리 219-23
단층 주택 제외
62㎡ (18.75평)
조적조및목조합석

■■리 219-23
단층 보일러실 제외
5㎡ (1.51평)
조적조스레트

■■리 219-23
단층 창고 제외
12㎡ (3.63평)
조적조스레트

📋 **임차인/대항력여부**

배당종기일: 2017-09-14

- 매각물건명세서상 조사된 임차내역이 없습니다

🔲 매각물건명세서

📋 **등기사항/소멸여부**

| 소유권 | 이전 토지 |
|---|---|
| 1994-04-12 | |
| 김OO | |
| 매매 | |

| 소유권 | 이전 토지 |
|---|---|
| 2016-07-15 | |
| 김OO | |
| 임의경매를 인한 매각 | |

| 강제경매 | 토지소멸기준 |
|---|---|
| 2017-06-15 | 토지 |
| 이OO | |
| 청구 : 5,000,000원 | |

▷ 채권총액 : 5,000,000원

🔲 등기사항증명서

토지열람 : 2018-08-08

[토지] 충청남도 아산시 탕정면 ▨리 219-23

| 순위번호 | 등 기 목 적 | 접 수 | 등 기 원 인 | 권리자 및 기타사항 |
|---|---|---|---|---|
| | | | 24) | |
| 13 | 소유권이전 | 2016년7월15일<br>제45294호 | 2016년7월15일<br>임의경매로<br>인한 매각 | 소유자 김경▨ 770112-*******<br>경상남도 양산시 ▨▨로 33, 302동<br>111호(▨▨동, ▨아파트) |
| 14 | 4번압류, 6번압류,<br>7번가압류,<br>11번압류,<br>12번임의경매개시결<br>정 등기말소 | 2016년7월15일<br>제45294호 | 2016년7월15일<br>임의경매로<br>인한 매각 | |
| ~~15~~ | ~~강제경매개시결정~~ | ~~2017년6월15일~~<br>~~제40627호~~ | ~~2017년6월15일~~<br>~~대전지방법원~~<br>~~천안지원의~~<br>~~강제경매개시결~~<br>~~정(2017타경698~~<br>~~9)~~ | ~~채권자 이종▨ 510729-*******~~<br>~~광주시 ▨▨로 86, ▨▨ ▨▨태전동~~<br>~~▨▨▨▨아파트)~~ |
| 16 | 15번강제경매개시결<br>정등기말소 | 2019년1월16일<br>제2393호 | 2019년1월14일<br>취하 | |
| ~~17~~ | ~~강제경매개시결정~~ | ~~2019년1월29일~~<br>~~제5102호~~ | ~~2019년1월29일~~<br>~~대전지방법원~~<br>~~천안지원의~~<br>~~강제경매개시결~~<br>~~정(2019타경126~~<br>~~7)~~ | ~~채권자 이종▨ 510729-*******~~<br>~~광주시 태봉로 86, ▨▨ (태전동~~<br>~~▨▨▨▨아파트)~~ |
| 18 | 소유권이전 | 2019년11월28일<br>제65962호 | 2019년11월28일<br>강제경매로<br>인한 매각 | 공유자<br>지분 3분의 1<br>배수▨ 710926-*******<br>전라북도 익산시 선화로13길 ▨▨ ▨▨동<br>▨▨▨(모현동1가,▨▨▨▨아파트)<br>지분 3분의 1<br>유서▨ 730403-*******<br>전라북도 전주시 덕진구 ▨▨▨ ▨,<br>208동<br>▨▨▨호(인후동1가,▨▨▨▨▨부영아파트)<br>지분 3분의 1<br>국정▨ 690419-*******<br>전라북도 익산시 금마면 고도신촌길 ▨ |

# 건물매각 포함으로 다시 재경매 신청

| 2019 타경 1267 (강제) | | 매각기일 : 2019-10-21 10:00~ (월) | | 경매2계 041-620-■■■■ | |
|---|---|---|---|---|---|
| 소재지 | (31458) 충청남도 아산시 탕정면 ■■■리 219-23<br>[도로명] 충청남도 아산시 ■■■번길 14-4(■■리) | | | | |
| 용도 | 대지 | 채권자 | 이○○ | 감정가 | 141,705,000원 |
| 토지면적 | 295㎡ (89.24평) | 채무자 | 김○ | 최저가 | (70%) 99,194,000원 |
| 건물면적 | | 소유자 | 김○ | 보증금 | (10%)9,919,400원 |
| 제시외 | 79㎡ (23.9평) | 매각대상 | 토지매각 | 청구금액 | 6,801,108원 |
| 입찰방법 | 기일입찰 | 배당종기일 | 2019-05-08 | 개시결정 | 2019-01-29 |

**기일현황**

| 회차 | 매각기일 | 최저매각금액 | 결과 |
|---|---|---|---|
| 신건 | 2019-09-16 | 141,705,000원 | 유찰 |
| 2차 | 2019-10-21 | 99,194,000원 | 매각 |

복○○○○○/입찰2명/낙찰123,789,900원(87%)
2등 입찰가 : 113,777,000원

| | 2019-10-28 | 매각결정기일 | 허가 |
|---|---|---|---|
| | 2019-11-28 | 대금지급기한<br>납부 (2019.11.28) | 납부 |
| | 2020-01-10 | 배당기일 | 완료 |

배당종결된 사건입니다.

**물건현황/토지이용계획**

"구리미마을" 내에 위치

주위는 단독주택, 창고, 공장, 농경지(전답) 및 임야가 형성

본건 인근까지 차량접근 가능하고, 인근에 노선버스정류장이 소재하는 등 제반 교통여건은 보통시됨

대체로 사다리형의 완경사지로서, 주택부지로 이용중임

지적도상 맹지임

계획관리지역(■■리 219-23)

**🔲 토지/임야대장**

**🔲 부동산 통합정보 이용**

**🔲 감정평가서**

**감정평가현황** ■■■감정

**면적(단위:㎡)**

**[토지]**

■■리 219-23 대지
계획관리지역
295㎡ (89.24평)

**[제시외]**

■■리 219-23 외 1필지
단층 주택 포함
62.0㎡ (18.75평)
조적조및목조

■■리 219-23
단층 보일러실등 포함
5.0㎡ (1.51평)
조적조

■■리 219-23
단층 창고 포함
12.0㎡ (3.63평)
조적조

**임차인/대항력여부**

배당종기일: 2019-05-08

- 매각물건명세서상 조사된 임차내역이 없습니다

**🔲 매각물건명세서**

**🔲 예상배당표**

**등기사항/소멸여부**

| 소유권 | 이전 |
|---|---|
| 1994-04-12 | 토지 |
| 김○ | |
| 매매 | |

| 소유권 | 이전 |
|---|---|
| 2016-07-15 | 토지 |
| 김○ | |
| 임의경매로 인한 매각 | |

| 강제경매 | 토지소멸기준 |
|---|---|
| 2019-01-29 | 토지 |
| 이○ | |
| 청구 : 6,801,108원 | |

▷ 채권총액:
6,801,108원

**🔲 등기사항증명서**

토지열람 : 2019-02-21

# 물건 개요 거주 중인 지분권자들이 가등기 후 공유물 현금분할 신청 사례

경기도 양주시 토지건물 1/4 지분매각으로 143,875,117원 정도의 강제경매로 당연히 취하될 것으로 판단했다. 그러나 취하되지 않고 거주하고 있는 지분권자는 공유자 우선 매수를 모르고 낙찰 후 협의는 안 하며 법대로 하자고 해서 소송을 했다. 공유자 지분 3/4을 가등기한 후 반소를 제기했으나 결국 조정으로 마무리된 사례.

| | |
|---|---|
| 소재지 | 2. 경기도 양주시 ▨▨▨번길 13-18 |
| 점유관계 | 채무자(소유자)점유, 임차인(별지)점유 |
| 기타 | 전입세대열람 결과 및 정경▨(채무자 겸 소유자)의 진술에 의함 |

**2. 부동산의 현황**
1. 목록 1.은 목록 2.의 대지임
2. 목록 1.지상(일부)에 걸쳐있는 제시외 건물(블럭조 슬래브지붕 창고 1동)은 대부분 인접한 ▨▨동 268-8 토지상에 소재하는 것으로 목측되고, 타인 건물의 일부가
  목록 1. 남측 일부를 위 제시외 건물에 인접하여 점유하고 있는 것으로 목측됨
3. 목록 2.에 제시외 건물인 보일러실, 발코니(겸 다용도실), 창고 겸 옥탑방, 수도전박스 각 1동 및 창고 2동이 소재함
4. 목록 1.에 은행나무, 대추나무 및 국화 등(각 식재자, 수령 등 미상) 식재되어 있음
5. 이 사건 매각지분의 구분소유적 공유관계인지 여부는 알 수 없음
6. 이 사건 목록 부동산 및 제시외 건물 등은 목측에 의하여 조사한 것이므로 그 정확한 위치, 경계, 면적, 구조 등은 전문감정인의 감정이 필요함

**임대차관계조사서**
**1. 임차 목적물의 용도 및 임대차 계약등의 내용**
[소재지] 1. 경기도 양주시 ▨▨동 268-14

| | | | | |
|---|---|---|---|---|
| | 점유인 | 정봉▨ | 당사자구분 | 임차인 |
| | 점유부분 | | 용도 | 주거 |
| 1 | 점유기간 | | | |
| | 보증(전세)금 | | 차임 | |
| | 전입일자 | 2002.09.17 | 확정일자 | |

[건물] 경기도 양주시 ▨▨동 268-14

## 1. 소유지분현황 ( 갑구 )

| 등기명의인 | (주민)등록번호 | 최종지분 | 주 소 | 순위번호 |
|---|---|---|---|---|
| 정경▨ (공유자) | 730913-******* | 4분의 1 | 경기도 양주시 ▨▨▨번길 ▨-31 (▨▨동) | 6 |
| 정봉▨ (공유자) | 651219-******* | 4분의 1 | 경기도 양주시 ▨▨▨번길 ▨-18 (▨▨동) | 6 |
| 정시▨ (공유자) | 690630-******* | 4분의 1 | 경기도 양주시 ▨▨▨번길 8, ▨▨ ▨▨▨호 (▨▨동, ▨▨마을 ▨▨아파트) | 6 |
| 정현▨ (공유자) | 760506-******* | 4분의 1 | 경기도 양주시 ▨▨▨번길 13-18 (▨▨동) | 6 |

## 2. 소유지분을 제외한 소유권에 관한 사항 ( 갑구 )

| 순위번호 | 등기목적 | 접수정보 | 주요등기사항 | 대상소유자 |
|---|---|---|---|---|
| 7 | 강제경매개시결정 | 2019년8월16일 제74845호 | 채권자 ▨▨▨대부주식회사 | 정경▨ |

| 2019 타경 82369 (강제) | | 매각기일 : 2020-06-02 10:30~ (화) | | 경매14계 031-828-■■■ | |
|---|---|---|---|---|---|
| 소재지 | (11459) 경기도 양주시 ■■동 268-14<br>[도로명] 경기도 양주시 ■■■번길 13-18[ ■■동 268-14] | | | | |
| 용도 | 주택 | 채권자 | 예00000 | 감정가 | 71,840,000원 |
| 지분토지 | 90㎡ (27.22평) | 채무자 | 정00 | 최저가 | (49%) 35,202,000원 |
| 지분건물 | 43.22㎡ (13.07평) | 소유자 | 정0 | 보증금 | (10%)3,520,200원 |
| 제시외 | 포함 : 17.76㎡ (5.37평)<br>제외 : 17.25㎡ (5.22??) | 매각대상 | 1/4 토지/건물지분매각 | 청구금액 | 13,875,117원 |
| 입찰방법 | 기일입찰 | 배당종기일 | 2019-11-04 | 개시결정 | 2019-08-16 |

**기일현황**          ✔간략보기

| 회차 | 매각기일 | 최저매각금액 | 결과 |
|---|---|---|---|
| 신건 | 2020-03-24 | 71,840,000원 | 유찰 |
| 2차 | 2020-04-28 | 50,288,000원 | 유찰 |
| 3차 | 2020-06-02 | 35,202,000원 | 매각 |
| (행00000/입찰10명/낙찰53,299,990원(74%) | | | |
| | 2020-06-09 | 매각결정기일 | 허가 |
| | 2020-07-24 | 기한후납부 | |
| | 2020-09-22 | 배당기일 | 완료 |
| 배당종결된 사건입니다. | | | |

---

**7 물건현황/토지이용계획**

고읍교차로 북서측 인근에 위치

주변은 전, 답, 농가주택, 단독주택, 중소형 규모공장들이 혼재하는 농가주변 주택지대

본건까지 차량출입 가능하며 인근에 노선 버스정류장이 소재하는등 대중교통 사정은 보통시됨

세로(가)임

이용상태(단독주택 - 1층 : 방4, 거실, 주방, 화장실2, 지층 : 방2, 주방, 화장실등)

기본적인 전기설비, 위생설비, 급배수, 난방설비

자연녹지지역(■■동 268-14)

연와조슬래브

🔲 부동산 통합정보 이음

🔲 감정평가서

**7 감정평가현황** ■■감정

| 가격시점 | 2019-08-26 |
|---|---|
| 감정가 | 71,840,000원 |
| 토지 | (74.54%) 53,550,000원 |
| 건물 | (21.56%) 15,490,000원 |
| 제시외포함 | (3.9%) 2,800,000원 |
| 제시외제외 | (2.37%) 1,700,000원 |

---

**7 면적(단위:㎡)**

**[(지분)토지]**

■■ 268-14 대지
자연녹지지역
90㎡ (27.22평)
360면적중 정경애지분 90전부

**[(지분)건물]**

■■번길 13-18
단층 주택
27.66㎡ (8.37평)
연와조슬래브
110.64면적중
정경애지분
27.66전부

■■번길 13-18
지층 주택
15.56㎡ (4.71평)
연와조슬래브
62.24면적중
정경애지분
15.56전부

🔲 건축물대장

**[제시외]**

■■번길 13-18
( ㄱ ) 창고 포함
1.55㎡ (0.47평)
샷시조

■■번길 13-18
( ㄴ ) 보일러실 포함
1㎡ (0.3평)
판넬조판넬

■■번길 13-18
( ㄷ ) 발코니 포함
1.13㎡ (0.34평)
샷시조유리

---

**7 임차인/대항력여부**

배당종기일 : 2019-11-04

정0
전입 : 2002-09-17
확정 : 없음
배당 : 없음
점유 :
지분소유자

🔲 매각물건명세서
🔲 예상배당표

- 정봉■은 세대주(정봉■) 보다 세대구성원(정현■)이 전입일자가 빠른 것으로 확인되며 최초 전입자 정현■의 전입일자를 기재함

- 1. 전입세대열람 결과 및 주민등록표등본 및 초본 각 확인 결과, 세대주(정봉■) 보다 세대구성원(정현■)이 전입일자가 빠른 것으로 확인되어 최초 전입자 정현■의 전입일자를 등록하였음 2. 덧붙인 전입세대열람 내역 및 주민등록표등본 및 초본에 각 등재되어 있어 임자인으로 보고하나, 구체적인 임대차관계 및 정확한 점유 권원 등은 별도의 확인이 필요함

---

**7 등기사항/소멸여부**

| 소유권(지분) | 이전 |
|---|---|
| 2018-11-15 | 건물/토지 |
| 정000 | |
| 상속 | |

| 강제경매(지분) | 소멸기준 |
|---|---|
| 2019-08-16 | 건물/토지 |
| 예000 | |
| 청구 : 13,875,117원 | |

▷ 채권총액 :
　13,875,117원

🔲 등기사항증명서
건물열람 : 2019-08-26
토지열람 : 2019-08-26

---

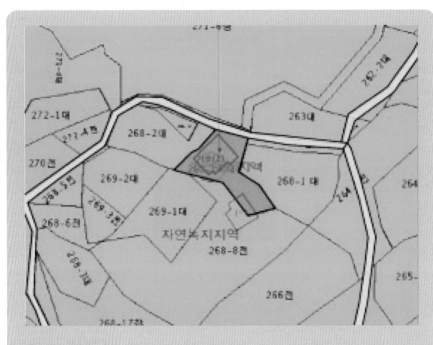

## 소    장

| | | |
|---|---|---|
| 원 고 | | 주식회사 한국부동산서비스산업협회(211-86-*****) |
| | | 서울 강남구 ___로 329 (___동, ___오피스텔) 1713호 |
| | | 송달주소: 서울 강서구 ___길 13 (___동, ___아파트) 301호 |
| | | 대표자 이종█ |
| | | ( 휴대전화: 010-2310-****    이메일: ___e.com ) |
| 피 고 | | 1. 정종█ 51219-*******) |
| | | ( 휴대전화: 010-5835-**** ) |
| | | 2. 정현█ 60506-*******) |
| | | 피고 1, 2의 주소 양주시 ___번길 _ (___동) |
| | | 3. 정시█ |
| | | 양주시 고읍로3___ 8 (___동, ___아파트) 311동 1504호 |
| | | ( 휴대전화: 010-5228-**** ) |

공유물분할및임료의부당이득반환청구의소

### 청 구 취 지

1. 별지 목록 지재의 부동산을 경매에 부쳐 그 매각대금에서 경매비용을 공제한 나머지 금액을 원고 및 피고들에게 각1/4의 비율로 분배한다.

2. 별지 목록 기재의 부동산전부를 현재 피고들의 형제들,친할머니,조카들이 사용수익하고 있으므로 2020년 8월10일 원고가 잔금을 납부한 날로부터 전체 부동산의 1/4에 해당하는 임료를 매월 53 8,800월을 지불하기로 한다.

*~~~~~~~~~까지 각원 183,810~* (handwritten)

(갑 제5호증 감정평가서의 감정금액의 연9%)

3.소송비용은 피고들이 부담한다.
라는 판결을 구합니다.

# 청 구 원 인

1. 원고는 별지 목록 지재 부동산(이하 '사건 부동산'이라 합니다.)에 관하여 지분 4분의 1을 경매로 낙찰을 받아 소유했으며, 피고들 또한 각 1/4씩의 지분을 공동소유하고 있습니다.(갑 제1호증 건물등기사항증명서, 갑 제2호증 토지등기사항증명서, 갑 제3호증 건축물관리대장 , 제4호증 토지대장)

2. 원고는 피고들에게 협상을 위하여 전화를 몇 번 시도했으나 모든 지분권자들이 협상에 응하지 않았습니다.

3. 조정이 결렬될 경우 피고들이 원고의 공유물분할청구에 응하기를 바라며 응하지 않을 경우 부득이 재판상의 분할청구를 위하여 소를 원합니다.

# 입 증 방 법

| | | |
|---|---|---|
| 1. | 갑 제1호증 | 건물등기부등본 |
| 2. | 갑 제2호증 | 토지등기부등본 |
| 3. | 갑 제3호증 | 건축물대장 |
| 4. | 갑 제4호증 | 토지대장 |
| 5. | 갑 제5호증 | 감정평가서 |

# 첨 부 서 류

| | |
|---|---|
| 1. | 법인등기부등본 |
| 2. | 별지 |

2020.09.02

원고 주식회사 한국부동산서비스산업협회

대표자 이종실

의정부지방법원 귀중

325

## 지료감정 신청서

사　　　건　　2020 가단 132403 공유물분할 등
원　　　고　　주식회사 한국부동산서비스산업협회
피　　　고　　정봉█ 외 2

위 사건에 관하여 원고는 임료상당 부당이득금 청구액을 특정하기 위하여 다음과
같이 감정을 신청합니다.

　　1. 감정의 목적
　　　1) 정확한 임료 산정 후 청구취지를 변경하고자 함

　　2. 감정의 목적물
　　　1) 경기도 양주시 █████동 268-14 대 360㎡
　　　2) 위 지상 연와조 슬래브지붕 단층주택 110.64㎡, 지층 62.24㎡
　　　3) 위 지상 제시외 건물 (창고 등)

　　3. 감정사항
　　　1) 위 전체 부동산의 적정가액
　　　2) 위 전체 부동산의 적정임료
　　　　　① 연할 계산금액　　② 월할 계산금액
　　　3) 계산기간 : ① 2020. 8. 10. ~ 감정일까지.
　　　　　　　　　　② 감정일 ~ 향후(장래이행청구)

2021 . 7 . 2 .

위 원고 주식회사 한국부동산서비스산업협회
대표자 사내이사 이종실

의정부지방법원　　귀중

# 원고가 공유물 분할 신청하자 피고들의 공유지분에 가등기 등재

**[토지]** 경기도 양주시 ▨▨동 268-14

| 순위번호 | 등 기 목 적 | 접 수 | 등 기 원 인 | 권리자 및 기타사항 |
|---|---|---|---|---|
| 8 | 6번정경▨ 지분압류 | 2019년8월22일 제76960호 | 2019년8월22일 압류(강수팀-90 5257호) | 권리자 국민건강보험공단 111471-0088863 강원도 원주시 건강로 32(반곡동, 국민건강보험공단) (양주지사) |
| 9 | 6번정경▨ 지분전부 이전 | 2020년8월18일 제83870호 | 2020년8월10일 강제경매로 인한 매각 | 공유자 지분 4분의 1 주식회사한국부동산서비스산업협회 110111-1929508 서울특별시 강남구 ▨▨로 329, 1713호(▨▨동, ▨▨빌딩) |
| 10 | 7번강제경매개시결정, 8번압류등기말소 | 2020년8월18일 제83870호 | 2020년8월10일 강제경매로 인한 매각 | |
| 11 | 6번정봉▨지분전부, 6번정석▨지분전부, 6번정현▨지분전부 이전청구권가등기 | 2021년4월16일 제41623호 | 2021년4월16일 매매예약 | 가등기권자 지분 4분의 3 은용▨ 651015-▨▨▨▨▨▨ 경기도 양주시 백석읍 ▨▨로 1▨, 101동 ▨▨5호 (▨▨아파트) |
| 12 | 9번주식회사한국부동산서비스산업협회 지분전부이전 | 2021년8월18일 제84527호 | 2021년8월5일 매매 | 공유자 지분 4분의 1 정현▨ 760506-▨▨▨▨▨▨ 경기도 양주시 ▨▨▨▨천길 ▨-18 (▨▨동) 매매목록 제2021-1958호 |
| 13 | 11번가등기말소 | 2021년9월13일 제93238호 | 2021년9월13일 해제 | |

# 준 비 서 면

사　　건　　2020가단132403 공유물분할등
원　　고　　주식회사 한국부동산서비스산업협회
피　　고　　정종█ 외 2

위 당사자 간 귀원에 계류 중인 위 사건과 관련하여 원고는 다음과 같이 변론을 준비합니다.

## - 다　음 -

### 1. 피고들 소송대리인의 주장

이 사건 진행 중 피고들은 소송대리인을 선임하였는 바, 최근 피고측 소송대리인이라며 원고의 소송대리인(개인)에게 전화연락이 왔었는데, 주장 요지는 다음과 같습니다.

첫 번째 이사건 토지 및 건물에 2021. 4. 16. 소외 윤승█ 명의의 소유권이전청구권 가등기를 경료한 사실을 알고 있느냐? 최선순위 가등기로 인해 경매 판결 받아서 경매에 붙인다로 원고에게 득이 될게 없다.

두 번째 원고가 낙찰받은 금액 그대로 피고들에게 매도해라. 입니다.

### 2. 가등기에 관하여

원고가 피고 소송대리인으로부터 위와 같은 사실을 전해 듣고 다시 이사건 토지 및 건물의 등기사항증명서를 발급하여 확인한 결과, 피고들 지분 전부에 관하여 2021. 4. 16. 접수 제41623호 가등기권자 소외 윤승█ 명의의 소유권이전 청구권가등기가 경료된 사실을 알게 되었습니다(갑제6호증의 1, 2 각 부동산등기사항증명서 각 참조).

위와 같이 피고들이 가등기를 경료한 이유는, 원고가 이사건 소제기를 통하여 공유부동산인 이사건 토지 및 건물을 경매에 붙여 그 대금에서 경매비용을 차감한 나머지 대금을 공유지분대로 분배하라는 판결을 구한 것에 대해 향후 확정판결에 기하여 공유물분할경매가 진행될 경우, 말소되지 않는 최선순위 가등기를 통해 매각가액을 현저히 저감시켜서 적절한 시기에 피고들이 낙찰을 받겠다는 의지로 볼 수 있습니다.

그러나 위와 같은 피고들의 행위는 공유자인 원고의 권리를 침해하는 사해행위에 해당하므로 원고는 이사건과 별도로 이사건 피고들 및 가등기권자인 소외 윤승॥를 상대로 가등기말소의 사해행위취소의 소제기를 준비중에 있습니다.

위 가등기로 인해 매각가액이 현저히 저감될 것이 명백하고 그로 인해 공유자인 원고가 받을 배당금도 줄어들게 되는 결과가 명백하므로 사해행위취소의 대상이라 사료됩니다.

피고들의 의도는 알겠으나, 그렇다고 피고들이 상당히 저감된 상태에서 낙찰을 받는다고 장담할 수 없고, 제3자가 헐값에 공유부동산을 경매로 취득할 경우에는 원고뿐 아니라 피고들도 손해를 감수해야 합니다.

더불어, 위 가등기에 대한 처분금지가처분과 피고들 공유지분 전부에 대하여도 처분금지 가처분 신청도 고려하고 있습니다.

피고들이 위와 같이 악의적인 의도로 일관한다면 원고로서도 원고지분에 최선순위 가등기를 경료할 수도 있으나 신의칙에 어긋나는 행위이므로 자제하고자 합니다.

피고들이 왜 허위의 가등기를 하였는지 석명하여 주시고 자발적으로 말소하도록 조치하여 주시기 바랍니다.

피고들이 자발적으로 가등기를 말소하지 않을 경우, 원고는 부득이 이사건과 별도로 사해행위취소 소송을 제기하고, 가처분동을 추가로 신청할 수밖에 없습니다.

## 4. 낙찰받은 가액대로 매도하라는 주장에 관하여

원고는 법원 경매를 통하여 적법하게 이사건 토지 및 건물의 지분을 취득하였고, 경매취득시 낙찰대금 외에도 등기촉탁비용(취득세등), 경매컨설팅비용, 이사건 소송비용 등 추가 비용이 많이 들어간 상황이므로 낙찰가대로 매도할 의사가 전혀 없습니다.

만약, 피고들이 원고의 지분을 매수할 의향이 있다면 원고로서도 적절한 가액에 매도할 의향은 있으므로, 상호 간 적절한 매매가액에 대하여 이사건 소송 내에서 조정을 시도하여 주시고, 이견이 있어 조정이 되지 않을 경우라면 이사건 토지, 건물의 원고 지분에 대하여 시가 감정을 실시한 후 시가 및 원고가 지출한 제반 비용 등을 감안하여 매매가를 정하여야 할 것입니다.

## 5. 결어

위와 같이 피고들은 소송대리인을 선임함과 동시 원고를 해할 의사로 최선순위 가등기를 경료하였고, 심지어 거의 협박에 가까운 분위기로 "가등기를 해 놓았으니 순순히 물러나고 낙찰가만 받고 팔아라" 라고 강요하고 있으므로 원고를 이를 절대 받아들일 수 없습니다.

피고들은 가등기를 자발적으로 말소해야 할 것이며, 원고지분을 취득하려면 원고와 적정가액에 대하여 협의를 해야 하며 최종적으로 협의불발 시에는 부득이 이사건 공유부동산을 경매에 붙여 대금으로 분할을 하라고 판결해 주심이 마땅합니다.

# 반 소 장

| | |
|---|---|
| 사　　건 | 2020가단132403　담당 재판부　제10민사단독 |
| 반 소 원 고 (피　　고) | 1. 정봉■ |
| | 2. 정현■ |
| | 3. 정시■ |
| | 피고들 주소 양주시 ■■■■번길 13-18 (■■동) |

피고들 소송대리인
　변호사 장영■
　서울 서초구 ■■■■■길 19, 202호(■■동, ■■■빌딩)
　( 전화: 02-585-■■■　휴대전화: 010-6265-****
　　팩스: 02-6011-0333　이메일: ■■■■■s@hanmail.net )

| | |
|---|---|
| 반 소 피 고 (원　　고) | 주식회사 한국부동산서비스산업협회 |
| | 서울 강남구 ■■■로 329, 1713호(■■동, ■■오피스텔) |
| | 대표자 이종실 |

반소 사건명　　공유물분할 청구의 소

위 당사자 사이의 위 사건에 관하여 피고(반소원고)는 다음과 같이 반소를 제기합니다.

## 반 소 청 구 취 지

1. 별지 목록 기재 부동산을 경매에 부쳐 그 대금에서 경매비용을 공제한 나머지 금액을 반소원고들 (본소피고들) 및 반소피고(본소원고)에게 각 4분의 1의 비율로 분배한다.

2. 소송비용은 반소피고(본소원고)의 부담으로 한다.

라는 판결을 구합니다.

1. 반소피고(본소원고, 이하 "원고"라 함)는 본소청구취지에서 별지목록 기재 부동산을 경매에 부쳐 원고 및 반소원고들(본소피고들, 이하 "피고들"이라 함)에게 1/4지분별로 분배하고, 원고자신 지분만큼 매월 임대료상당의 금551,550원을 피고들에게 구하고 있습니다.

2. 원고의 위 경매에 의한 공유물분할 청구에 대하여 피고들 또한 이에 동의합니다. 다만, 본소에서 원고의 청구가 인용됨에 따라 경매에 부쳐야 함에도 불구하고, 원고가 이를 고의로 지연을 할 경우, 피고들은 매월 임대료 상당을 지속적으로 부담할 것으로 보이고, 피고들은 원고의 경매신청을 일방적으로 기다려야 합니다.

3. 따라서 원고가 경매신청을 지연할 것을 대비하여, 피고들도 별지목록기재 부동산에 대한 경매신청의 집행권원을 얻기 위하여 이사건 반소청구를 합니다.

4. 원고의 임대료 상당 부당이득금 청구에 대하여

가. 원고는 본 부동산 경매취득시의 감정평가액(금73,540,000원)을 본 부동산의 기준가액으로 삼아 원고지분의 평가액(금73,540,000원)에 대한 임대료를 연9%로 계산 후 이를 다시 월할로 환산한 월 금551,550원을 피고들에게 청구하고 있으나, 이는 부당합니다.

나. 우선 의정부지방법원 2019타경82369호 경매사건을 살펴보면, 별지목록기재 부동산에 대한 감정가액이 금73,540,000원이고, 원고는 금

53,299,990원에 낙찰 받았는바, **원고가 실제로 지출한 위 낙찰 받은 금원이 아닌 감정가액으로 기준가액을 산출한 근거를, 연9%로로 임대료를 계산한 근거를, 각 석명하여 주시기 바랍니다**(을제1, 2호증 참조).

나. 별지목록기재 부동산은 **자연녹지지역으로 개발행위가 제한**되어 있으며 2019년 감정당시 개별공시지가가 ㎡당 금375,000원이고, 이후 2021. 1월 기준 ㎡당 금413,000원에 불과합니다(을제3, 4호증 참조).

다. 위 이러한 실정으로 주변 부동산에 대한 매매 혹은 임대차계약이 활발하게 이루어지지 않고 있어 주변 부동산시세를 파악하기 어려우므로 국토교통부 실거래가를 증거자료로 제출하며, 임대료 또한 타 지역에 비해 저렴한 편이고 상승률도 미미한 수준입니다(을제5호증 참조).

라. 위 실거래가를 살펴보면, 별지목록기재 부동산의 토지면적 90㎡ 대비 주변부동산의 임대료는 2020. 7. 3. 기준 다가구주택, 토지면적 103.51㎡, 보증금 5,000만원, 월세 40만원이므로, 이에 따라 **주택임대차보호법시행령 전월세 전환율 2.5%를 적용**하면,

(5,000만원 * 2.5%) / 12개월 = 금10,400원(백원미만 버림)

월세 금400,000원 + 위 금10,400원 = 합계금410,400원입니다(매월임대료).

마. **따라서 원고의 지분은 1/4이므로, 원고는 매월 금102,600원(금410,400원 * 1/4 =)의 임대료 수입이 예상된다 할 것이며** 이를 피고들 지분에 따라 청구할 수 있다 할 것이므로, 원고의 임대료 청구는 부당하므로 대폭감액 되어야 할 것입니다.

## 준 비 서 면

사　　건　2020 가단 132409 공유물분할등
원　　고　주식회사 한국부동산서비스산업협회
피　　고　정봉█ 외 2

위 당사자 간 귀원에 계류 중인 위 사건과 관련하여 원고는 다음
과 같이 변론을 준비합니다.

- 다　　음 -

### 1. 피고들 반소의 부당성

피고들은 위 사건과 관련하여 귀원 2021 가단 123956호로 반소를
제기하였는 바, 피고들의 반소는 다음과 같은 사유로 부당하오니
각하하여 주시기 바랍니다.

피고들의 반소 청구취지는 원고의 이사건 청구취지와 동일한 경매
분할이며 다만, 지료지급에 대해서만 빠져있을 뿐입니다.

반소 청구원안을 살펴건데, 피고들은 이사건 판결이 확정된 후 원
고가 경매신청을 지연할 것을 대비하여, 피고들이 직접 경매신청
을 하기 위한 집행권원이 필요하므로 반소를 제기하였다는 것입니
다.

이사건 소송은 공유물분할 청구의 소로서 [형성의소]에 해당하는
바, 이사건에서 경매분할 판결이 확정될 경우, 원고뿐 아니라 피고

들까지 포함하여 공유자 누구라도 이 사건 판결을 집행권원으로 하여 공유물분할을 위한 경매를 신청할 수 있음이 명백하고, 피고들 소송대리인은 법률전문가로서 누구보다 그와 같은 사실을 정확히 알고 있으리라 사료됩니다.

반소취지 및 원인이 위와 같다면 이사건 내에서 지료에 대해서만 다투면 될 것이지 반소제기는 소의 이익이 없으므로 각하되어야 마땅합니다.

2. 조정의 선행조건

피고들의 반소 청구원인을 잘 살펴보시면, 원고가 이 사건에서 판결을 득하더라도 경매신청을 지연할 것이라고 피고들이 단정하고 있는 이유는 피고들 지분에 대하여 최선순위 가등기를 경료해 놓았음을 전제하고 있습니다.

이미 원고는 지난번 준비서면에서 가등기의 사해성에 대해 충분히 밝힌 바 있고, 이에 대해 지난번 변론에서 어떠한 이야기도 나오지 않은 상태입니다.

따라서 2021. 7. 20. 로 지정한 조정기일에서는 반소각하(취하)의 문제와 가등기의 말소에 대해 충분한 이야기가 있어야 합니다.

조정에서 '피고들은 가등기를 언제언제까지 말소한다' 라고 기재가 되더라도 가등기권자인 소외 윤승대에게는 조정의 효력이 미치지 아니하여 소외인이 스스로 가등기 말소에 응하지 않는 한 그러한 조정조항은 무의미하므로 조정 이후 즉시 또는 일정기일 안에 가등기를 말소하지 않을 경우 피고들이 원고에게 위약금을 지급하게 하는 등 간접강제의 수단도 필요할 것입니다.

또는, 피고들이 적정가액으로 원고의 지분을 매수할 의향이 있고 그 가액에 대하여 원고와 원만한 협의가 된다면 그러한 조정은 받아들일 수 있습니다.

3. 임료상당 부당이득금에 관하여

피고들은 반소 청구원인에서 나름대로 근거를 들어 피고들이 원고에게 지급해야 할 임료상당액은 월 금102,600원이 적절하다고 주장합니다.

원고가 현장에 방문하여 주변 공인중개사 사무소를 몇군데 방문하여 알아본 바에 의하면 이사건 주택과 유사한 경우, 보증금 2천만원에 월 100원, 또는 보증금 3천만원에 월 80만원이 적정 임료라는 답변을 들었습니다.

그리고 임료감정을 실시하더라도 우선 부동산 가액을 평가하고 그 가액에 대하여 주택의 경우 연 3%의 기대이율을 적용하여 임료를 산정하는 것이 일반화되어 있습니다.

2년 전 경매사건의 감정평가에서 이사건 공유 부동산 중 원고의 지분(4분의 1)의 감정가는 금73,540,000원이고 현재는 그보다 다소 올랐으리라 추측할 수 있는 바, 경매 감정가를 기준으로 연3%를 적용하면 월 금183,850원으로 계산이 됩니다.

임료에 대하여 원고와 피고들 간 이견이 좁혀지지 아니하고 조정기일에서도 이렇다할 합의점을 찾지 못한다면 원고는 차후 임료감정을 신청할 것이며, 감정결과에 따라 청구취지를 변경하고자 합니다.

4. 결어

피고들의 반소청구는 소의 이익이 없으므로 각하하여 주시고, 2021. 7. 20.로 지정된 조정기일에서 ① 매도매수의향 확인 및 매가, ② 경매분할의사확인, ③ 경매분할시 선행 가등기말소문제, ④ 책정임료의 합의 등에 관하여 주체로 삼아야 할 것이고, 위와 같은 내용의 합의가 되지 않을 시에는 임료감정후 청구취지를 변경하고자 하오니 재판에 참고하여 주시기 바랍니다.

## 첨 부 서 류

1. 준비서면 부본                        1통

# 화해 권고 결정

## 의 정 부 지 방 법 원

### 화해권고결정

사 건    2020가단132403 (본소) 공유물분할및임료의부당이득반환청구의소
         2021가단123956 (반소) 공유물분할

원고, 반소피고    주식회사 한국부동산서비스산업협회
                서울 강남구 ■■■로 329, 1713호(■■동, ■■오피스텔)
                송달장소 평택시 ■로 1029, 203호(■■동)
                대표자 사내이사 이종실
                소송대리인 홍호■

피고, 반소원고    1. 정봉■
                 양주시 ■■■■■번길 13-18(■■동)
                2. 정현■
                 양주시 ■■■■■번길 13-18(■■동)
                3. 정시■
                 양주시 ■■■■■번길 8, 311동 1504호(■■동, ■■■■■■아파트)
                피고들 소송대리인 변호사 장영■
                피고들 소송복대리인 변호사 김판■

위 사건의 공평한 해결을 위하여 당사자의 이익, 그 밖의 모든 사정을 참작하여 다음

Part 01
도로에 의한 소송
(주위토지통행권 등)

Part 02
특수 경매에 의한
특별한 소송 사례

과 같이 결정한다.

## 결 정 사 항

1. 원고(반소피고)와 피고(반소원고)들은, 이 결정 확정일에 원고(반소피고)가 별지1 '부동산 목록' 기재 각 부동산 중 원고(반소피고) 소유 지분 1/4을 피고(반소원고)들에게 매매대금 ███,000,000원에 매도하는 내용의 부동산매매계약이 체결되었음을 확인한다.

2. 제1항 기재 부동산매매계약은 아래와 같이 이행한다.

　가. 피고(반소원고)들은 2021. 8. 20.까지 원고(반소피고)에게 매매대금 ███,000,000원을 지급한다.

　나. 원고(반소피고)는 피고(반소원고)들로부터 위 매매대금을 지급받으면 즉시 별지1 '부동산 목록' 기재 각 부동산 중 원고 소유 지분 1/4에 관하여 피고(반소원고) 정현█ 명의로 소유권이전등기절차를 이행한다.

3. 원고(반소피고)는 나머지 본소 청구를, 피고(반소원고)들은 나머지 반소 청구를 각 포기한다.

4. 소송비용 및 조정비용은 본소로 인한 것과 반소로 인한 것을 합쳐 각자 부담한다.

## 청구의 표시

### 청 구 취 지

　별지2 '청구취지' 기재와 같음

### 청 구 원 인

# 사건 개요 차지권이 인정되어 창고의 매수청구가 인정됨

## 04

공주시 계룡면 경천리 창고와 마을회관이 있는 토지의 공유물 현금분할 경매다. 창고는 건축물대장과 등기부등본은 있지만 토지 주인과 달라 매각에서 제외되었다. 그러나 차지권으로 건물 매수 반소가 들어왔으며 마을회관은 등기부등본이 없어 차지권은 인정되지 않았으며, 철거 판결 을 받았다. 마을회관과 마을 창고를 합해 판결 후 협의로 매도했다.

[토지] 충청남도 공주시 계룡면 ██리 246-1 답 1911㎡

### 1. 소유지분현황 ( 갑구 )

| 등기명의인 | (주민)등록번호 | 최종지분 | 주 소 | 순위번호 |
|---|---|---|---|---|
| 김영█ (공유자) | | 3분의 1 | 공주군 계룡면 ██리 █ | 1 |
| 김익█ (공유자) | | 3분의 1 | 공주군 계룡면 ██리 2█ | 1 |
| 문금█ (공유자) | 590928-███████ | 3분의 1 | 대전광역시 서구 ██동 1398 ██마을 1209-1206 | 8 |

### 2. 소유지분을 제외한 소유권에 관한 사항 ( 갑구 )

| 순위번호 | 등기목적 | 접수정보 | 주요등기사항 | 대상소유자 |
|---|---|---|---|---|
| 10 | 임의경매개시결정 | 2018년10월18일 제24557호 | 채권자 문금█ | 김영·█ |

### 1. 부동산의 점유관계

| | |
|---|---|
| 소재지 | 1. 충청남도 공주시 계룡면 ███리 246-1 |
| 점유관계 | 미상 |
| 기타 | *본 목적물은 마을 주민들이 공용으로 사용 및 점유하고 있으며, 토지소유자 겸 공유자 김영█에게 토지 사용료로 년 200,000원씩 마을 공동회에서 지급하고 있는 것으로 조사되었음.<br>*행정관서에 확인한 바 전입세대가 없음. |

### 2. 부동산의 현황

○공유지분의 토지로서 공부상 지목은 답이나 현황은 잡종지로서 마을회관 및 마을공동창고의 건부지로 이용하고 있으며 일부는 전으로 이용하고 있음.
3. 기타현황
1)본 지상에 ██리 마을 공동 소유의 제시외
ⓐ벽돌조 슬라브지붕 ██리 마을회관
ⓑ각파이프조 판넬지붕 원두막 건물있음.
2)본 지상에 조██ 외 11명 공동 소유의 제시외 ⓐ경량철골조 판넬지붕 공동창고 건물있음.
3)본 지상에 ██리 마을 공동 소유의 운동기구 1식이 설치되어 있음.

340

■ 건축물대장의 기재 및 관리 등에 관한 규칙 [별지 제1호서식] <개정 2018. 12. 4.>

## 일반건축물대장(갑)

(2쪽 중 제1쪽)

| 고유번호 | 4415033030-1-02460001 | | 명칭 | 1동 | 호수/가구수/세대수 | 0호/0가구/0세대 |
|---|---|---|---|---|---|---|
| 대지위치 | 충청남도 공주시 계룡면 ▨▨리 | | 지번 | 246-1 | 도로명주소 | 충청남도 공주시 계룡면 ▨▨▨길 99 |
| ※대지면적 | 0 m² | 연면적 | 198 m² | ※지역 | | ※구역 |
| 건축면적 | 198 m² | 용적률 산정용 연면적 | 198 m² | 주구조 | 경량철골조 | 주용도 | 창고(농산물간이집하장) | 층수 | 지하: 층, 지상:1층 |
| ※건폐율 | 0 % | ※용적률 | 0 % | 높이 | 6.15 m | 지붕 | 샌드위치판넬 | 부속건축물 | 동 m² |
| ※조경면적 | m² | ※공개 공지·공간 면적 | m² | ※건축선 후퇴면적 | m² | ※건축선후퇴 거리 | | | m |

| 건축물 현황 | | | | | 소유자 현황 | | | |
|---|---|---|---|---|---|---|---|---|
| 구분 | 층별 | 구조 | 용도 | 면적(m²) | 성명(명칭) 주민(법인)등록번호 (부동산등기용등록번호) | 주소 | 소유권 지분 | 변동일 변동원인 |
| 주1 | 1층 | 경량철골조 | 창고(농산물간이집하장) | 198 | 조종▨ 510524-1****** | 공주시 계룡면 ▨▨리 279번지 | 1/11 | 1998.11.13. 소유권보존 |
| | | - 이하여백 - | | | 장숭▨▨ 571020-1****** | 공주시 계룡면 ▨▨리 277번지 | 1/11 | 1998.11.13. 소유권보존 |

이 등(초)본은 건축물대장의 원본내용과 틀림없음을 증명합니다.

발급일: 2023년 7월 26일
담당자:
전 화:

공주시장

※ 표시 항목은 총괄표제부가 있는 경우에는 적지 않을 수 있습니다.

297mm×210mm[백상지 80g/m²]

---

■ 건축물대장의 기재 및 관리 등에 관한 규칙 [별지 제1호서식] <개정 2018. 12. 4.>

## 일반건축물대장(갑)

(2쪽 중 제1쪽)

| 고유번호 | 4415033030-1-02460001 | | 명칭 | 2동 | 호수/가구수/세대수 | 0호/0가구/0세대 |
|---|---|---|---|---|---|---|
| 대지위치 | 충청남도 공주시 계룡면 ▨▨리 | | 지번 | 246-1 | 도로명주소 | 충청남도 공주시 계룡면 ▨▨▨길 101 |
| ※대지면적 | 0 m² | 연면적 | 98.76 m² | ※지역 | | ※구역 |
| 건축면적 | 98.76 m² | 용적률 산정용 연면적 | 98.76 m² | 주구조 | 조적조 | 주용도 | 1종근린생활시설 | 층수 | 지하: 층, 지상: 1층 |
| ※건폐율 | 0 % | ※용적률 | 0 % | 높이 | 4.55 m | 지붕 | 스라브 | 부속건축물 | 동 m² |
| ※조경면적 | m² | ※공개 공지·공간 면적 | m² | ※건축선 후퇴면적 | m² | ※건축선후퇴 거리 | | | m |

| 건축물 현황 | | | | | 소유자 현황 | | | |
|---|---|---|---|---|---|---|---|---|
| 구분 | 층별 | 구조 | 용도 | 면적(m²) | 성명(명칭) 주민(법인)등록번호 (부동산등기용등록번호) | 주소 | 소유권 지분 | 변동일 변동원인 |
| 주2 | 1층 | 조적조 | 노인회관 | 98.76 | ▨▨리마을회 3******** | 246-1 | | 2000.7.10. 소유자등록 |
| | | - 이하여백 - | | | | | | |
| | | | | | - 이하여백 - | | | |
| | | | | | ※ 이 건축물대장은 현소유자만 표시한 것입니다. | | | |

이 등(초)본은 건축물대장의 원본내용과 틀림없음을 증명합니다.

발급일: 2023년 7월 26일
담당자:
전 화:

공주시장

※ 표시 항목은 총괄표제부가 있는 경우에는 적지 않을 수 있습니다.

| 2018 타경 2303 (임의)<br>공유물분할을위한경매 | | 매각기일 : 2020-02-03 10:00~ (월) | | 경매2계 041)840-■■■ |
|---|---|---|---|---|
| 소재지 | (32619) 충청남도 공주시 계룡면 ■■리 246-1<br>[도로명] 충청남도 공주시 ■■■■■길 101 (■■면) | | | |
| 용도 | 답 | 채권자 | 문OO | 감정가 | 133,770,000원 |
| 토지면적 | 1911㎡ (578.07평) | 채무자 | 문O | 최저가 | (34%) 45,883,000원 |
| 건물면적 | | 소유자 | 문O | 보증금 | (10%) 4,588,300원 |
| 제시외 | 제외 : 328.35㎡ (99.33평) | 매각대상 | 토지매각 | 청구금액 | 0원 |
| 입찰방법 | 기일입찰 | 배당종기일 | 2019-01-07 | 개시결정 | 2018-10-18 |

### 기일현황 ▼간략보기

| 회차 | 매각기일 | 최저매각금액 | 결과 |
|---|---|---|---|
| 신건 | 2019-07-01 | 133,770,000원 | 유찰 |
| 2차 | 2019-08-05 | 93,639,000원 | 유찰 |
| 3차 | 2019-09-09 | 65,547,000원 | 유찰 |
| 신건 | 2019-10-14 | 133,770,000원 | 유찰 |
| 2차 | 2019-11-18 | 93,639,000원 | 유찰 |
| 3차 | 2019-12-23 | 65,547,000원 | 유찰 |
| 4차 | 2020-02-03 | 45,883,000원 | 매각 |
| | 낙찰 71,799,000원(54%) | | |
| | 2020-02-10 | 매각결정기일 | 허가 |
| | 2020-03-13 | 대금지급기한<br>납부 (2020.03.13) | 납부 |
| | 2020-04-14 | 배당기일 | 완료 |

### 물건현황/토지이용계획

"■■■리마을회관"에 위치

주위는 전, 답 등의 농경지 및 목장, 임야, 단독
주택 등이 혼재하는 마을주변 농경지대

본건까지 차량접근이 가능하며, 지방도 및 간
선도로와의 연계를 고려시 제반 교통사정은 보
통

부정형의 평지

서측 및 북측으로 노폭 약 4미터 내외의 포장
도로에 접합

생산관리지역(■■리 246-1)

※ 감정평가서상 제시외건물가격이 명시 되어
있지않음. 입찰시 확인요함.

🔲 토지/임야대장

🔲 개정농지법  🔲 부동산 통합정보 이용

🔲 감정평가서

### 감정평가현황 (주)■■감정

| 가격시점 | 2018-12-13 | |
|---|---|---|
| 감정가 | 133,770,000원 | |
| 토지 | (100%) 133,770,000원 | |

### 면적(단위:㎡)

【토지】
■■리 246-1 답
생산관리지역
1911㎡ (578.07평)
현황"답기타마을회관 등 건
부지)"

【제시외】
■■리 246-1
(ㄱ) 단층 노인회관 제외
98.76㎡ (29.87평)
조적조슬래브

■■리 246-1
(ㄴ) 단층 창고(농산물간
이집하장) 제외
198㎡ (59.89평)
경량철골조샌드위치판넬

■■리 246-1
(ㄷ) 단층 정자 제외
13.34㎡ (4.04평)
철파이프조판넬

■■리 246-1
(ㄹ) 관정 제외
2.25㎡ (0.68평)
미상

■■리 246-1
(ㅁ) 운동기구 제외
16㎡ (4.84평)
미상

### 임차인/대항력여부

배당종기일: 2019-01-07

- 매각물건명세서상 조사된
임차내역이 없습니다

🔲 매각물건명세서
🔲 예상배당표

### 등기사항/소멸여부

소유권(지분)        이전
1981-01-31         토지
김OOO
매매

소유권(지분)        이전
2011-06-22         토지
문O
강제경매로 인한 매각

임의경매            토지소멸기준
2018-10-18         토지
문O

▷ 채권총액 :
0원

🔲 등기사항증명서

토지열람 : 2019-10-31

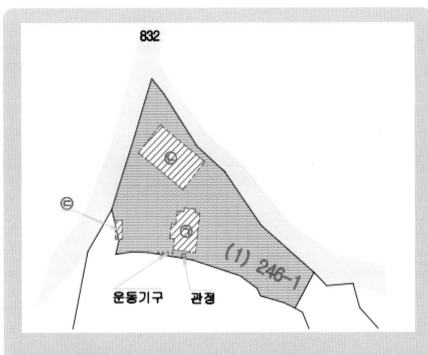

운동기구          관정

# 소  장

원 고 1. 심성█ (7708██-███████)

세종특별자치시 ███로 236, ████ ████ ████/███마을3단지)

2. 홍석█ (██████-███████829)

부산 연제구 ███로34███ ██(███동)

위 원고들의 송달장소 : 평택시 ███로 1029, 203호 (███동)

송달영수인 : 법무사 유종█

피 고 1. ███리마을회

공주시 계룡면 ███████길 99

대표자 이장 경일█

2. 김규█ (471225-*******)

공주시 계룡면 ███리 235

3. 김익█ (580322-*******)

공주시 계룡면 ███리 208

4. 박선██ (541020-*******)

공주시 계룡면 ████리 240-2

5. 송치█ (301018-*******)

공주시 계룡면 ███리 278

6. 신동█ (611014-*******)

공주시 계룡면 ███리 269-1

7. 신동█ (710219-*******)

공주시 계룡면 ███리 269-1

8. 윤석█ (330301-*******)

공주시 계룡면 ███리 297

9. 장세■ (370515-*******)

　　공주시 계룡면 ■■리 268

10. 장승■ (571020-*******)

　　공주시 계룡면 ■■리 277

11. 장용■ (381130-*******)

　　공주시 계룡면 ■■리 277

12. 조봉■ (510524-*******)

　　공주시 계룡면 ■■리 279

토지인도 등 청구의 소

## 청 구 취 지

1. 원고들에게 충청남도 계룡면 ■■리 246-1 답 1911㎡에 관하여,

　가. 피고 ■■리마을회는 위 지상의 별지 1, 2 각 지적 및 건물개황도 표시 1, 2, 3, 4, 5, 6, 7, 8, 9, 10, 1의 각점을 순차로 연결한 선내 (ㄱ)부분 조적조 스라브지붕 단층 1종근린생활 노인회관 98.76㎡, 같은 지적 및 건물개황도 표시 15, 16, 17, 18, 15의 각점을 순차로 연결한 선내 (ㄷ)부분 철파이프조 판넬지붕 단층 정자 약 13.34㎡를 각 철거하고,

　나. 피고 김규■, 김익■, 박선■, 송치■, 신동■, 신동■, 윤석■, 장세■, 장승■, 장용■, 조봉■은 각자 위 지상의 별지 1, 2 각 지적 및 건물개황도 표시 11, 12, 13, 14, 11의 각 점을 순차로 연결한 선내 (ㄴ)부분 경량철골조 샌드위치판넬지붕 단층창고 농산물간이집하장 198㎡를 철거하고,

　다. 위 토지를 인도하라.

2. 피고들은 각자 원고들에게 2020. 3. 13.부터 위 1항 토지인도 완료일 또는

Part 01
도로에 의한 소송
(주위토지통행권 등)

Part 02
특수 경매에 의한
특별한 소송 사례

원고들의 위 토지소유권 상실일 중 먼저 도래하는 날까지 각 월 금 278,000원의 비율로 계산한 돈을 지급하라.

3. 소송비용은 피고들이 부담한다.

4. 제1항 및 제2항은 가집행할 수 있다.

라는 판결을 구합니다.

## 청 구 원 인

### 1. 원고들의 토지 소유

원고들은 대전지방법원 공주지원의 2018 타경 2303호 부동산임의경매사건에서 2020. 3. 13. 임의경매로 인한 매각을 원인으로 충청남도 공주시 계룡면 ▉▉리 답 1911㎡(이하 '이사건토지'라 함)을 각 2분의 1 지분으로 취득하였습니다(갑제1호증의 1 부동산등기사항증명서, 갑제2호증의 1 토지대장 각 참조).

### 2. 피고 경천3리마을회의 건물 소유

이사건 토지의 지상에는 피고 ▉▉리마을회 소유의 조적조 스라브지붕 1종 근린생활시설(노인회관) 98.76㎡ 및 철파이프조 판넬지붕 단층 정자 약13.3 ㎡(이하 "이사건 건물"이라 함, 건축물대장은 존재하나 미등기임)이 존재합니다(갑제2호증의 3 건축물대장, 갑제3호증 지적도등본, 갑제4호증 항공사진, 갑제5호증 사진용지 및 별지 1, 2 각 지적 및 건물개황도 참조).

경매사건의 현황조사서 기재에 의하면 위 마을회 소유의 노인회관 및 정자를 마을회에서 소유 및 점유 사용하면서 전 소유자 소외 김영▉에게 지료로 연 금200,000원을 지급하고 있었던 것으로 사료됩니다(갑제6호증 현황조사서 참조).

## 3. 피고 김규 외 10인의 건물소유

또 이사건 토지의 지상에는 피고 김규 , 김익 , 박선 , 송치 , 신동 , 신동 , 윤석 , 장세 , 장승ㅣ, 장용 , 조봉 총 11인의 공유인 경량철골조 샌드위치판넬지붕 단층창고 농산물간이집하장 198㎡ 이하 '이사건 건물' 이라 칭함 가 존재합니다 갑제1호증의 2 부동산등기사항증명서, 갑제2호증의 2 건축물대장, 갑제3호증 지적도등본, 갑제4호증 항공사진, 갑제5호증 사진용지 및 별지 1, 2 각 지적 및 건물개황도 참조).

다만, 피고 마을회의 경우 전 토지소유자와 구두상 임대차관계가 있는 것으로 보이나 피고 김규 외 10인 공유의 이사건 건물에 대하여는 임대차관계가 있는지도 알 수 없습니다.

## 4. 각 철거 및 토지인도 의무 (임대차의 해지통보)

위와 같이 피고들은 각자 이사건 건물들을 소유 및 점유, 사용하면서 원고들의 이사건 토지 소유권을 침해하고 있습니다.

피고들의 이사건 토지 사용권으로서 임대차를 주장할지 모르나, 원고는 피고들과 임대차관계를 계속 유지할 의사가 없어, 민법 제635조에 따라 이사건 소장부본의 송달로서 임대차해지 통보에 갈음하는 바입니다.

따라서 이사건 소장부본 송달일로부터 6개월이 경과하면 해지의 효력이 발생됩니다.

따라서 피고들은 각자(불법행위 제거의무) 이사건 건물을 철거하여 이사건 토지를 원고에게 인도할 의무가 있습니다.

한편, 건물철거 청구의 경우 대장 및 등기부의 기재가 아니라 실제 철거대상인 건물을 기준으로 하는 바, 이미 경매사건에서 실제 건물의 위치와 구조 면적등을 감정하였고, 공부상 차이가 없으므로 별도의 측량감정 없이 원고의 청구취지대로 판결하여 주시기 바랍니다.

5. 지료상당 부당이득금 지급의무

피고들이 이사건 건물을 소유 및 점유하면서 원고의 이사건 토지 소유권을 침해하고 있는 것이 명백한 바, 피고들은 각자 원고에게 지료상당의 부당이득금을 반환할 의무가 있습니다.

원고는 우선 경매사건의 이사건 토지에 대한 감정평가액인 금133,770,000원 (갑제7호증 감정평가표 참조)에 대하여 연5%로 계산한 연 금6,688,500원을 다시 월할로 계산한 금557,375원을 다시 원고 각자의 지분인 2분의 1에 해당하는 각 월 금278,000원(1,000원 미만 절사)을 청구하는 바입니다.

지료감정을 실시 하더라도 우선 토지의 가액을 산정하고, 그 가액에 연5%를 적용하는 것이 통상적이므로 소송경제 상 지료감정을 생략하고 위 원고의 청구금액을 인용하여 주시기 바랍니다.

또, 연할이 아닌 월할로 청구하는 이유에 대하여, 민법 제633조에 의하면 차임지급시기에 관하여 건물이나 대지의 경우 매월 기타토지에 대하여는 연단위로 청구하게끔 규정되어 있고, 이사건 토지의 경우 공부상은 답으로 되어 있으나, 사용승인을 득한 합법적 건물이 존재하는 대지에 해당하고 공주시에서도 경매가 개시되고, 이사건 토지가 대지에 해당하여 농지취득자격증명이 필요없는 토지라고 법원에 신고하였으며, 실제 원고들이 경락취득시 농지취득자격증명을 제출하지 아니하고 취득하였습니다.

따라서 이사건 토지에 대한 지료 상당 부당이득금은 대지에 해당하여 월할로 지급함이 마땅합니다.

6. 결어

결국, 피고들은 이사건 건물을 위한 토지 임대차를 주장할 수도 있으나, 원고들이 이사건 소장부본의 송달로서 임대차해지 통보를 한 이상 피고들은 각자 이사건 건물을 철거하고, 이사건 토지를 원고들에게 인도할 의무가 있으며, 원고들이 이사건 토지의 소유권을 취득한 시점부터 토지인도 완료일 또는 원고들의 이사건 토지 소유권 상실일 중 먼저 도래하는 날까지 지료상 당 부당이득금을 지급할 의무(불법행위에 기한 청구이므로 '각자')가 있으 므로 청구취지와 같은 판결을 구합니다.

## 입 증 방 법

| | | |
|---|---|---|
| 1. 갑 제1호증의 1, 2 | 부동산등기등기사항증명서 | 각1통 |
| 1. 갑 제2호증의 1 | 토지대장 | |
| 1. 갑 제2호증의 2, 3 | 건축물대장 | 각1통 |
| 1. 갑 제3호증 | 지적도등본 | |
| 1. 갑 제4호증 | 항공사진 | |
| 1. 갑 제5호증 | 사진용지 | |
| 1. 갑 제6호증 | 현황조사서 | |
| 1. 갑 제7호증 | 감정평가표 | |

## 첨 부 서 류

| | |
|---|---|
| 1. 위 입증방법 | 각 13통 |
| 1. 소장부본 | 12통 |
| 1. 인지 및 송달료 납부서 | 각 1통 |

2020. 2.    .

위 원고  심성█

대진지방법원 공주지원  귀중

# 답 변 서

사   건   2020가단512 토지인도 등

원   고   심 성 ▨ 외 1

피   고   ▨▨▨리마을회 외 11

　　　　　피고 1. 2. 3. 4. 6. 7. 10. 11. 12의 소송대리인

　　　　　변호사 도 이 ▨

위 사건에 관하여 피고들의 소송대리인은 다음과 같이 답변합니다.

## 청구취지에 대한 답변

1. 원고들의 청구를 기각한다.

2. 소송비용은 원고들이 부담한다.

라는 판결을 구합니다.

## 청구원인에 대한 답변

**1. 인정하는 사실**

원고들이 공유물분할을 위한 경매로 인한 매각을 원인으로 이 사건 토지(공주시 계룡면 ▦리 246-1)의 지분을 각 2분의 1씩 취득한 사실은 인정하나, 나머지 주장은 부인합니다.

## 2. 원고 주장에 대한 반박

### 가. 이 사건 토지의 소유관계

이 사건 토지의 등기사항전부증명서를 보면, 당초 김영▦, 김영▦, 김익▦이 각 1/3씩 지분을 소유하였다가 2006. 6. 15. 강제경매로 인한 매각으로 김영▦ 지분이 소외 문금▦에게1) 이전되었다가 최근 공유물분할을 위한 경매로 인한 매각을 원인으로 원고들이 각 1/2씩 지분을 취득한 사실을 알 수 있습니다(갑 제1호증의 1 참조).

이 사건 토지는 당초 김해김씨 종중 소유로 종원인 김영▦, 김영▦, 김익▦에 명의신탁을 한 것입니다(이 사건 토지와 관련된 사무는 위 김익▦이 처리하였습니다). 따라서 이 사건 토지 지상에 있는 노인회관 및 농산물간이집하장에 대한 차임(지료)은 위 토지의 실제 소유자인 김해김씨 종중에 지급되었습니다(차임 지급 경위에 대해서는 아래에서 살펴보도록 하겠습니다).

### 나. 농산물간이집하장 및 노인회관 건축 경위 및 이용현황

농산물간이집하장 및 노인회관은 모두 공주시로부터 보조금을 지원받아 건축한 것입니다. 이 사건 토지에 위 건축물을 짓기 위해서는 토지 소유자의 승낙이 필요하

---

1) 문금▦는 이 사건 토지의 1/3 공유자로, 김해김씨 종중 및 ▦3리 마을회는 2019. 6.경 문금▦과 차임(문금▦가 위 지분을 취득한 시점부터 2019. 6.경까지의 차임)에 대한 정산을 모두 마쳤습니다.

여 당시 토지 소유자인 김해김씨 종중의 승낙을 받아 위 건물들을 지은 것입니다.

농산물간이집하장은 1998.경 소유권보존등기를 마쳤고, 노인회관의 경우에는 2000. 경 건축물대장에 소유자등록을 하였습니다(갑 제2호증의 2, 갑 제2호증의 3 참조).

농산물간이집하장의 경우 실질적으로는 마을 창고로 이용되었는데 마을회 예산에서 농산물간이집하장의 재산세와 농산물간이집하장 및 노인회관에 대한 차임(지료)을 지급하기로 결정하였고(참고로 노인회관의 경우 재산세 부과 대상이 아닙니다). 2003.경부터 마을회에서 위 재산세 및 차임(농산물간이집하장 20만원, 노인회관 20만원 합계 40만원)을 지급하였습니다(을 제1호증 마을회 회계장부2), 을 제2호증 지방세 세목별 과세증명서). 위 건물들과 관련한 지료 40만원은 마을회에서 이 사건 토지의 소유 명의자 중 한 명이었던 김익률에게 지급하였고, 김익률은 이를 김해김씨 종중에 전달해 주었습니다. 한편 경천3리마을회는 2004.경부터 농산물간이집하장 일부를 마을 청년들에게 임대하였고, 연 15만원씩 임대료를 받아 오고 있습니다 (을 제1호증 참조3)).

다. 지상물매수청구에 대하여

판례는 지상물매수청구권의 상대방에 대해 "건물 등의 소유를 목적으로 하는 토지 임대차에서 임대차 기간이 만료되거나 기간을 정하지 않은 임대차의 해지통고로 임차권이 소멸한 경우에 임차인은 민법 제643조에 따라 임대인에게 상당한 금액으로

---

2) 2003.경부터 이 사건 토지에 대한 지료로, 노인회관 20만원, 농산물간이집하장 20만원 총 40만원을 매년 지급하였습니다.
3) 마을회에서 받은 임대료(15만원)는 회계장부상 차변에 기재하거나 마을회 수입으로 기재하였습니다.

## 민법 제643조 임차인의 갱신청구권, 매수청구권

건물 기타 공작물의 소유 또는 식목, 채염, 목축을 목적으로 한 토지임대차의 기간이 만료한 경우에 건물, 수목 기타 지상 시설이 현존한 때에는 제283조의 규정을 준용한다.

## 민법 제283조 지상권자의 갱신청구권, 매수청구권

지상권이 소멸한 경우에 건물 기타 공작물이나 수목이 현존한 때에는 지상권자는 계약의 갱신을 청구할 수 있다. 지상권 설정자가 계약의 갱신을 원하지 아니하는 때에는 지상권자는 상당한 가액으로 전항의 공작물이나 수목의 매수를 청구할 수 있다.

건물 등의 매수를 청구할 수 있다. 임차인의 지상물매수청구권은 국민경제적 관점에서 지상 건물의 잔존 가치를 보호하고 토지 소유자의 배타적 소유권 행사로부터 임차인을 보호하기 위한 것으로서 원칙적으로 임차권 소멸 당시에 토지 소유권을 가진 임대인을 상대로 행사할 수 있다. 임대인이 제3자에게 토지를 양도하는 등으로 소유권이 이전된 경우에는 임대인의 지위가 승계되거나 임차인이 토지소유자에게 임차권을 대항할 수 있다면 새로운 토지 소유자를 상대로 지상물매수청구권을 행사할 수 있다."라고 판시한 바 있습니다(대법원 2017. 4. 26. 선고 2014다 72449,72456 판결).

이 사건의 경우, 건물(노인회관, 농산물간이집하장) 소유를 위한 토지 임대차에 해당된다 할 것인데, 농산물간이집하장의 경우 1998. 11. 13. 보존등기를 마쳤으므로 건물 소유를 목적으로 한 토지 임대차관계를 원고들에게 대항할 수 있다 할 것이므로4)(갑 제1호증의 2 참조), 동 건물 소유자로서는 원고들을 상대로 지상물매수청구권을 행사할 수 있다 할 것입니다(참고로 농산물간이집하장의 경우 약 2년 전에 6천만 원 정도의 비용을 들여 리모델링까지 마친 상태입니다).

## 3. 결론

적어도 농산물간이집하장의 경우 지상물매수청구권이 인정된다 할 것인바 피고들 (피고 5, 피고 8, 피고 9는 이미 사망하여 소송대리인을 선임하지 않은 상태입니다) 로서는 원고들과 원만하게 조정할 의사가 있음을 밝혀 두는 바입니다.

---

4) 민법 제622조 제1항은, '건물의 소유를 목적으로 한 토지임대차는 이를 등기하지 아니한 경우에도 임차인이 그 지상건물을 등기한 때에는 제3자에 대하여 임대차의 효력이 생긴다.'라고 규정하고 있습니다.

Part 01
도로에 의한 소송
(주위토지통행권 등)

Part 02
특수 경매에 의한
특별한 소송 사례

## 입 증 방 법

1. 을 제1호증          마을회 회계장부

1. 을 제2호증          지방세 세목별 과세증명서

### 첨 부 서 류

1. 위 입증방법          각 1통

2020. 6.

피고들의 소송대리인

변호사 도 이 ▇▇

### 대전지방법원 공주지원 민사1단독  귀중

# 지적현황측량 성과도

| 토지 소재 | 공주시 계룡면 ■■리 246-1번지 외 1 필 | | 축 척 | $\dfrac{1}{1200}$ |
|---|---|---|---|---|
| 측량자 | 2022년 3월 18일<br>지적산업기사 노수■ (인) | 측량성과도<br>작성자 | 2022년 3월 18일<br>지적기사 강문■ (인) | |

### 현 황 표 시

| 범 례 | 명 칭 |
|---|---|
| ㄱ | 건물(농산물건아장외) 외벽선 |
| ㄴ | 건물(노인회관/마을회관) 외벽선 |
| 아래빈칸 | |

### 면 적 표 시

| 지번 부호 | 면적(㎡) |
|---|---|
| 246-1 ㄱ | 213 |
| ㄴ | 99 |
| 아래빈칸 | |
| | |
| | |
| | |
| | |
| | |

(특수)지적현황측량 결과도에 따라 작성하였습니다.

2022년 3월 18일

한국국토정보공사 공주지사

| 비 고 | 이 측량성과도는 측량에 사용할 수 없습니다. |
|---|---|

Part 01
도로에 의한 소송
(주위토지통행권 등)

Part 02
특수 경매에 의한
특별한 소송 사례

# Ⅰ. 감정 목적물의 개황

## 1 기본적 사항의 확정

감정신청서에 따라, 본건의 임료 감정대상 목적물을 다음과 같이 확정합니다.

| 소재지 | 지번 | 지목 | 면적 (㎡) | 구분 | | 면적 (㎡) | 비고 | |
|---|---|---|---|---|---|---|---|---|
| 충청남도 공주시 계룡면 ▨▨리 | 246-1 | 답 | 1,911 | 현황 '대' 부분 (＊) | ㄱ | 213 | 농산물간이집하장 | 임료 산정 대상 |
| | | | | | ㄴ | 99 | 노인(마을)회관 | |
| | | | | | ㄷ | 738 | 부속토지 | |
| | | | | 농경지(답) | | 861 | 제외지 | |

(＊) 현황 '대'부분의 경우, 간이실측 면적으로, 추후 지적측량시 차이가 발생할 수 있음.

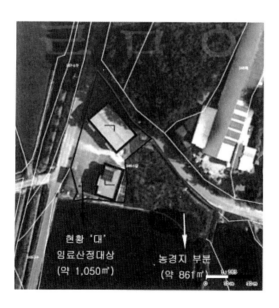

현황 '대'
임료산정대상
(약 1,050㎡)

농경지 부분
(약 861㎡)

## 3. 바닥면적 비율에 따른 현황 '대' 부분 배분 임료

| 소재지 | 구분 | 면적 (㎡) | 연간 임료 (원) | 월 임료 (원) | 비고 |
|---|---|---|---|---|---|
| 충청남도 공주시 계룡면 ▨▨리 246-1 | ㄱ | 717.0 | 1,756,650 | 146,388 | 2020. 3. 13 – 2021. 3. 12 |
| | | | 1,882,125 | 156,844 | 2021. 3. 13 – 2022. 3. 12 |
| | | | 190,348 | 170,288 | 2022. 3. 13 – 2022. 4. 15 |
| | 소계 | | 3,829,123 | – | |
| | ㄴ | 333.0 | 790,875 | 65,906 | 2020. 3. 13 – 2021. 3. 12 |
| | | | 849,150 | 70,763 | 2021. 3. 13 – 2022. 3. 12 |
| | | | 86,078 | 77,006 | 2022. 3. 13 – 2022. 4. 15 |
| | 소계 | | 1,726,103 | – | |

# 반 소 장

| 사 건 | 2020가단512  담당 재판부  민사1단독 |
|---|---|

**반 소 원 고**
**( 피 고 )**

1. 박영■(420116-*******)
   공주시 계룡면 ■■■■■■길 ■■, (■■리)

2. 장미■(650715-*******)
   공주시 ■■1길 10, ■■■ ■■ (■■동, ■■■주공아파트2단지)

3. 장미■(690223-*******)
   천안시 동남구 성남면 ■■■■■2 (■■리)

4. 장미■(711006-*******)
   서귀포시 ■■■■로, (■■동)

5. 장미■(761020-*******)
   세종특별자치시 ■■로 ■■, 50■동 1106호 (■■동, ■■마을3단지)

피고들 소송대리인
변호사 도이■■
공주시 ■■2길 28-5, ■■빌딩 3층(■■동)
( 전화: 041-852-■■■  휴대전화: 010-8957-****
팩스: 041-852-4903  이메일: amie42@hanmail.net )

**반 소 피 고**
**( 원 고 )**

1. 심성■.70804-*******)
   세종특별자치시 ■■대로 236, ■■■■ (■■동, ■■마을3단지)

2. 홍석■.■■1203-*******)
   부산 연제구 ■■로■■■■ 1 (■■동)

| 반소 사건명 | 매매대금 청구의 소 |
|---|---|

위 당사자 사이의 위 사건에 관하여 피고(반소원고)는 다음과 같이 반소를 제기합니다.

## 반 소 청 구 취 지

1. 반소피고(원고)들은 각 반소원고(피고)들에게 별지 기재 반소원고(피고)들의 공유지분에 따른 매매대금을 지급하라.

2. 반소비용은 반소피고(원고)들의 부담으로 한다.

3. 제1항은 가집행할 수 있다.

라는 판결을 구합니다.

## 1. 당사자 관계

반소원고(피고, 이하 '피고'라고만 함)들은 별지 부동산목록 기재 건물(이하 '이 사건 건물'이라고 함, 갑 제1호증의 2 및 을 제3호증)의 등기부상 공유자 중 소외 망 장세■의 상속인들입니다. [별지 반소원고(피고)들의 공유지분에 따른 매매대금 기재 상속인 부분 참조] .

반소피고(원고, 이하 '원고'라고만 함)들은 대전지방법원 공주지원 2018타경2303 부동산임의경매 사건을 통해 이 사건 건물이 건축되어 있는 공주시 계룡면 ■■리 답 1,911㎡(이하 '이 사건 토지'라고 함, 갑 제1호증의 1)를 각 1/2지분씩 취득한 이 사건 토지의 공유자들입니다.

## 2. 이 사건 건물의 신축 경위 및 소유관계

본소 피고 ■■3리마을회(이하 '본소 피고 마을회'라고만 함)는 1994.경 당시 이 사건 토지의 실제 소유자인 김해김씨종중(명의수탁자 김영■, 김영■, 김익■)으로부터 토지사용승낙을 받고 그 지상에 공주시로부터 지원받은 보조금으로 이 사건 건물을 신축하였습니다.

이후 본소 피고 마을회는 1998. 11.경 마을주민 11명(김규■, 김익■, 박선■, 신동■, 신동■, 장승■, 장용■, 조봉■, 송치■, 윤석■, 장세■)을 공유자(각 지분 1/11)로 하여 이 사건 건물의 소유권보존등기를 경료한 바 있습니다.

그러나 위 공유자 중 송치■이 2009. 1. 2. 사망함으로써 자녀들인 본소 피고 송순■, 송순■ 송순■, 송순■, 송순■, 송순■가, 위 공유자 중 윤석■가 2004. 7. 2. 사망함으로써 처인 본소

Part 01
도로에 의한 소송
(주위토지통행권 등)

Part 02
특수 경매에 의한
특별한 소송 사례

피고 최은█ 및 자녀들인 본소 피고 윤여█, 윤여█ 윤여█, 윤여█이, 위 공유자 중

2019. 6. 28. 사망함으로써 처인 피고 박영█ 및 자녀들인 피고 장미█, 장미█, 장미█r, 장미█

이 위 각 망인들의 공유지분을 상속받게 되었습니다.

### 3. 이 사건 건물의 소유를 목적으로 한 이 사건 토지의 임대차관계

이 사건 건물의 등기부상 공유자들은 이 사건 건물의 소유를 목적으로 위 종중으로부터 이 사건

토지를 임차하여 점유하면서 본소 피고 마을회를 통해 임대료를 지급해왔고(을 제1호증 마을회

회계장부), 소외 문금█가 2006. 6.경 강제경매로 인한 매각을 원인으로 이 사건 토지의 1/3지

분을 취득함에 따라 위 문금█와도 2019. 6.경 임대료 정산을 마친 바 있습니다.

그러므로 이 사건 건물의 공유자들은 원고들이 2020. 3.경 공유물분할을 위한 경매로 인한 매

각을 원인으로 이 사건 토지를 취득하기까지 이 사건 건물의 소유를 목적으로 이 사건 토지를

임차하여 그 임대료를 연체함이 없이 적법하게 점유해왔습니다.

한편 이 사건 건물의 공유자들은 1998. 11. 13. 이 사건 건물에 대해 소유권보존등기를 마쳤으므

로 민법 제622조 제1항에 따라 이 사건 건물의 소유를 목적으로 한 이 사건 토지의 임대차를

등기하지 아니한 경우에도 제삼자에 대하여 임대차의 효력이 생긴다 할 것이어서 제3취득자인

원고들에게도 이 사건 토지에 대한 임대차의 효력이 미친다고 할 것입니다.

### 4. 이 사건 건물의 매수청구에 대하여

원고들은 위와 같이 2020. 3.경 공유물분할을 위한 경매로 인한 매각을 원인으로 이 사건 토지

를 취득하게 되자 같은 해 4.경 이 사건 건물의 공유자들을 상대로 건물철거 및 토지인도 등을

구하는 이 사건 소송을 제기하면서 소장 부본 또는 청구취지 및 청구원인 변경신청의 송달로써

임대차 해지통보에 갈음한 바 있습니다.

즉 이 사건 토지 임대차는 민법 제622조 제1항에 따라 원고들에게도 임대차의 효력이 미치는데, 원고들은 이 사건 소장 부본 등을 통해 이 사건 건물 공유자들과의 임대차관계를 더 이상 계속 유지할 의사가 없음을 밝히면서 민법 제635조(기간의 약정없는 임대차의 해지통고)에 따라 임대차 해지를 통보하였습니다. 따라서 이 사건 임대차계약은 민법 제635조 제1항 및 제2항 제1호에 의해 이 사건 소장 부본 등이 본소 피고들에게 송달된 날로부터 6개월이 경과한 시점에는 그 효력이 발생되어 해지되었다 할 것입니다.

원고들이 이 사건 토지를 취득한 당시 이 사건 건물의 공유자들은 민법 제622조 제1항에 따라 원고들에게 이 사건 토지의 임대차를 주장할 수 있었던바, 임대차 종료 당시의 임대인들인 원고들에게 이 사건 건물에 대한 지상물매수청구권을 행사할 수 있다 할 것입니다(대법원 2014다 72449, 72456 판결 참조).

이에 이 사건 건물의 공유자 중 망 장세■의 상속인들인 피고들은 이 사건 토지에 이 사건 건물이 현존하고 있고 임료 연체 등 채무불이행의 사유가 없으므로 민법 규정(제643조, 제283조) 등에 따라 원고들에게 이 사건 건물에 대한 매수청구권을 행사하는바, 원고들과 피고들 사이에는 이 사건 건물의 그 각 지분에 대하여 시가(감정평가액 49,500,000원×1/11=4,500,000원)에 의한 매매계약체결이 간주되므로, 원고들은 각 피고들에게 별지 기재 반소원고(피고)들의 공유지분에 따른 매매대금을 지급하여야 할 것입니다.

**4. 결론**

따라서 피고들은 원고들에게 반소청구취지 기재와 같은 매매대금 등을 구하기 위하여 이 사건

Part 01
도로에 위한 소송
(주위토지통행권 등)

Part 02
특수 경매에 위한
특별한 소송 사례

## 대전지방법원 공주지원

### 화해권고결정

사 건   2020가단512(본소)  토지인도 등

2021가단21134(반소)  매매대금

2021가단22250(반소)  매매대금

원고(반소피고)   1. 심성■

세종특별자치시 시청대로 236, ■■■ ■■■■■■■, 새샘마을3

단지)

송달장소  평택시 ■■로 1029, 203호(■■동)

2. 홍석■

부산 연제구 ■■■■■■■ ■■(■■동)

송달장소  평택시 ■■로 1029, 203호(■■동)

피고(반소원고)   1. 김규■

공주시 계룡면 ■■■■길 30-11(■■리)

2. 김익■

공주시 계룡면 ■■■길 29-7(■■리)

3. 박선■

공주시 계룡면 ■■길 23(■리)

4. 신동■

공주시 계룡면 ■■■■길 76-8(■■리)

5. 신동■

　　공주시 계룡면 ■■■■■길 ■■■(■■■리)

6. 장승■

　　공주시 계룡면 ■■■리 ■■

7. 장용■

　　공주시 계룡면 ■■■리 ■■■

8. 조봉■

　　공주시 계룡면 ■■■리 2■

9. 송순■

　　고양시 일산서구 ■■■■■■번길 ■■ ■■호(■■■동)

10. 송순■

　　대전 대덕구 ■■■■길 ■■■■동)

11. 송순■

　　대전 중구 ■■■로 111, 102동 ■■■■■■■, ■■■아파트)

12. 송순■

　　전남 신안군 도초면 ■■■길 ■■■■■리)

13. 송순■

　　대전 동구 ■■■■■■■번길 16-12, ■■■■■■, ■■■하이츠)

14. 송순 ■

　　안산시 단원구 ■■■■길 25-1, ■■■■■■, 다세대주택)

15. 최은■

공주시 계룡면 ▨▨▨길 ▨▨ ▨▨▨리)

16. 윤여▨

    인천 남동구 ▨▨▨▨▨번길 38, ▨ ▨▨▨ (▨▨동, ▨▨▨아파트)

17. 윤여▨

    공주시 ▨▨▨▨로 2141, ▨▨▨ ▨▨▨호(▨▨동, ▨▨아파트)

    송달장소   공주시 ▨▨▨▨로 ▨ ▨ 동 203호(▨▨동, ▨▨▨그

린타운)

18. 윤여▨

    여주시 가남읍 ▨▨대로 ▨▨ ▨▨▨▨▨ 903호(▨▨리, ▨▨▨▨

▨▨타운아파트)

19. 윤여▨

    논산시 ▨▨▨▨▨▨번길 ▨▨ ▨▨▨)

20. 박영▨

    공주시 계룡면 ▨▨▨▨길 ▨▨ ▨▨▨)

21. 장미▨

    공주시 ▨▨▨1길 10, 208동 ▨▨▨▨▨ ▨▨▨ ▨▨▨▨주공아파트2

단지)

22. 장미▨

    천안시 동남구 성남면 ▨▨▨길 ▨▨▨▨▨리)

23. 장미▨

24. 장미

　　세종특별자치시 ███로 14, ███ ███호(███동, ██마을3

단지)

피고(반소원고)들 소송대리인 변호사 도이███

피　　고　　[███3리마을회]

　　공주시 계룡면 ███████길 99(███리)

　　대표자 이장 경█████

　　소송대리인 변호사 도이██

위 사건의 공평한 해결을 위하여 당사자의 이익, 그 밖의 모든 사정을 참작하여 다음

과 같이 결정한다.

**결 정 사 항**

1. 피고 ███3리마을회는 원고(반소피고)들에게,

　가. 공주시 계룡면 ███리 246-1 답 1,911㎡ 중 별지1 도면 표시 24, 25, 26, 27,

　　28, 29, 30, 31, 24의 각 점을 차례로 연결한 선내 ㄴ 부분 99㎡ 지상 노인회관

　　(마을회관)을 철거하고,

　나. 위 가항 기재 토지 중 별지2 도면 표시 13, 14, 15, 16, 17, 18, 19, 20, 21, 22,

　　23, 24, 13의 각 점을 차례로 연결한 선내 (다) 부분 1,050㎡를 인도하고,

　다. 1,726,100원 및 2022. 4. 16.부터 위 가, 나항 기재 철거 및 인도 완료일까지 월

　　77,000원의 비율로 계산한 돈을 지급한다.

2. 원고(반소피고)들은 피고(반소원고)들로부터 공주시 계룡면 ▨▨리 246-1 지상 경량
   철골조 샌드위치판넬지붕 단층창고 농산물간이집하장 198㎡를 인도받음과 동시에
   피고(반소원고)들에게 공동하여 49,500,000원을 지급한다

3. 피고(반소원고)들은 원고(반소피고)들로부터 49,500,000원을 지급받음과 동시에 원고
   (반소피고)들에게 공주시 계룡면 ▨▨리 246-1 지상 경량철골조 샌드위치판넬지붕
   단층창고 농산물간이집하장 198㎡를 인도한다.

4. 피고(반소원고)들은 공동하여 원고(반소피고)들에게 3,829,100원 및 2022. 4. 16.부터
   제3항 기재 인도완료일까지 월 170,200원을 지급한다

5. 원고(반소피고)들의 각 나머지 본소청구와 피고(반소원고)들의 각 나머지 반소청구
   를 모두 기각한다.

6. 소송비용은 본소, 반소를 통틀어 각자 부담한다.

### 청구의 표시

**청 구 취 지**

본소: 결정사항 제1항 및 피고(반소원고)들은 공동하여 원고(반소피고, 이하 '원고'라 한
   다)들에게 3,829,100원 및 2022. 4. 16.부터 결정사항 제1의 가항 기재 토지의 점유
   종료일까지 월 170,200원의 비율로 계산한 돈을 지급하라.

반소: 원고들은 피고(반소원고)들에게 별지3 기재 공유지분에 따른 매매대금을 지급하라.

**청 구 원 인**

본소: 별지4 기재와 같음

반소: 원고들과 피고(반소원고)들의 건물 사용을 위한 임대차계약이 종료되어 피고(반

# 05 사건 개요 위장 임차인의 배당이의의 소

건축물대장과 등기부등본이 있으나 건축물대장과 현물이 달라 건물 매각 제외로 임의경매로 진행되었다. 처음 설정은 건물과 토지에 상월농협이 되어 있으며 인천 신용재단으로부터 가압류되어 있었다.

세입자 이준○은 건축주의 형으로, 대항력 있는 세입자로 배당요구를 했다. 세입자에게 배당되었으나 한화 생명으로부터 채무자에게 압류 후 위장임차인의 배당이의 신청이 되어 배당금액은 공탁되었다. 낙찰자는 건물의 매입한 후 제척기간에 의한 가압류 말소 후 제삼자에게 매도했다.

**1. 부동산의 점유관계**

| | |
|---|---|
| 소재지 | 1. 충청남도 논산시 상월면 ■■리 158 |
| 점유관계 | 임차인(별지)점유 |
| 기타 | 지상 채무자 겸 소유자 소유로 조사되는 제시외 `주택 1동, 보일러실 1동, 창고 1동`이 소재하며, 임차인 이준 ■(2007.12.03.전입)이 주거 중으로 조사됨. |

[건물] 충청남도 논산시 상월면 ■■리 158                    고유번호 1613-2008-005278

**【 표 제 부 】** ( 건물의 표시 )

| 표시번호 | 접 수 | 소재지번 및 건물번호 | 건 물 내 역 | 등기원인 및 기타사항 |
|---|---|---|---|---|
| 1 | 2008년10월30일 | 충청남도 논산시 상월면 ■■리 158 | 목조 시멘기와지붕 단층주택 47.2㎡ 부속건물 흙벽돌조 새멘기와지붕 부속 15㎡ 흙벽돌조 스레트지붕 잠실 15㎡ | |

**【 갑 구 】** ( 소유권에 관한 사항 )

| 순위번호 | 등 기 목 적 | 접 수 | 등 기 원 인 | 권 리 자 및 기 타 사 항 |
|---|---|---|---|---|
| 1 | 소유권보존 | 2008년10월30일 제32808호 | | 소유자 이종■ ■■0127-1****** 경기도 고양시 일산동구 중산동 ■■ 하늘마을 ■■■1 |
| 2 | 가압류 | 2012년10월12일 제32168호 | 2012년10월11일 인천지방법원의 가압류결정(2012카단152 27) | 청구금액 금10,000,000 원 채권자 인천신용보증재단 120171-0002571 인천 남동구 ■■동-636-■■■■■■센타 9층 (소관: ■■■지점) |
| 2-1 | 2번등기명의인표시변경 | 2011년10월31일 도로명주소 | | 인천신용보증재단의 주소 인천광역시 남동구 ■■■215번길 30, 9층(■■■동, ■■■센터) 2013년9월3일 부기 |
| 3 | 임의경매개시결정 | 2014년10월22일 | 2014년10월22일 | 채권자 상월농업협동조합 161336-0000138 |

| 기호 | 소재지 | 지번 | 지목 및 용도 | 용도지역 및 구조 | 면 적 (㎡) 공 부 | 면 적 (㎡) 사 정 | 감정평가액 단 가 | 감정평가액 금 액 | 비 고 |
|---|---|---|---|---|---|---|---|---|---|
| 1 | 충청남도 논산시 상월면 ■■리 | 158 | 대 | 보전관리지역 | 800 | 800 | 39,000 | 31,200,000 | 제시외 건물소재 감안단가 @33,000- |
| (2) | " | 위지상 | 주택 | 목조 시멘기와지붕 단층 | 47.2 | - | - | | 매 실 |

| 2014 타경 5117 (임의) | 물번1 [배당종결] ▼ | 매각기일 : 2015-07-20 10:00~ (월) | 경매2계 041)746-■■■ |
|---|---|---|---|

| 소재지 | (32907) 충청남도 논산시 상월면 ■■■리 158 외1필지<br>[도로명] 충청남도 논산시 ■■■길 80-23(■■■권) | | | | |
|---|---|---|---|---|---|
| 용도 | 대지 | 채권자 | 상○○○○○○ | 감정가 | 27,634,800원 |
| 토지면적 | 996㎡ (301,29평) | 채무자 | 이○ | 최저가 | (80%) 22,108,000원 |
| 건물면적 | | 소유자 | 이○ | 보증금 | (10%) 2,210,800원 |
| 제시외 | 제외 : 101㎡ (30,55평) | 매각대상 | 토지만매각 | 청구금액 | 28,730,176원 |
| 입찰방법 | 기일입찰 | 배당종기일 | 2015-01-23 | 개시결정 | 2014-10-22 |

**기일현황**

| 회차 | 매각기일 | 최저매각금액 | 결과 |
|---|---|---|---|
| 신건 | 2015-06-15 | 27,634,800원 | 유찰 |
| 2차 | 2015-07-20 | 22,108,000원 | 매각 |
| | 낙찰23,500,000원(85%) | | |
| | 2015-07-27 | 매각결정기일 | 허가 |
| | 2015-09-04 | 대금지급기한<br>납부 (2015,08,11) | 납부 |
| | 배당종결된 사건입니다. | | |

▶15-05-15 채권자 상월농업협동조합 일부취하<br>서 제출

---

**물건현황/토지이용계획**

한말부락 남측 인근에 위치

부근은 자연마을, 농경지 및 산림이 혼재하는 순수 농촌지대

본건까지 차량 접근이 가능하나, 대중교통 사정은 다소 양호치 못함

기호1)지적도상 맹지로서 인접 토지를 통하며 폭 4 - 5미터의 콘크리트 포장도로를 통하며 출입하고 있음

기호2)자체 토지가 진입도로 부지로 사용 중임

보전관리지역(■■■리 158)

농림지역(■■■리 159)

일괄매각,<br>※ 제시외건물이영향을받지않은감정<br>가:158번지(31,200,000원)<br>※ 위지상 건물주택(47,2㎡), 잠실(15㎡ 멸<br>실 되었음.

⊙ 부동산 통합정보 이음

⊙ 감정평가서

**감정평가현황 (주) ■■■ 감정**

| 가격시점 | 2014-10-28 | |
|---|---|---|
| 감정가 | | 27,634,800원 |
| 토지 | (100%) | 27,634,800원 |
| 제시외제외 | (118%) | 32,610,400원 |

---

**면적(단위:㎡)**

**[토지]**

■■■리 158 대지<br>보전관리지역<br>800㎡ (242평)<br>제시외건물로 인한감안감정

■■■리 159 답<br>농림지역<br>196㎡ (59,29평)

**[제시외]**

■■■리 158<br>단층 주택 제외<br>70,3㎡ (21,27평)<br>경량철골조판넬지붕

■■■리 158<br>단층 주택 제외<br>27,9㎡ (8,44평)<br>조적조스레트지붕

■■■리 158<br>단층 보일러실 제외<br>2,8㎡ (0,85평)<br>경량철골조판넬지붕

---

**임차인/대항력여부**

배당종기일 : 2015-01-23

| 이○ | | 있음 |
|---|---|---|
| 전입 : 2007-12-03 | | |
| 확정 : 2014-12-10 | | |
| 배당 : 2014-12-11 | | |
| 보증 : 14,000,000원 | | |
| 점유 : 기호 1, 및 제시외<br>주택 등 | | |

⊙ 매각물건명세서

⊙ 예상배당표

* 압류의 법정기일이 빠른경<br>우 또는 교부청구(당해세)로<br>대항력있는 임차인의 경우<br>전액배당 안될시 인수금액<br>발생할수있음.

---

**등기사항/소멸여부**

| (근)저당 | 토지소멸기준 |
|---|---|
| 2008-06-19 | 토지 |
| 상○○○○ | |
| 28,000,000원 | |
| **소유권** | 이전 |
| 2008-10-30 | 건물 |
| 이○ | |
| 보존 | |
| **(근)저당** | 건물소멸기준 |
| 2008-10-30 | 건물 |
| 상○○○○ | |
| 28,000,000원 | |
| (주택) 소액배당 4000 이하 1<br>400 | |
| (상가) 소액배당 2500 이하 7<br>50 | |
| **(근)저당** | 소멸 |
| 2008-12-09 | 건물/토지 |
| 상○○○○ | |
| 12,000,000원 | |
| **지상권** | 소멸 |
| 2008-12-09 | 토지 |
| 상○○○○ | |
| **가압류** | 소멸 |
| 2012-10-12 | 건물/토지 |
| 인○○○○ | |
| 10,000,000원 | |
| **임의경매** | 소멸 |
| 2014-10-22 | 건물/토지 |
| 상○○○○ | |
| 청구 : 28,730,176원 | |

---

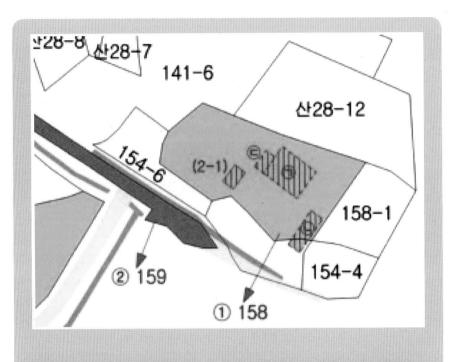

논산시 상월면 ██ 길 80-23
(██ 리)
이준█

피고

초1 311 01 04
2060437-771348            3 2 9 0 7
(사무과 민사1단독(전자))      ↓
2015-001-0021731-053

이 사건의 사건번호는 대전지방법원 논산지원

**2015가단21731      배당이의**

예정 기일 : 2016.04.28

담당재판부 :  민사1단독(전자)          법원주사 강정█

직통 전화  :  041-746-██(2741)         팩   스 :

e-mail :  ██@scourt.go.kr
재판부 이메일 주소는 문의사항을 연락하기 위한 연락처이므로 재판부 이메일 주소로 전자
문서를 전송하는 경우에는 서면을 제출한 효력이 발생하지 아니함을 유의하시기 바랍니다.
사건진행과 관련된 정보(송달과 확정내역 포함)는 대한민국법원 홈페이지
(http://www.scourt.go.kr) '나의사건검색' 란에서 편리하게 조회할 수 있습니다.
다만, 부동산등경매사건은 대한민국법원 경매정보홈페이지(http://www.courtauction.go.kr)
경매사건검색에서 조회할 수 있습니다.

# 답 변 서

사　　　전　2015 가단 21731 배당이의
원　　　고　한화생명보험 주식회사
피　　　고　이준█

위 당사자간 귀원에 계류중인 위 사건과 관련하여 피고는 원고의 청구에 대
하여 다음과 같이 답변합니다.

## 청구취지에 대한 답변

1. 원고의 청구를 기각한다.
2. 소송비용은 원고가 부담한다.
라는 판결을 구합니다.

## 청구원인에 대한 답변

피고는 충청남도 논산시 상월면 █████리 158번지에 거주하고 있고, 대전지방
법원 논산지원 2014 타경 5117호 부동산임의경매에서 정당한 임차인으로 인
정되어 배당표가 작성되었는 바, 이사건 원고의 주장을 모두 부인합니다.
따라서 피고가 가장 임차인이 아닌 이상 마땅히 원고의 청구를 기각해 주시
기 바랍니다.

## 입 증 방 법

추후 수시 제출하겠습니다.

# 답 변 서

사　　건　2015 가단 21731 배당이의

원　　고　한화생명보험 주식회사

피　　고　이준■

위 당사자 간 귀원에 계류 중인 위 사건과 관련하여 피고는 원고의 청구에 대하여 다음과 같이 답변합니다.

## 다　음

저는 피고 이준■의 조카 이성■입니다.

피고 이준■은 정신지체 3급 판정을 받은 사람으로 정상적인 답변을 하기에 어려움이 있어 이준■ 피고의 대리인 신청을 하여 이렇게 답변서를 작성하여 재판에 출두합니다.

### 1. 사건개요

피고 이준■은 장기 하사관으로 7년 근무 후 제대하여 서울에서 정상적인 직장생활을 하였습니다.

그러나 33살 즈음에 정신분열로 서울성심병원에 입원하여 치료를 하였으나 후유증으로 지적능력의 저하가 초래되었습니다. 재활치료 등 여러 노력을 하였고, 2006년, 2007년에는 경기도 성남에서 아파트 경비원으로 취직하는 등의 노력을 하였으나, 다시 병이 재발하여 여전히 사회로의 복귀에 어려움이 많아서 직장을 그만두고 치료를 계속하게 되었고, 결국 만성화되어 3급 장애 판정을 받아 지금도 여전히 약을 복용하고 있습니다. 당시 피고 이준■의 병원비 등 경제적인 부분에 대해서는 피고 이준■의 누나인 이윤■으로부터 많은 도움을 받았습니다.

결혼도 못하고 치료할 곳이 마땅치 않던 피고 이준█은 결국 피고의 동생 이종█이 소유한 논산의 시골집에 거처하기로 하고, 피고의 병이 완치될 때까지 요양시키기로 형제들이 결정하게 되었습니다.

그러나 당시 이종█에게는 무상으로 임대할 수 있는 경제적 여력이 되지 않아서 누나인 이윤█이 일천오백을 만들어 주기로 합의하였습니다. 한편 피고의 경제를 담당한 이윤순이 이준█이 거처할 집을 답사한 후 씽크대 및 화장실 등이 옛날대로 있어 이준█ 혼자 생활하기 어렵다고 판단하여 수리하기로 결정하였으며 수리비 삼백 중 집주인인 이종█이 백오십을, 나머지 백오십은 이윤█이 부담하기로 결정하고, 2008년부터 이준█이 입주하여 지금까지 거주하여 왔습니다.

그러나 이때에 가족관계 이다보니 임대차계약서에 대한 확정일자 받는 것을 게을리 하게 되었습니다.

피고 이준█은 당연히 확정일자를 받아야 되는 사실을 알지 못했고, 누나인 이윤█도 동생의 집이다 보니 이러한 실수를 하게 된 것입니다.

그러나 피고 이준█의 동생인 집주인 이종█의 경제사정 악화로 인하여 이종█의 모든 재산이 경매에 붙여지게 되자 뒤늦게 확정일자를 받은 것입니다.

2. 결어

그러나 형제지간이라도 임대차계약을 맺은 것은 확실한 사실이며, 당시 작성한 임대차계약서를 소유하고 있으며, 이미 법원에 제출하였습니다.

따라서 입증자료로 이윤█이 이준█을 대신하여 이종█에게 전세보증금으로 보낸 것을 은행에서 확인 받아 제출합니다.

현재 이준██은 정신지체로 인하여 전혀 경제적인 능력이 없는 상태로 정부에서 주는 장애수당과 기초생활급여 월40여 만원으로 근근이 살아가고 있습니다. 만약 제가 이준██을 대신하여 전세계약을 하였다는 사실을 입증하지 못하여 이준██이 배당금을 받지 못하게 된다면 이준██은 당장 길거리에서 노숙을 해야 하는 처지로 전락하게 됩니다.

저는 현재 피고 이준██의 대리인으로 이러한 불상사가 일어나지 않도록 하기 위하여 모든 식구들에게 연락하고 만나보고하여 은행으로 계약금 거래가 이루어진 사실도 가까스로 찾아내게 되었습니다.

법도 제대로 모르고 나이도 어린 제가 전세금을 전달하였다는 입증자료를 제출하라는 판사님의 말씀에 온 힘을 다한 결과라고 생각합니다. 혹 입증자료로 부족한 점을 다시 지적하여 주신다면 또 다시 찾아보도록 힘써 노력하겠습니다.

### 첨 부 서 류

1. 이윤██이 계약 시 이종██에 보낸 1,650만원 송금내역

2016.  3.    .

**위 피고  이준██**

**대전지방법원 논산지원  귀중**

# 준 비 서 면

| | | |
|---|---|---|
| 사 건 | 2015가단21731 배당이의 |
| 원 고 | 한화생명보험 주식회사 |
| 피 고 | 이준█ |

위 사건에 관하여 원고는 다음과 같이 변론을 준비합니다.

## 다 음

### 1. 피고 주장의 요지

피고는 정신분열 등으로 인하여 3급 장애 판정을 받고 피고의 누나인 소외 이운█으로부터 경제적 도움을 받았는데, 피고의 형제들이 피고의 병을 완치할 때까지 피고의 동생인 소외 이종█이 소유한 이 사건 부동산에서 요양시키기로 결정하고, 다만 이운█이 이종█에게 임대차보증금 1,500만원 및 집 수리비 150만원을 부담하기로 하였는바, 피고는 이종█과 임대차계약을 체결한 정당한 임차인으로서 가장임차인이 아니라고 주장합니다.

### 2. 피고 주장의 부당성

그러나 피고가 2007. 12. 3. 이 사건 부동산에 전입하였음에도 불구하고(갑 제7호증 참조) 이운○이 이종○에게 1,650만원을 송금한 시기는 그로부터 한참 후인 2008. 5. 9. 내지 같은 해 7. 24. 이고(을 제2호증 참조), 또한 피고와 이종○ 사이의 임대차계약서는 2008. 8. 14.에 작성되었습니다(갑 제6호증 참조).

즉, 피고가 이 사건 부동산에 전입하고 한참 후에 송금이 이루어졌고, 임대차계약서는 그 뒤에 작성되었는바, 피고가 제출한 증거만으로는 이운○이 이종○에게 송금한 금원이 임대차보증금이라고 단언할 수 없다고 할 것이고, 이운○이 이종○에게 다른 목적으로 금원을 송금하였을 수도 있는 것입니다.

나아가 이운○이 실제로 피고의 친누나인지, 피고가 이 사건 부동산에 거주하기 시작할 당시 300만원 상당의 수리비를 실제로 지출하였는지 여부에 대해 이를 인정할 만한 증거가 전혀 현출되지 않았습니다.

따라서 제3자인 이운○이 이종○에게 금원을 송금한 사실만으로 피고의 임대차보증금반환채권이 인정된다고 할 수 없는바(이운○이 이종○에게 임대차보증금으로 정확하게 1,500만원을 송금한 것도 아닙니다), 피고의 주장은 이유 없다고 할 것입니다.

## 3. 결 론

피고가 정신지체로 인하여 경제적인 능력이 없다는 이유만으로, 이종██과 피고의 가장행위에 의해 원고의 정당한 권리가 침해되어서는 안 될 것입니다.

결국 피고의 주장은 이유 없다고 할 것인바, 원고의 청구를 전부 인용하여 주시기 바랍니다.

2016. 4.

원고의 소송대리인

법무법인 애마██

담당변호사 양 태██

박 기██

대전지방법원 논산지원 민사1단독 귀중

# 답 변 서

사    건    2015 가단 21731 배당이의
원    고    한화생명보험 주식회사
피    고    이준█

위 당사자 간 귀원에 계류 중인 위 사건과 관련하여 피고는 원고의 준비서면에 대하여 다음과 같이 답변합니다.

## 다 음

### 1. 원고의 주장요지

원고는 피고가 피고의 형제 소유의 집에 임대하였다는 이유를 들어 가장 임차인이라는 주장을 하고 있습니다. 그 이유로 피고가 전입한 날짜와 피고의 동생 이준█에게 송금한 시기가 약 5개월 늦은 것을 지적하였으며, 또한 임차보증금 송금 후 3개월이 지난 후 계약서를 작성하였음을 지적하고 있습니다.

그러나 반대로 생각한다면 형제이기에 임차보증금을 만들어 주겠다는 약속에 아픈 형제를 요양시키기 위하여 사전 전입시키는 것은 충분히 있을 수 있는 지극히 당연한 일이라고 생각합니다. 또한 임차보증금을 받은 후 3개월이 지난 후에 계약서를 작성한 것도 형제지간이기에 가능하다고 생각합니다.

만약 피고 이준█이 정상적인 경제 활동이 가능하고 이준█ 당사자와 계약이 가능하였다면 당일에 이루어질 수도 있었을 것입니다.

그러나 이준█의 누나인 이운██도 본인의 가정생활을 하는 주부로서 쉽게 시간을 내기가 어려웠고, 형제들 간 양해 하에 이루어진 것으로서, 이주시점과 송금시기에 약간의 차이가 나는 것을 들어 가장 임차인으로 모는 것은 사회적 약자에 대한 무리한 억지라고 여겨집니다.

또한 이운■이 이준■의 친누나인 것까지도 의심하고 있으며, 집 수리비 50만원을 지불한 것까지 의심하고 있습니다. 실제로 당시 현 주택의 상태는 내부에 많은 곰팡이가 발생하여 도배, 장판이 불가피한 상황이었고, 여러 모로 돌봄이 필요한 이준■을 위해서는 최소한의 내부공사가 불가피한 상황이었습니다.

2. 원고주장의 부당성

저는 피고 이준■의 친조카로서 이제 막 군에서 제대한 24세의 꿈 많은 청년입니다. 제가 사는 조국 대한민국은 그런 저의 꿈을 키울 수 있는 모든 가능성의 토대요 기초입니다.

제가 제대 후 처음 사회에서 겪는 일이 삼촌을 위해 법정에 서는 일이 되었습니다. 이 또한 저의 꿈이 이루어지는 장이라고 여기고 이번 사건으로 인하여 임대차보호법에 대하여 열심히 공부하였습니다.

그 결과 저의 삼촌 이준■은 임대차 보호법상 소액임차인이라는 것을 알게 되었습니다(3천만원 미만).

따라서 원고가 가짜 계약서라고 주장하는 날보다 더 늦게 계약을 하고, 더 늦게 전입을 하였어도 1,200만원은 최우선으로 변제해준다는 법이 있음을 알게 되었습니다.

소액임차인을 보호해주는 법을 정부에서 만든 취지는 법을 잘 모르는 (기준 권리보다 늦게 전입하는 임차인 등) 사회의 약자인 소액임차인을 보호해 주기 위하여 만들었다고 생각합니다.

따라서 원고의 변호사인 법무법인도 이러한 사실을 너무도 잘 알고 있을 것이라 생각합니다.

그럼에도 불구하고 대한민국의 대기업인 한화생명의 편만을 들어 법을 전공하지 않은 일반인들의 상식으로도 판단할 수 있는 사항을 이해할 수 없는 주장으로 트집을 잡고 있다고 여겨지며,

원고의 마지막 주장에 "피고가 정신지체로 인하여 경제적인 능력이 없다는 이유만으로"라는 문구를 인용하면서(마치 피고가 법을 위반하며 생떼를 쓰는 듯한) 사회적 약자인 소액임차인들의 지극히 정당한 임차보증금을 무리하게

탈취하고자하는 법무법인의 행태가 그저 놀라울 따름입니다.

**결론**

1. 전입날짜와 임차금 지급 날짜가 다른 점은 이준█의 병세에 따라 요양을 하기 위하여 전입부터 먼저 하며 진행 되 사항입니다.

2. 이운█이 친누나인지는 가족관계 증명서를 보면 확인될 사항입니다.

3. 어떠한 공사를 누가 어떻게 하였는지를 입증하라고 원고가 계속해서 주장하고, 또한 재판정에서도 이 점을 요구한다면 비록 시간이 많이 경과하였지만, 추후 이 부분에 대해서도 성실하게 조사하여 입증하는데 힘을 기울이겠습니다.

2016. 04

피고 이준█ 대리인 이성█

대전지방법원 논산지원 민사 1단독귀중

# 건축물을 임의계약으로 인수 후 제척기간에 의한 가압류 말소 소송

[토지] 충청남도 논산시 상월면 ■■리 158

**【 표 제 부 】** （ 토지의 표시 ）

| 표시번호 | 접 수 | 소 재 지 번 | 지 목 | 면 적 | 등기원인 및 기타사항 |
|---|---|---|---|---|---|
| 1<br>(전 3) | 1985년5월16일 | 충청남도 논산군 상월면<br>■■리 158 | 대 | 800㎡ | |
| | | | | | 부동산등기법 제177조의 6<br>제1항의 규정에 의하여<br>2001년 02월 02일 전산이기 |
| 2 | | 충청남도 논산시 상월면<br>■■리 158 | 대 | 800㎡ | 1996년3월1일<br>행정구역변경으로 인하여<br>2001년3월13일 등기 |

**【 갑 구 】** （ 소유권에 관한 사항 ）

| 순위번호 | 등 기 목 적 | 접 수 | 등 기 원 인 | 권리자 및 기타사항 |
|---|---|---|---|---|
| 1<br>(전 3) | 소유권이전 | 1985년6월26일<br>제17325호 | 1985년6월24일<br>매매 | 소유자 이경■ 281027-*******<br>논산군 상월면 ■■리 158 |
| | | | | 부동산등기법 제177조의 6 제1항의 규정에<br>의하여 2001년 02월 02일 전산이기 |
| 1-1 | 1번등기명의인표시<br>변경 | 2008년10월30일<br>제32809호 | 2008년8월19일<br>착오기재정정 | 이경■의 등록번호 281127-******* |
| 2 | 소유권이전 | 2008년10월30일<br>제32810호 | 2008년8월14일<br>협의분할에<br>의한 상속 | 소유자 이종■ 630127-*******<br>경기도 고양시 일산동구 ■■동 1800<br>■■마을 |
| 3 | 가압류 | 2012년10월12일<br>제32168호 | 2012년10월11일<br>인천지방법원외<br>가압류결정 (201<br>2카단15227) | 청구금액 금10,000,000 원<br>채권자 인천신용보증재단 12017□-0002571<br>인천 남동구 ■■동 636-<br>■■■센터 9층<br>(소관: ■■지점) |

# 인 천 지 방 법 원

## 결      정

사  건   2016카단50348 가압류취소

신 청 인   이완█ (580519-█████

서울 마포구 ████로 338, 3███ ████(██동, █████파크
3단지)

송달장소 평택시 ██로 1029, 203호(██동, █████타워)

피신청인   인천신용보증재단

인천 남동구 █████215번길 30, 9층(██동, ██████
센터)

대표자 이사장 조현█

## 주      문

1. 피신청인과 이종█ 사이의 이 법원 2012카단15227 부동산가압류 신청사건에 관하여
   이 법원이 2012. 10. 11. 별지 목록 기재 부동산에 대하여 한 가압류결정을 취소한다.
2. 소송비용은 피신청인이 부담한다.

## 신 청 취 지

주문과 같다.

# 이 유

기록 및 심문 전체의 취지를 종합하면, 피신청인은 2012. 10. 11. 이종█에 대하여 청구금액을 10,000,000원으로 하는 주문 기재 가압류결정(이하 '이 사건 가압류결정'이라 한다)을 받았고, 2012. 10. 12. 그 가압류 기입등기가 마쳐진 사실, 피신청인은 이 사건 가압류결정이 집행된 때로부터 3년이 지나도록 이종█을 상대로 본안의 소를 제기하지 아니하였거나 이를 제기하고도 그 소명자료를 제출하지 아니한 사실, 신청인은 2016. 7. 25. 주문 기재 부동산에 관하여 이종█으로부터 2016. 7. 22.자 매매를 원인으로 한 소유권이전등기를 경료받은 사실을 인정할 수 있다.

위 인정사실에 따르면, 이 사건 가압류결정은 민사집행법 제288조 제1항 제3호에 따라 취소하여야 할 사정변경이 발생하였고, 신청인은 위 부동산의 특정승계인으로서 피신청인을 상대로 이 사건 가압류결정의 취소를 구할 수 있다.

따라서 신청인의 이 사건 신청은 이유 있어 인용하기로 하여 주문과 같이 결정한다.


2016. 12. 6.


판 사 이 재 █

**385**

# 사건 개요 명도 후 공유물 분할 소송에 의한 매각

임차인의 허위 계약서로 대항력을 행사하려 한 사례로, 1/2 지분매각으로 전입자가 1억 6,000만 원 전세보증금 계약서를 작성한 후 확정일자를 받았으며 배당요구했던 사건이다. 1/2 지분매각으로 낙찰 후 세입자가 법원에 제출한 서류를 검토한 결과, 건물 주인이 아닌 삼자와 계약했으며 계약서가 허위인 것을 알고 전입자에게 명도를 요구했다. 명도 후 공유물 분할 소송에 의해 매각했다.

**1. 임차 목적물의 용도 및 임대차 계약등의 내용**

[소재지] 10. 경기도 용인시 기흥구 ■■로 226, 101동 15층1504호 (■■동, ■■■아파트)

| | | | | |
|---|---|---|---|---|
| | 점유인 | 전지■ | 당사자구분 | 임차인 |
| | 점유부분 | | 용도 | 주거 |
| 1 | 점유기간 | | | |
| | 보증(전세)금 | | 차임 | |
| | 전입일자 | 2015.10.30 | 확정일자 | |

[집합건물] 경기도 용인시 기흥구 ■■■동 382-1외 1필지 ■■■아파트 제101동 제15층 제1504호    고유번호

**1. 소유지분현황 ( 갑구 )**

| 등기명의인 | (주민)등록번호 | 최종지분 | 주 소 |
|---|---|---|---|
| ■■산업개발주식회사 (공유자) | 134511-0014370 | 2분의 1 | 경기도 화성시 향남읍 ■■■리 443 ■■스카이뷰 단지내상가 102호 |
| 주식회사 ■■ (공유자) | 170111-0007121 | 2분의 1 | 대구광역시 동구 ■■로 103-18, 상가 103호(■■동, ■■빌라트) |

**8. 아파트(기호10) 감정평가액 결정**

상기의 산정된 시산가격(비준가격) 및 인근의 유사 부동산에 대한 가격수준과 방매수준, 평가사례 등의 참고 가격자료, 시장상황, 평가목적 등을 종합적으로 검토할 때 산정된 비준가격의 적정성이 인정되는 바 관련 규정에 의거하여 거래사례비교법에 의해 산정된 시산가격인 ₩180,000,000원을 본건 101동 15층 1504호 전체의 감정평가액으로 결정하였으며, 매각지분 공유자지분 2분의1 ■■산업개발 주식회사 지분전부에 대하여는 ₩90,000,000원(180,000,000원×1/2=90,000,000원)으로 지분가액을 산정하였습니다.

| 2017 타경 514127 (강제) | 물번5 [배당종결]✔ | | 매각기일 : 2018-08-23 10:30~ (목) | | 경매3계 031-210- ▨▨ |
|---|---|---|---|---|---|
| 소재지 | (17100) 경기도 용인시 기흥구 ▨▨동 382-1외 1필지 ▨▨▨ ▨▨아파트 제101동 제15층 제1504호<br>[도로명] 경기도 용인시 기흥구 ▨▨로 226, 제101동 제15층 제1504호 [ ▨▨동 382-1외 1필지 ▨▨아파트] | | | | |
| 용도 | 아파트 | 채권자 | 주0000000 | 감정가 | 90,000,000원 |
| 지분대지권 | 18.51315㎡ (5.6평) | 채무자 | 신0000 | 최저가 | (49%) 44,100,000원 |
| 지분전용 | 35.165㎡ (10.64평) | 소유자 | 신00000 | 보증금 | (10%)4,410,000원 |
| 사건접수 | 2017-11-27 | 매각대상 | 토지/건물지분매각 | 청구금액 | 681,637,685원 |
| 입찰방법 | 기일입찰 | 배당종기일 | 2018-02-19 | 개시결정 | 2017-12-01 |

### 기일현황 ✔ 간략보기

| 회차 | 매각기일 | 최저매각금액 | 결과 |
|---|---|---|---|
| 신건 | 2018-05-31 | 90,000,000원 | 유찰 |
| 2차 | 2018-07-05 | 63,000,000원 | 유찰 |
| 3차 | 2018-08-23 | 44,100,000원 | 매각 |

장00/입찰1명/낙찰55,199,900원(61%)

| 2018-08-30 | 매각결정기일 | 허가 |
|---|---|---|
| 2018-10-11 | 대금지급기한<br>납부 (2018.09.14) | 납부 |
| 2019-02-19 | 배당기일 | 완료 |

---

### 🔲 물건현황/토지이용계획

용인한일초등학교 남서측에 위치

주위는 주택, 다세대주택, 아파트단지 및 근린생활시설 등이 혼재

간선도로의 접근성 및 노선버스정류장의 위치, 운행빈도 등을 고려할 때 교통상황은 보통

단지내 도로개설되어 있으며 북서측의 아파트단지 출입로를 통하여 외곽 왕복 2차선 도로와 연결됨

자연녹지지역

이용상태(건축물현황도면에 의하면 방3, 욕실, 거실, 주방 등으로 구성된 것으로 조사된 바 실제 이용상태와 상이할 수 있음)

위생 및 급배수설비, 난방설비 등 주거용 기본설비와 승강기설비 등

철근콘크리트조

### 🔲 면적(단위:㎡)

【지분】대지권

▨▨동 382-1 외 1필지 대지권
19,225㎡ 분의 18.51㎡
18.51㎡ (5.6평)
37.0263면적중 신명산업개발
(주)지분 18.51315전부

【지분】건물
보존등기일:1997-12-29

▨▨동 382-1 외 1필지 ▨▨동
15층1504호 아파트
35.165㎡ (10.64평)
철근콘크리트조
1층중 건축 15층
70.33면적중
▨▨산업개발(주)지분
35.165전부

### 🔲 임차인/대항력여부

배당종기일: 2018-02-19

| 전0 | 있음 |
|---|---|

전입 : 2015-10-30
확정 : 2017-12-18
배당 : 2018-02-07
보증 : 160,000,000원
점유 : 전부

🔲 **매각물건명세서**
🔲 **예상배당표**

\* 압류의 법정기일이 빠른경우 또는 교부청구(당해세)로 대항력있는 임차인의 경우 전액배당 안될시 인수금액 발생할수있음.

### 🔲 등기사항/소멸여부

| 소유권(지분)<br>1997-12-29<br>신0000<br>보존 | 이전<br>집합 |
|---|---|
| 강제경매(지분)<br>2017-12-01<br>주0000<br>청구 : 681,637,685원 | 소멸기준<br>집합 |
| 가압류<br>2018-02-09<br>전0<br>134,000,000원 | 소멸<br>집합 |

▷ 채권총액 :
815,637,685원

🔲 **등기사항증명서**
건물열람 : 2018-05-17

---

| 점유자의<br>성명 | 점유부분 | 정보출처<br>구분 | 점유의<br>권원 | 임대차<br>기간<br>(점유기간) | 보증금 | 차임 | 전입신고일자,<br>사업자등록신<br>청일자 | 확정일자 | 배당요구<br>여부<br>(배당요구<br>일자) |
|---|---|---|---|---|---|---|---|---|---|
| 전지▨ | | 현황조사 | 주거<br>임차인 | | | | 2015.10.30 | | |
| | 전부 | 권리신고 | 주거<br>임차인 | 2015.10.16.~201<br>9.10.15 | 160,000,000 | | 2015.10.30. | 2017.12.18. | 2018.02.07 |

# 부 동 산 임 대 차 계 약 서

☑ 전세  ☐ 월세

임대인과 임차인 쌍방은 아래 표시 부동산에 관하여 다음 계약내용과 같이 임대차계약을 체결한다.

## 1. 부동산의 표시

| 소재지 | 경기도 용인시 기흥구 ▨▨▨ 382-1 ▨▨▨ ▨ 1504호 | | | | |
|--------|------|------|------|------|------|
| 토 지 | 지 목 | 대 | 면 적 | | 92.4 m² |
| 건 물 | 구조·용도 | 아 파 트 | 면 적 | | m² |
| 임대할부분 | 상기 호수 전부 | | 면 적 | | m² |

## 2. 계약내용

| 보 증 금 | 금일억육천만원정 (₩160,000,000) | | | |
|--------|------|------|------|------|
| 계 약 금 | 금육천만원(60,000,000)원정은 계약시에 지불하고 영수함 영수자 ( 김 ▨ ) | | | 일에 지불하며 |
| 중 도 금 | 금 | | 빈칸은 | |
| 잔 금 | 금일억원(100,000,000)원정은 2015년 15월 16일에 지불한다. | 빈점은 (상환부·부점은 ▨▨ | | 일에 지불한다 |
| 차 임 | | | | |

제 2 조 (존속기간) 임대인은 위 부동산을 임대차 목적대로 사용·수익할 수 있는 상태로 2015 년 10월 16일까지 임차인
에게 인도하며, 임대차 기간은 인도일로부터 2017 년 10월 15 일까지로 한다.
제 3 조 (용도변경 및 전대 등) 임차인은 임대인의 동의없이 위 부동산의 용도나 구조를 변경하거나 전대·임차권 양도 또는 담보제공을
하지 못하며 임대차 목적 이외의 용도로 사용할 수 없다.
제 4 조 (계약의 해지) 임차인이 제3조를 위반하였을 때 임대인은 즉시 본 계약을 해지 할 수 있다.
제 5 조 (계약의 종료) 임대차계약이 종료된 경우에 임차인은 위 부동산을 원상으로 회복하여 임대인에게 반환한다. 이 경우 임대인은
위 보증금을 임차인에게 반환하고, 연체 임대료 또는 손해배상금이 있을 때는 이들을 제하고 그 잔액을 반환한다.
제 6 조 (계약의 해제) 임차인이 임대인에게 중도금(중도금이 없을 때는 잔금)을 지불하기 전까지, 임대인은 계약금의 배액을 상환하고,
임차인은 계약금을 포기하고 본 계약을 해제할 수 있다.
제 7 조 (채무불이행과 손해배상) 임대인 또는 임차인이 본 계약상의 내용에 대하여 불이행이 있을 경우 그 상대방은 불이행한 자에 대하여
서면으로 최고하고 계약을 해제 할 수 있다. 그리고 계약 당사자는 계약해제에 따른 손해배상을 각각 상대방에 대하여 청구할 수
있다.
제 8 조 (중개보수) 개업공인중개사는 임대인과 임차인이 본 계약을 불이행함으로 인한 책임을 지지 않는다. 또한 중개보수는 본 계약체
결과 동시에 계약 당사자 쌍방이 각각 지불하며, 개업공인중개사의 고의나 과실없이 본 계약이 무효·취소 또는 해제되어도 중개보수는
지급한다. 공동중개인 경우에 임대인과 임차인은 자신이 중개 의뢰한 개업공인중개사에게 각각 중개보수를 지급한다. (중개보수는 거래
가액의 ▨▨로 한다.)
제 9 조 (중개대상물확인·설명서 교부 등) 개업공인중개사는 중개대상물 확인·설명서를 작성하고 ▨▨▨▨▨▨▨ 등을 첨부하여
▨▨▨ 계약체결과 동시에 거래당사자 쌍방에게 교부한다.

특약사항  1. 통상사항은 임대차관행에 따른다.
         2. 계약기간 도과후 당사자간 구두 또는 서면으로 계약내용을 명시적으로 갱신할 수 있다.

본 계약을 증명하기 위하여 계약 당사자가 이의 없음을 확인하고 각각 서명·날인 후 임대인, 임차인 및 개업공인중개사는 매장마다 간인
하여야 하며, 각각 1통씩 보관한다.                                          2015년   10월  16일

| 임대인 | 주 소 | 서울 서초구 ▨▨동 366-1 10/2 ▨▨▨ 102 | | | | |
|--------|------|------|------|------|------|------|
| | 주민등록번호 | 540619-10▨▨▨▨▨ | 전 화 | 010-2031-▨▨▨▨ | 성 명 | 전 ▨ |
| | 대리인 | 주소 | | 주민등록번호 | | 성명 |
| 임차인 | 주 소 | 서울 동대문구 ▨▨동 495▨▨▨▨ 2단지 202동 1704호 | | | | |
| | 주민등록번호 | ▨▨▨▨▨▨▨▨ | 전 화 | 010-4311-▨▨▨▨ | 성 명 | 전 지 ▨ |
| | 대리인 | 주소 | | 주민등록번호 | | 성명 |
| 개업공인중개사 | 사무소소재지 | 쌍방 계약 | 사무소소재지 | | | |
| | 사무소명칭 | | 사무소명칭 | | | |
| | 대 표 | 서명및날인 | 대 표 | 서명및날인 | | |
| | 등록번호 | | 등록번호 | | 전화 | |
| | 소속공인중개사 | 서명및날인 | 소속공인중개사 | 서명및날인 | | |

# 권리신고 및 배당요구신청서(주택임대차)

사 건 번 호 : 2017타경514127 부동산강제경매

채 권 자     주택도시보증공사

채 무 자     ████개발주식회사

임 차 인     전지

임차인은 이 사건 매각절차에서 임차보증금을 변제받기 위하여 아래와 같이 권리신고 및 배당요구
신청을 합니다.

## 아 래

| | | |
|---|---|---|
| 1 | 임차부분 | 전부 |
| 2 | 임차보증금 | 보증금 160,000,000 원 |
| 3 | 점유(임대차)기간 | 2015.10.16 ~ 2019.10.15 |
| 4 | 전입신고일자 | 2015.10.30 |
| 5 | 확정일자 유무 | 유(2017.12.18) |
| 6 | 임차권·전세권등기 | 무 |
| 7 | 계약일 | 2017.10.16 |
| 8 | 계약당사자 | 임대인(소유자) 전길█ 임차인 전지█ |
| 9 | 건물의 인도일<br>(입주한 날) | 2015.10.16 |

## 첨 부 서 류

1. 임대차계약서 사본
2. 등록사항 등의 현황서 등본

[집합건물] 경기도 용인시 기흥구 ▨▨동 382-1외 1필지 ▨▨▨아파트 ▨▨동 제15층 제1504호

| 9 | 1번신명산업개발주식회사지분전부이전 | 2018년9월19일 제144754호 | 2018년9월14일 강제경매로 인한 매각 | 공유자 지분 2분의 1 정예▨ 691111-**-**** 서울특별시 관악구 봉신로13▨길 ▨▨▨ 202호 (봉천동) |
|---|---|---|---|---|
| 10 | 7번강제경매개시결정등기말소 | 2018년9월19일 제144754호 | 2018년9월14일 강제경매로 인한 매각 | |

| 순위번호 | 등 기 목 적 | 접 수 | 등 기 원 인 | 권리자 및 기타사항 |
|---|---|---|---|---|
| 1 (전 1) | 소유권보존 | 1997년12월29일 제86614호 | | 공유자 지분 2분의 1 신명산업개발주식회사 134511-0014370 용인시 기흥읍 하갈리 896 지분 2분의 1 주식회사창구 ~70111-******* 대구 수성구 범어동 223-5 |
| ~~12~~ | ~~임의경매개시결정~~ | ~~2020년1월30일 제9255호~~ | ~~2020년1월30일 수원지방법원의 임의경매개시결정(2020타경157 7)~~ | ~~채권자 정예▨ 691111-****** 서울 관악구 ▨▨13나길 51-13, 302호(▨▨동, ▨▨▨빌라)~~ |
| ~~13~~ | ~~1번주식회사창구지분 분압류~~ | ~~2020년2월18일 제32888호~~ | ~~2020년2월17일 압류(세남징세과-타4281)~~ | ~~권리자 국 처분청 동대구세무서장~~ |
| 14 | 11번가등기말소 | 2021년3월10일 제37139호 | 2021년3월5일 해제 | |
| 15 | 공유자전원지분전부이전 | 2021년5월27일 제84672호 | 2021년5월27일 공유물분할을위한경매로 인한 매각 | 소유자 김수▨ 910721-******* 경기도 수원시 팔달구 ▨▨715번길 53, 202호(▨▨동) |
| 16 | 5번가압류, 6번가압류, 8번가압류, 12번임의경매개시결정, 13번압류등기말소 | 2021년5월27일 제84672호 | 2021년5월27일 공유물분할을위한경매로 인한 매각 | |

| 2020 타경 1577 (임의) 공유물분할을위한경매 | 매각기일 : 2021-04-14 10:30~ (수) | | 경매17계 031-210-■■■ |
|---|---|---|---|
| 소재지 | (17100) 경기도 용인시 기흥구 ■■동 382-1외 1필지 ■■■■ ■아파트 제■■동 제15층 제1504호 [도로명] 경기도 용인시 기흥구 ■■로 228, 제■동 제15층 제1504호 [■■동 382-1외 1필지 ■■■■아파트] | | |
| 용도 | 아파트 | 채권자 | 정○○ | 감정가 | 170,000,000원 |
| 대지권 | 37.0263㎡ (11.2평) | 채무자 | 정○ | 최저가 | (100%) 170,000,000원 |
| 전용면적 | 70.33㎡ (21.27평) | 소유자 | 정○ | 보증금 | (10%)17,000,000원 |
| 사건접수 | 2020-01-29 | 매각대상 | 토지/건물일괄매각 | 청구금액 | 0원 |
| 입찰방법 | 기일입찰 | 배당종기일 | 2020-04-14 | 개시결정 | 2020-01-30 |

### 기일현황

| 회차 | 매각기일 | 최저매각금액 | 결과 |
|---|---|---|---|
| 신건 | 2021-04-14 | 170,000,000원 | 매각 |

김○○/입찰7명/낙찰243,999,999원(144%)
2등 입찰가 : 204,500,000원

| | 2021-04-21 | 매각결정기일 | 허가 |
| | 2021-05-27 | 대금지급기한 납부 (2021.05.27) | 납부 |
| | 2021-06-28 | 배당기일 | 완료 |

배당종결된 사건입니다.

### ▣ 물건현황/토지이용계획

철근콘크리트조

※ 대법원 감정평가서가 미첨부로 상세금액 및 상세내용 부분을 입력하지 못하였습니다. 입찰시 확인요함.

🔲 부동산 통합정보 이용

🔲 감정평가서

시세 실거래가 전월세

### ▣ 감정평가현황

가격시점

| 감정가 | 170,000,000원 |
| 건물 | (100%) 170,000,000원 |

### ▣ 면적(단위:㎡)

[대지권]

■■동 382-1 외 1필지 대지권
19,225㎡ 분의 37.03㎡
37.03㎡ (11.2평)
토지/건물일괄감정

[건물]

보존등기일:1997-12-29

■■동 382-1 외 1필지 ■동
15층1504호 아파트
70.33㎡ (21.27평)
철근콘크리트조
18층 건중 15층

🔲 건축물대장

### ▣ 임차인/대항력여부

배당종기일 : 2020-04-14

- 매각물건명세서상 조사된 임차내역이 없습니다

🔲 매각물건명세서

🔲 예상배당표

### ▣ 등기사항/소멸여부

| 소유권(지분) 1997-12-29 정○ 보존 | 이전 집합 |
| 가압류(지분) 2014-08-20 파○○○○○ 100,000,000원 | 소멸기준 집합 |
| 가압류(지분) 2017-10-23 파○○○○○ 234,97 4,767원 | 소멸 집합 |
| 가압류 2018-02-09 전○ 134,000,000원 | 소멸 집합 |
| 소유권(지분) 2018-09-19 정○ 강제경매로 인한 매각 2017타경514127 | 이전 집합 |
| 임의경매 2020-01-30 정○ | 소멸 집합 |
| 압류(지분) 2020-02-18 동○○○ | 소멸 집합 |

# 이것이 진짜 부동산 소송이다 II

제1판 1쇄  2023년 10월 27일

지은이  이종실
펴낸이  한성주
펴낸곳  ㈜두드림미디어
책임편집  최윤경, 배성분
디자인  디자인 뜰채 apexmino@hanmail.net

**㈜두드림미디어**
등  록  2015년 3월 25일(제2022-000009호)
주  소  서울시 강서구 공항대로 219, 620호, 621호
전  화  02)333-3577
팩  스  02)6455-3477
이메일  dodreamedia@naver.com(원고 투고 및 출판 관련 문의)
카  페  https://cafe.naver.com/dodreamedia

ISBN  979-11-93210-19-2 (03320)